一年365天，天天為重要人生選擇提供導航

365天的
塔羅魔法牌陣

◆ 塔羅師的日常操練手冊！ ◆

SASHA GRAHAM

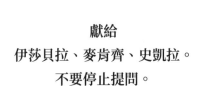

獻給
伊莎貝拉、麥肯齊、史凱拉。
不要停止提問。

目錄

重要的是不要停止提問。好奇心之存在自有其道理。當一個人深思關於永恆、生命以及現實奇異結構的奧祕，便會油然升起敬畏之心。人只要每天嘗試理解一點點這個奧祕即已足夠。永遠不要失去那份神聖的好奇心。

———愛因斯坦

有時候是作者選擇一本書的主題；有時候是主題選擇作者。《365天的塔羅魔法牌陣》這本書就是屬於後者；是這本書選擇了我。

如果你也用心尋找，你也能跟我一樣找到各種不同主題的「365」。魔法咒語365、女神365、簡單建議365、日常居家365、性姿勢365、創意指南365、冥想365、日記寫法建議365、食譜365、幸福推進器365、每日動力365、每日點子365……類似這樣的主題不計其數。

我很驚喜地發現，還沒有人寫過「塔羅365」這個主題，特別是對許多紙牌占卜師（cartomancers，塔羅愛好者的時髦稱號）來說，塔羅牌其實就是每天都要進行的一種日常操練。每日抽牌不僅是非常有效的塔羅學習法，就我所知，對成千上萬的塔羅占卜師來說，它更是一種日常儀式。

甚至連我的姊姊，她是加州馬里布一家大型戒毒康復機構的主任，在每次重要會議之前，都會從她的「美人魚塔羅」中抽出一張牌作為指引和靈感。她不會用「塔羅師」（tarotist）這個名號來稱呼自己，但她知道，當人們有需要時，能夠從牌卡得到一則清晰、簡潔的訊息，或是藉由一張牌的主題來鎖定關注的焦點，這件事有多麼重要。

這就是塔羅的崇高本質所在：塔羅能使問題聚焦。它讓你的關注力有一個坐落點。解牌者與紙牌之間的對話，是一種瞬間火速發生又充滿情感的經驗，最終能為人帶來明智的決策和改變。為什麼？因為我們慣常用頭腦來生活，習慣活在自己的大腦經驗中。而塔羅牌把我們從我們自己身上拉了出來。它將我們的感知帶向外部，落在我們眼前的紙牌上。它讓我們不再依靠頭腦中那隻眼睛想像的可能性來

過生活，而是把可能性直接攤開在我們面前這張桌子上。這小小的空間——解牌者和紙牌之間僅相距不到一、兩英尺——足以讓我們透視一切。如同年齡與智慧之價值，塔羅牌讓我們退後一步，重新評估，從不同的角度去思考自己的動機、行為與可能結果。在這個空間裡，直覺躍上台面，我們則積極聆聽它的指引。

對我們當中許多人來說，這就是一年三百六十五天都在做的事。那何不來幫每一天設計一個塔羅牌陣呢？

關於提問

提問的本質就是追尋——是追求或追尋某樣東西的旅程、行動或實際境況。一次塔羅解牌就是一次追求、一次旅程、一次對真相的探尋。塔羅牌就在那裡等著你來提問：「我想知道什麼、看見什麼、沉思什麼——？」塔羅占卜師會問客戶的第一個問題是：「你想知道什麼？」人們來找塔羅求解，正因有滿滿的好奇。塔羅牌陣究竟能不能改變你的人生軌跡，決定權完全在你。你是得到訊息之後什麼也不做，還是會根據訊息採取行動？

撰寫這本書的過程中，我突然想到，人們對自己及其人生必定會有一些想要問的問題。雖然每個人的旅程包羅萬象、廣大無邊，但關於這趟旅程，人們會提出什麼樣的疑問、會用什麼語言去表達，範圍是固定的。諸如「火山為什麼會爆發？」這類的問題，絕對沒有包括在內，雖然不管什麼問題你都可以問塔羅。這本書關心的是跟人的生命有關的問題：「他愛我嗎？我這樣選擇對嗎？我該怎麼辦？」諸如此類，描述問題的方式或許略有不同，但對於結果的追尋、探詢、渴望以及心願或期望，本質上是一樣的。這就是為什麼大多數塔羅占卜都會歸類為這幾個主題：愛情、金錢、事業和人生道路。

有趣的是，一個人能問的問題類型相對有限，但人的生命經驗並沒有因此跟著受到局限；事實上恰好相反。我們的生命中存在著形形色色、各式各樣神奇與獨特

經驗。我們並不是在無意識工廠生產線上重複相同動作的機器人。如果用最簡單的語言來描述人類身體，那就是：兩隻手臂、兩條腿、一顆心臟、一顆大腦。表面上看來，似乎相當單純、固定、不變。但每一個人棲居在這副肉身之中的方式卻是獨一無二的。當中存在著無窮無盡的可能。不信的話，去紐約第四十二街劇院區看看那些形形色色的人體。凝視舞台上縱身躍起的芭蕾舞者，觀察蹣跚學步的孩子如何走路。基本的肢體元素當中存在著無窮樣態。

　　人類生活中隨處可見各式各樣的小型分類。比如，十二星座涵蓋了代表人類心靈的十二種基本特質，因此會有好幾百萬人看著同一個星座然後說：「沒錯。這就是我！」莎士比亞的三十七部戲劇作品構成了人類生命的基本敘事型態；他把我們生命中可能發生的故事都講出來了。不同文化的神話當中也各有自己的「英雄之旅」；英雄旅程的故事弧線貫穿了整個塔羅大阿爾克那（大祕儀），引起每一位地球人的共鳴。世界上所有的宗教教義都可歸結為數條基本真理。我們的生命最終也可歸納為幾個根本主題、議題和問題。我們發現自己一遍又一遍在解決著相同的問題。甚至神聖幾何學也告訴我們，大自然是由重複圖案所組成。早晨陽光下，那隻黑色蝸牛身上的小小螺旋，也與外太空數光年之外的螺旋星系形狀完全相同。萬事萬物都在重複。

　　重複帶來機會——我們有機會把某件事重新再做一次，有機會培養新鮮感，有機會到達更高境界，有機會愛得更深一些，有機會變得更有智慧。如果我們運氣好的話——如果我們努力一點，如果我們在重複模式中好好提出問題——就會發生達爾文所說的「驟變／跳躍進化」（saltation）：模式就會改變。

關於身為人類

　　《吉爾伽美什史詩》（The Epic of Gilgamesh）是人類現存最古老的文學作品之一，也是我經常想到的大學講座主題。「我們為什麼要關心它？」紐約市立大學亨特學

院宗教學教授羅恩‧隆（Ron Long）這樣問道，「為什麼要費心去讀這個遠古時代的故事？這有什麼重要？」好問題。為什麼我們要思考《吉爾伽美什》這樣古老的故事？為什麼我們要研究四千年前那兩位至交好友的冒險旅程？

「這很重要，」隆教授解釋，「因為它讓我們看到人之所以為人。」史詩後半部的焦點落在吉爾伽美什的至交好友被殺後，他的心碎和痛苦。吉爾伽美什難忍劇烈悲傷，最終踏上了追求永生之路。隆教授的觀點是：四千年前一個人突然失去摯友的那種悲痛，活在現代的我們依然感同身受。儘管時間過了四千年，我們依然是細膩、脆弱又充滿感情的生物。外部環境或許不同——我們現在是坐飛機而不是騎駱駝穿越沙漠——但在最內心深處，我們依然相同。我們是人類。

撰寫《365天的塔羅魔法牌陣》的過程，讓我再次深刻感受，我們跟祖先或鄰居並無太大差別。寫作的挑戰在於，我如何寫出一本書，讓任何人在任何地方都能根據他們眼前的情況、願望和需要來提出問題——讓任何人在任何情況下，都能為他們內心的渴求找到最適當的發聲方式。

這是任何執業塔羅占卜師都同樣面對的目標：為前來找他解牌的人提供洞見和訊息。專業塔羅解牌師會遇到各式各樣的人：年輕人、老年人、富人、窮人、煩悶的人、興奮的人、失意沮喪之人、熱情充沛之人。無意間，塔羅解牌師就變成了社會學家。在解牌的親密時空框架裡，無論是五分鐘還是五十分鐘，當完全陌生的人向我們坦露他們的心與靈魂，便是一堂反覆學習再學習的精緻功課。我們都一樣。我們都是人。

從超級盃足球員到小聯盟棒球教練，從電影明星到家庭主婦，從富人到窮人，全無分別；所有人都跟你一樣，渴望得到愛和認同。人的問題都一樣。無關乎階級地位、膚色或宗教信仰，每個人都希望得到愛與安全感、希望被他們身邊的人接納。每個人都渴望擁有歸屬感和人生目標。我們的基本需求和欲望完全一模一樣。

我可以感覺到，如果我們當中有人曾經生在古巴比倫時代，在某家酒吧一角為

那些巴比倫人解讀塔羅牌，他們提出的問題，也一定跟今天人們的問題一樣，因為我們都是人。我們內心都有害怕的事情，我們都曾感覺被人拒絕，我們內心都充滿不安，我們的人生起伏無常。我們最內心深處全都一樣。

為什麼知道這件事很重要？因為這代表我們並不孤單。

關於時間

要寫一本涵蓋一年三百六十五天的書，就得以更濃厚的興趣來思考日曆的本質。日曆是什麼？為什麼要有日曆？日曆的存在是為了標記時間走過的路程。古代人從山洞爬出，當夏日白晝時間變長，他們明白到，愈多陽光就代表愈安全，因為陽光能使他們免於被潛伏於黑暗中的飢餓野獸攻擊。我們的第一本日曆就是夜空中閃閃發光的星宿。在農業社會，日曆讓我們知道何時耕種與收成。曆法的知識等於生存。工業革命帶來了日曆和時鐘，告訴工廠工人幾點該起床上班。現在的我們，跟過去農業社會或工業時代的祖先沒有太大不同。我們利用時間的概念來安排忙碌的生活、事業、日程表、知道該在何時去到何地。看電影時，我們會精確算好時間，在開場前把爆米花買好。

但時間也帶給了我們某種更深層的東西：安全感。生命的真實本質相當嚇人；它隨機無規則。在更深的層次上，我們理智知道地球確實在我們腳下轉動，在太空中飛馳。我們知道，在地球另一端，有人活在跟我們上下顛倒的世界，他們覺得自己是正常的頭上腳下。我們從慘痛的教訓中知道，生命可能一眨眼就發生變化。但時間是我們可以依賴的東西。人類社會對時間的約定有其規則。如果你買了一張票，要在下週六晚上8點去看火星人布魯諾（Bruno Mars）的演唱會，當天會有二萬五千人出現在你身邊，跟你一起聽火星人唱歌。時間的可靠性與約定性使它成為一種令人欣慰的東西，正因如此，日曆得以在人類社會通行，一年被切割成三百六十五次日出和日落。

但時間是一個需要謹慎對待的主題。我們誰也不知道自己還有多少時間。當我們發現我們的時間已經用盡，通常為時已晚。為什麼十歲時候的夏天長到像是沒有盡頭，三十歲的夏天卻一眨眼飛逝如梭？或許是因為，小孩子的生命充滿各種可能性，而大人的生命總是綁著過去。我們已淪為過去生命經驗的犧牲品。但塔羅為我們求情，給了我們一條生路。塔羅裡面藏著一份禮物。塔羅就跟我們的童年一樣，將各種可能性攤開在我們眼前。每一次我們翻開一張牌，我們就感應到那個可能性。這就是為什麼，不管你使用塔羅牌多少年，每一次抽牌都還是像第一次抽牌那樣；這就是為什麼，塔羅永遠不會失去它的熱切之情。塔羅使我們每一個人成為童男童女。

英國魔幻寫實小說作家珍奈・溫特森（Jeanette Winterson）說，時間阻止所有事情不至於同時發生。她說時間有兩種：一種屬於外部世界的時間——是日曆、地球繞太陽公轉的時間；一種是我們個人內在世界、內心風景的時間。在我們自身內部，我們也在經驗各種事件，彷彿時間正在同步發生。若要挑戰線性時間，不妨覺察一下那些以年度為劃分單位的生命事件，是如何以帶有想像力和情感的方式並存於你的內心世界。她建議我們嘗試活在「全方位時間」（total time）裡。我一邊遵循電腦上的時間，一邊感受著第一次真正接吻時的暖意，顫動快感沿脊柱向下流竄，對方皮膚的氣味和背景播放的歌曲歷歷在目。十四歲的我和四十二歲的我，在兩個地方同時存在。你做得到這件事嗎？當然可以。你是擁有超自然力量的生物。你也可以活在全方位時間裡。

塔羅占卜師的職責是在時間軸上往後、往前，甚至橫向移動。這正是我們最拿手的技藝。占卜師，我們手上的紙牌——我們的想像力——存在於曆法時間之外。那是薩滿巫師、藝術家、預言家和神祕學家造訪過的道路、風景與境地——是屬於想像力的世界。故事、本質、真理、眾神、永恆以及象徵符號，全都存在於此。這就是為什麼塔羅是通往奧祕國度的門戶，是祕術世界的入口。因為被隱藏的東西只

能透過經驗來揭露。原型（Archetypes）是經驗性的。塔羅也是經驗性的。

　　這就是希臘古代神祕學校提供的知識。他們的知識內容無法以教導、解釋或口頭言說來傳授。這些內容必須透過經驗來獲得。除非你真正經驗到奧祕，你才能知道奧祕是什麼。一個新幾內亞部落的男孩，並不是透過其他人的口頭講授來獲得啟蒙經驗。部落只給他幾樣求生工具，讓他獨自在森林裡接受為期三天的啟蒙。他身上有抵擋野獸的裝備，也被教導過如何擊退野獸的知識，但他是獨自一人去經歷這趟旅程。他是為自己而踏上追尋之路。他親身走過這趟改變的路程。這也正是「愚人」的旅程。這就是塔羅要做的事。如果你願意，它也會是你的旅程。這趟追尋之旅發生在日曆時間之外。它完完全全只發生於內在。而《365天的塔羅魔法牌陣》提供給你的是外在奧援，在你需要的時候，以問題和概念來激發你的思考。

　　我希望你喜歡這本書──希望它對你有幫助，無論你的追尋是什麼。願你選擇的道路充滿魔法與奇蹟，充滿如銀河般無窮無盡的可能性，以及如同海洋般廣大無邊的愛。希望你永遠用不到「離婚牌陣」、「拒絕牌陣」或「放手牌陣」。生命的確滿是跌撞和創傷，正如它也有滿滿的溫柔親吻與依偎，因此我還是把這些牌陣都收錄了，需要的時候你可以來找它。

　　我希望你找到屬於你的真理，有一天你找到了，你會站在它的中心點，像世界牌的舞者那樣堅強、美麗、靈活機敏。因為，當愚人依循她自己的道路，信賴她自己，她就會在世界當中找到自己。那時，她內心滿是激動樂音──忘情於舞蹈，陶醉於一切美好，與自己和平共處，而且全身充滿魔法力量──她甚至沒有意識到，她早已抵達目的地。

莎夏・葛蘭姆
2013年於紐約市

夢想板牌陣
Vision Board Spread

西元前 46 年，凱撒大帝（Julius Caesar）將一年的第一天定為一月一日（January 1）。部分是為了紀念一月／January 這個字的典故來源「雅努斯神」（Janus）。

隱士讓自己與世隔絕以陶冶智慧。這等同於我們在選擇夢想板圖像的過程中進入冥想狀態。當隱士出現時，他以手上的六角星提燈照耀他的洞見，為願意追隨的人照亮開悟啟蒙之路。

在這一天

歡迎來到一年的第一天！新年新志願已經確立；諸多事情將有所突破。現在就是最佳時機，為你自己建造一張夢想板，迎接勇氣與美好進入你的生活吧！夢想板不僅可以讓你思索事情的解決方案，還能幫助你將想法化為實際行動。

牌陣概述

夢想板是把好幾張圖像集合在一塊板子上，放在你可以清楚看到的地方。選擇和組合這些圖像，是為了為你的生活帶來改變、為你的生命提供方向。無論任何時候，當你想要幫自己創造一塊新的夢想板時，都可以使用這個夢想板牌陣。

擺出陣型

這個牌陣的陣型就像一塊夢想板。一邊以視覺形式創造夢想，同時使用這個牌陣來獲取靈感。這個牌陣提了九個問題，因為九是代表夢想實現的數字。將你的牌擺好，然後以快樂的心情來觀想它！

1. 我的夢想板最重要的主題是什麼？
2. 我最瘋狂的夢想是什麼？
3. 哪些類型的圖像讓我有共鳴？
4. 在我選擇圖像的過程中，我能放下情緒和心理上的障礙嗎？
5. 我想去哪裡旅行？
6. 我想做出什麼改變？
7. 我想吸引什麼進入我的生命？
8. 我可以做哪些微小的調整讓這個夢想板實現？
9. 當我對夢想採取實際行動，會得到什麼結果？

跟祖先說話牌陣
Speak with Ancestors Spread

在這一天

今天是熱帶島嶼海地的祖先節（Jour des Aieux）。新年慶祝活動展開之際，也同時提醒人們不忘過去的歷史。在這一天，海地人緬懷過去一年當中逝世的人，並向十九世紀初為海地獨立奮戰身亡的先人致敬。

牌陣概述

你想和你的祖先說話嗎？塔羅牌能夠讓你跟靈魂世界溝通。你與指導靈、天使和祖先的對話，將在紙牌和蠟燭之間躍然顯現。用這個牌陣，跟家族裡過世親人的靈魂聊聊天吧！

擺出陣型

將抽到的牌擺設成家族樹的形狀，來蒐集家族親人的魔法和智慧。

1. 現在跟我說話的是誰？
2. 我們家族的專有才能是什麼？
3. 我們家族的最大挑戰或功課是什麼？
4. 我繼承了什麼家族遺產？
5. 你們對我的期望是什麼？
6. 我如何充分發揮我所繼承的一切？
7. 什麼事情是我必須做的？

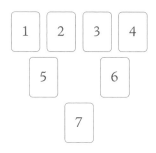

你怎麼知道你跟某位祖先真的有通上話？塔羅老師露絲·安·安伯斯頓（Ruth Ann Amberstone）解釋說：「相信自己。你就會知道他們是不是正在跟你說話。你也會知道他們什麼時候離開。」

錢幣十代表家世、血統以及家譜。完整、強大、經得起時間的蹂躪考驗，這是一張代表進化與血緣關係的牌。抽到這張牌也是在提醒我們，在世代相傳的大故事中，我們只不過扮演一個渺小的角色。

1月3日

每一個人都會對精微能量有反應，無論我們自己是否意識到。人、事件、動物和自然界，全都會影響我們的感受。

整副塔羅牌中，權杖王后的能量場最為強大，因為她主掌火象、激情以及精神靈性面向的元素。如果你打算幫別人解讀塔羅牌，那麼保護好自己的能量、接地扎根很重要。因為我們很可能會無意間吸收到問卜者的能量，無論是正面的還是負面的。

在這一天

今天是巴黎主保聖人「聖女日南斐法」（Saint Genevieve，或譯熱納維耶芙）的紀念日。據說，日南斐法從小就具有靈視力，經常能看到天上的聖徒和天使，而且能行奇蹟。西元 451 年，匈奴王阿提拉揮軍西征，巴黎遭到慘烈攻擊，聖女以祈禱和守齋拯救了巴黎。還有另一傳說，1129 年巴黎瘟疫期間，她的遺骨聖龕被恭迎到街上出巡遊行，之後因疫病死亡的人數就直線下降，奇蹟地阻止了瘟疫的蔓延。

牌陣概述

當你覺得需要加持的力量和保護時，請連結聖女日南斐法的恩典庇佑。以下這些問題可以幫助你思考，為什麼你會需要額外的安全庇護和守護，以及你可以從誰那裡、如何得到庇護。

擺出陣型

女巫經常會在需要能量保護時築起一道錐形能量場（剛好呼應女巫帽的象徵）。在你擺放紙牌時，請同時觀想，你四周圍有一圈白光保護著你。

1. 我是否對別人的影響力完全沒有遮蔽？
2. 我現在身邊四周是什麼樣的能量？
3. 有沒有我必須小心警覺的能量？
4. 誰能幫助我？
5. 我可以信靠什麼樣的保護？
6. 我如何讓自己的能量接地扎根？
7. 我該如何保護自己？

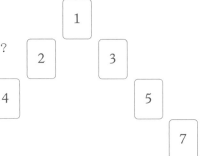

花大錢牌陣
Big Purchase Spread

1月4日

在這一天

企業家康內留斯‧范德比爾特（Cornelius Vanderbilt）是美國歷史上最富有的人之一，逝世於 1877 年的今天。他將大部分財產都留給他的兒子亨利，之後亨利更將財產累績翻了一倍，而這位大家長，正是葛蘿莉亞‧范德比爾特和安德森‧古柏這對名人母子的祖先。范德比爾特夫婦當年建造的豪宅，其中有多所至今仍開放供民眾參觀，他們留下的遺產還包括范登堡大學和哥倫比亞大學醫學院等慈善事業。

牌陣概述

你正打算花一大筆錢買東西嗎？做決定之前，請藉這個牌陣向你的財務顧問詢問意見。用你手上的牌把大富豪范德比爾特請出來，向他學習聰明投資之道。

擺出陣型

你問到的這項物品，真的值得你花錢去買嗎？把牌陣擺好，幫自己找出答案。

1. 這樣東西可以用借的嗎？
2. 我要用它來做什麼？
3. 我多久會使用一次？
4. 我真的想要擁有這樣東西嗎？
5. 我真的買得起嗎？

康內留斯‧范德比爾特實現了他的美國夢。十一歲輟學後，他便開始在曼哈頓和史泰登島之間從事運送乘客的油輪事業。臨終前，他在航運和鐵路事業積累的財富高達一億美元。

錢幣王牌代表財務復甦、新的收入型態以及目標完滿實現。肥沃豐饒的花園意謂著成長是必然趨勢。花出去的錢會得到雙倍奉還，而且通常代表會得到一筆意外之財或遺產。

1月5日

鳥類經常被看作是信差、使者、改變的預兆或亡者的靈魂。牠們以本能直覺、內在聲音以及在一天的開始與結束時刻，用歌聲來喚醒我們。

錢幣九這位女士，她精緻美麗的手套上站著一隻兇猛的獵鷹。這隻獵鷹代表忠誠。塔羅牌中出現的鳥類意象，通常代表我們的眼界能夠飛翔的高度，以及超越我們正常感知與界限的那份能力。

在這一天

今天是國家鳥類日（National Bird Day）。這個節日主要是為了呼籲人們欣賞和保護鳥類，同時提升人們對於不當囚禁鳥類的覺知意識。由於鳥類不受人類天性法則的束縛，因此往往也代表意識與潛意識、天堂與塵世、實際面與潛在可能性之間的聯繫媒介。鳥類通常被認為是靈魂、阿尼瑪、自由或隱身於物質塵世中的靈魂象徵。

牌陣概述

因不知如何抉擇而感到困惑嗎？看不清該走哪一條道路嗎？鳥瞰的視角能提供一個獨特的觀看角度，幫助你釐清目前的生活方式和選擇。這個方法非常有效，它要你往上飛，以鳥類的視野來檢視你的生活。這個寬廣的視角能呈現微小事物的真實面貌——它們全都渺小微不足道——而且能讓你將眼光專注在宏偉的生命計畫中那些真正重要的事情上。

擺出陣型

一邊洗牌，一邊思考你要問的問題。閉上眼睛，開始把牌一張一張扔在你面前的桌子上。試著以上帝的視角從上往下看，看看哪些牌落在桌上時是正位而且面向著你。解讀的時候，依序從最左邊那張牌開始往右邊解牌，回答這個鳥瞰視角牌陣所提出的問題。

1. 我目前的處境是什麼？
2. 我之前沒看到的事情是什麼？
3. 怎樣才能清楚看到整件事的樣貌？
4. 從上往下看，有發現什麼事情變清晰了嗎？
5. 我要往哪裡前進？
6. 什麼是真正重要的事情？
7. 我該記得的是什麼？
8. 要給我的訊息是什麼？

趕走壞習慣牌陣
Kick a Bad Habit Spread

在這一天

今天是聖誕節後第十二日，也稱為「第十二夜」（Twelfth Night），在愛爾蘭稱為「小聖誕節」。使用「儒略曆」（Julian calendar，譯注：凱撒大帝在西元前46年制定的曆法）的舊曆法是將這一天訂為傳統聖誕慶日。現代曆法則是將這一天訂為傳統聖誕假期的最後一日，所有的聖誕裝飾和花環都會在這一天拆除，直到來年聖誕再重新掛上。

牌陣概述

拆除聖誕裝飾的同時，何不同時也將壞習慣全部去除？一邊拆掉裝飾物，同時讓這項工作成為一個魔法隱喻。在假期的最後一天，把裝飾物拆除，同時決定你想改掉哪一個壞習慣。這個牌陣可以幫助你辨識和去除討人厭的習慣，最好是在拆除裝飾物之前先做這個牌陣。

擺出陣型

在你腦海中，想像你已經擺脫這個壞習慣。觀想一下你想成為什麼樣子的人。以冷靜和專注的態度，用紙牌擺成像即將被拆除的耶誕花環形狀。

1. 我的習慣。
2. 為什麼我會有這個習慣？
3. 為什麼需要去除這個習慣？
4. 什麼事情有助於終結這個習慣？
5. 這個習慣去除之後會怎樣？
6. 什麼事情在阻礙我？
7. 什麼事情可以幫助我？
8. 過程遇到困難時該記得什麼事情？
9. 我會得到什麼結果？

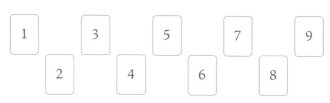

每個習慣的養成都是依循一種稱為「慣性循環」的心理模式。過程分為三個部分，最初先有一個「誘因」，之後「形成例行動作」，最終「養成行為」。了解這個誘因、慣例和結果三部曲的過程後，只要將中間的「例行性動作」改成健康和正向的事情就可以了。

寶劍牌是帶有鋒利整肅特質的牌組。利劍總是讓人感到恐懼害怕，因為它們代表思惟、深思算計和變化。若要斬斷壞習慣，就得擁抱利劍的激烈兇猛。

良好飲食習慣牌陣
Excellent Eating Habits Spread

芬妮・法默（Fannie Farmer）在十六歲時中風。由於沒辦法走路，她開始烹飪，為她母親的寄宿公寓供應美味佳餚而聲名大噪。之後更出版了烹飪書籍並開辦烹飪學校，她的故事提醒了我們，我們人生中遭遇的最大悲劇，往往定義了我們是誰。

錢幣三描繪了三位人物正在討論關於神聖空間的建造事宜。這張牌通常代表合作，但你也可以將這張牌理解為以健康的方式成長，而那個神聖空間就是你的身體。

在這一天

《芬妮・法默烹飪書》（Fannie Farmer Cookbook）是一部烹飪經典，出版於 1896 年的今天。它強調健康食物、新鮮味道以及多樣性，這是為什麼這本書至今依然受到廣大群眾的喜愛。

牌陣概述

吃東西和做菜與生命力本身緊密相關，因為這是讓人心情愉快同時又照顧身體健康的機會。如果你打算改變飲食習慣，請把重點放在正向積極面，不要糾結於負面事情上。這個牌陣正是聚焦於培養良好飲食習慣。

擺出陣型

看看明亮的陽光灑在你的廚房，感受一下香甜飽滿的蘋果散發出的健康氣息，然後把牌陣擺出來。

1. 食物在我生活中扮演什麼角色？
2. 我曾經用食物虐待自己嗎？
3. 我如何用食物滋養自己？
4. 食物如何影響我的情緒狀態？
5. 什麼時候吃東西最不健康？
6. 我最需要改變的重要飲食習慣是什麼？
7. 什麼事情鼓勵了我要吃天然未加工的食物？
8. 什麼事情有助於我培養良好飲食習慣？
9. 我現在可以邁出的一小步是什麼？

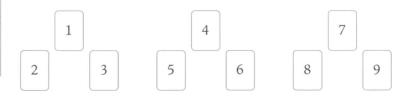

擺脫債務牌陣
Get Out of Debt Spread

在這一天

1835 年，美國總統安德魯・傑克遜宣布了一項很少有總統有幸發表的聲明：「諸位，我們國家的債務已經還清了。」這是美國首度出現沒有負債的狀態，並且持續了一年。

牌陣概述

無債一身輕，不需要再為債務擔憂焦慮，而且還能儲蓄，讓你可以自由選擇要把錢花在哪裡。今天的牌陣，就利用這個大吉之日，針對你的債務狀況跟自己對話吧！

擺出陣型

想像一下自己現在無債一身輕。做一次深呼吸。你知道你每擺一張牌，都是在建立信心和穩定性。

1. 我負債的主要原因是什麼？
2. 我實際上有多少債務？
3. 我是否使用信用卡來支付基本生活費用？
4. 我會買超出我手頭現金的東西嗎？
5. 我是否會向別人撒謊，不告訴他們錢花在哪裡？
6. 我會向朋友和家人借錢嗎？
7. 我是否能阻止自己花錢超出預算？
8. 我可以誠實記錄我的每一筆支出嗎？
9. 我能想出一個有效方法來管理自己的財務嗎？
10. 執行這個計畫會得到什麼結果？

並非所有債務都是壞事。只要沒有超支借貸，而且能夠負擔每月貸款，那麼房子或教育方面的借貸在財務規畫上是有意義的。

錢幣國王通常代表巨大財富。此人無論在商業生意、房地產和實際事務上都非常擅長，而且認真對待自己的財務狀況。他手上的權杖代表實權，他安坐在自己創建的王國裡。他是一位慷慨、值得信靠且耐心十足的人。

大家都知道，美人魚的皮膚像鑽石一樣堅硬，可以保護牠在寒冷深海免於失溫。據說，人類的皮膚如果被美人魚摸到，會留下一條閃閃發光的痕跡，為人帶來好運。

聖杯王后對應美人魚的魔法，因為她安坐於海上寶座，掌管整個海洋。她說著鯨魚和海豚的語言，如水般難以捉摸的感性特質，也造就了她無邊無際的深度同理心。

在這一天

1493 年的今天，哥倫布航行到現在的多明尼加共和國附近，發現了三隻美人魚。據他的說法，牠們「不及畫中的一半漂亮」。事實上，哥倫布看到的是海牛，這是一種移動緩慢的水生哺乳動物，眼神溫柔且身軀巨大。

牌陣概述

自古希臘以來，美人魚傳說就存在於航海文化中。根據某些民間傳說的傳述，牠們可以化身成人形嫁給男人。感性、難以捉摸、十足女性化，美人魚這個象徵符號也激發我們思考，在實際生活中如何展現美人魚魔法。

擺出陣型

鬆開你的長髮，沐浴在明媚的陽光下，聞一聞海風的鹹味，然後把陣型擺出來。

1. 難以捉摸：我是否對我愛的人保守了什麼祕密？
2. 神祕：我要揭開的謎團是什麼？
3. 魅力：我最吸引人的特質是什麼？
4. 隱私：什麼是不能揭開的祕密？
5. 感官享受：我是否耽溺於感官享受？
6. 最愛：我愛什麼東西勝過其他？
7. 野性：我生命中必須堅持不受束縛的東西是什麼？
8. 生命浪潮：生命浪潮要把我帶到哪裡去？
9. 移動：我是逆流而上還是順流而下？

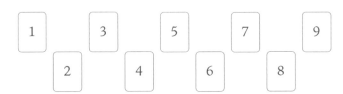

在這一天

藝術家喬治亞・歐姬芙於 1977 年的今天被美國總統福特授予總統自由勳章。歐姬芙以巨型花卉畫作及新墨西哥州搖滾題材聞名於世，堪稱二十世紀最偉大藝術家之一。

牌陣概述

除了自己的作品外，喬治亞・歐姬芙同時也是她的丈夫兼攝影師阿爾弗雷德・史蒂格利茲（Alfred Stieglitz）的繆斯女神。早期的幾幅歐姬芙裸體攝影曾引起巨大轟動。到退休時，他已經為她拍攝了超過三百五十幅肖像。這個牌陣就是運用這對夫婦的創作過程，來幫你召喚繆斯女神。

擺出陣型

繆斯女神源自希臘神話。現代則是用繆思一詞來代表能夠激發創作熱情、喚起豐富創意的某樣事物或某個人。這個牌陣可以幫你找到你所需要的那位繆斯女神。洗牌、抽牌、擺出陣型，把你的女神找出來。

1. 我的繆斯女神在哪裡？
2. 怎樣才能讓她來到我身邊？
3. 什麼樣的情況我會知道她出現了？
4. 她喜歡什麼東西？
5. 她想讓我創造什麼？
6. 她如何幫助我？
7. 我們可以一起完成什麼事情？

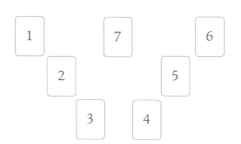

古希臘人認為女神繆斯是文學、科學和藝術的靈感來源。九位繆斯女神分別給了我們不同領域的啟發，包括：史詩、歷史、情詩、歌曲、悲劇、讚美詩、舞蹈、喜劇和天文學。

由於寶劍王后對語言詞彙與表達方式相當敏銳鋒利，因此經常跟小說家與各類作家有所連結。注意看這位寶劍王后的手勢。她往前伸出的那隻手，即是代表一種對繆思靈感的邀請和催化。

科學研究顯示,感恩可以改善健康和提升免疫力。每天只需花兩分鐘來做感恩練習。給自己設定一段固定時間,把你感謝的事情、原因、對象都寫下來。

聖杯王牌代表以健康的方式表達情緒感受。聖杯王牌也意謂著內在協調與精神活力。你可以信賴你的感覺告訴你的事情,而且誠實表達情緒感受是安全的。聖杯本身就是儀式容器的代表物,象徵它內在原有的價值。

在這一天

今天是國際感謝日,我們要努力散播歡樂,並向所有照亮我們生命和豐富我們人生的人獻上最深的謝意。

牌陣概述

感恩能為我們的情緒帶來立即性的轉變。有些研究甚至聲稱,感恩可以讓我們的幸福感提高百分之二十五。這個牌陣主要聚焦於你應該感謝的事情、為什麼要感謝,以及如何表達你的感謝。

擺出陣型

用一點時間思考你生命中得到的祝福。然後將牌卡擺成笑臉的形狀。

1. 為什麼我該感謝自己擁有健康的身體?

2. 為什麼我現在能擅長做某項工作?

3. 我該感謝誰?

4. 我對人們有足夠的感謝之心嗎?

5. 我如何每天練習感恩?

6. 我怎樣才能找時間每天做感恩練習?

7. 當我感覺不到可以感謝的事情,我該如何表達感恩?

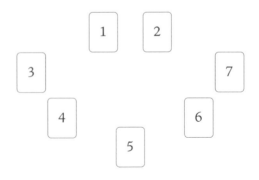

X光眼牌陣
X-ray Vision Spread

在這一天

1896年的今天，三名北卡羅來納州戴維森學院的學生，在夜間偷偷製造出有史以來第一次能以肉眼觀看的X光影像。他們賄賂了學校的一名工友，違法使用醫學實驗室，對多種物體拍攝X光片，其中還包括他們用小刀從屍體上切下來的一根人類手指頭。

牌陣概述

誰不喜歡擁有看穿物體、人體和牆壁的能力呢？X光眼對於像超人這樣的英雄來說，是一項廣受歡迎的超能力呢！幸運的是，塔羅牌也能讓你擁有X光眼的能力，來檢視你遇到的任何事情。

擺出陣型

明智使用感知力，將塔羅牌擺出X字形，用這個X光眼牌陣找到真相。

1. 從外部看，事情呈現出什麼狀況？
2. 內部隱藏的真相是什麼？
3. 有哪些我沒有察覺到的隱藏因素在影響這件事？
4. 哪一項因素對我有利？
5. 我看到真相之後該採取什麼行動？

X光之所以用「X」這個字取名，是因為1895年德國物理學家威廉‧倫琴（Wilhelm Roentgen）偶然發現這種新的輻射線時，他並不知道這是什麼東西，因此稱之為X射線。

寶劍侍者（或稱寶劍男僕），通常被喻為塔羅牌中的「少女神探南茜」（Nancy Drew），因為寶劍侍者擁有X光般的眼力。他目光敏銳、頭腦敏捷，能透視一切謊言，直指問題核心，發現一切事物的真相。

1月13日

十三號星期五之所以被認為是不祥之日，是因為1307年10月13日星期五這一天，聖殿騎士團的團長雅克‧德‧莫萊（Jacques de Molay）和數百名聖殿騎士被捕入獄。

塔羅的騎士牌通常代表傳遞消息的信差。仔細看騎士所騎的那匹馬，從他奔跑的速度就能得知你是處於什麼樣的能量狀態。快速奔跑的馬代表事情能夠快速解決，前進速度緩慢的馬，代表可能需要花更多時間才能解決這件事。

在這一天

西元1128年的今天，羅馬教皇和諾理（Pope Honorius）批准成立聖殿騎士團。之後，因其規模和聲望持續上升，財富和影響力也大大增加，到了1307年，法國國王腓力四世（King Philip IV）和教皇克雷芒五世（Pope Clement V）合謀解散了騎士團。許多成員因遭受酷刑而作出假供詞，並以異端邪說、褻瀆上帝和散播撒旦思想而定罪，被活活燒死在火刑柱上。

牌陣概述

騎士以誓約、誓言和行為準則起誓，作為未來行動的保證。這個牌陣所提出的問題，就是根據騎士的核心宗旨設計出來的。

擺出陣型

聖殿騎士團穿的特殊白色斗篷上有一個紅色十字標誌。請以他們熟悉的十字形狀來擺放你抽到的牌。

1. 為什麼我該放下對於物質的關注？
2. 我如何糾正不公義之事？
3. 我生活中有什麼殘暴之舉卻未被制止？
4. 光榮地活著是什麼意思？
5. 做一個高貴的人是什麼意思？
6. 為什麼以禮待人很重要？
7. 怎樣才能對自己更誠實？
8. 聖殿騎士送給我的神祕禮物是什麼？

```
         [4]

[1]  [2]  [3]

         [5]

         [6]

         [7]

         [8]
```

彌補惡行牌陣
Make Up for Wrongdoing Spread

在這一天

1697 年的今天，北美殖民地麻薩諸塞灣省塞勒姆（現屬美國麻薩諸塞州）正式對塞勒姆獵巫的恐怖和不義行動做出道歉，並將這一天訂為齋戒日。

牌陣概述

雖然一天的禁食根本彌補不了十幾個人遭到不人道的殘殺，但彌補錯誤行為還是很重要。如果你發現自己曾經做錯什麼事，這個牌陣可以幫你多少做些彌補和改正。

擺出陣型

這個牌陣可以幫你檢視你所面臨的狀況，搭建一座向上爬升的梯子，讓自己走向療癒。想想你可以採取什麼行動，然後把陣型擺出來。

1. 我之前做了什麼事？
2. 我為什麼要那樣做？
3. 為什麼這件事是錯的？
4. 我能為自己的行為負起責任嗎？
5. 為什麼我需要做出彌補？
6. 我可以怎樣改正之前的錯誤？
7. 我可以做什麼準備來彌補這件事？
8. 最後的結果。

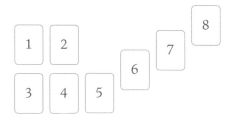

1480 年至 1750 年間，歐洲和北美的獵殺女巫行動造成大約四萬至六萬人被處死。可悲的是，這種歇斯底里的獵巫行動並非單一事件，在古典時代，甚至當代巴布亞紐幾內亞都有文獻記載類似事件。

聖杯王牌意謂著，愛、同理心和慈悲之行皆是療癒的方法，無論是對自己還是對受傷的一方。鴿子代表和平，水代表潛意識，睡蓮代表永生。

卡門塔（Carmenta）這個字來自拉丁語的「carmen」，意思是魔法咒語、神諭或歌曲。它也是英文單詞「charm」（魔力）的字根。

在這一天

今天是義大利偉大的女先知暨生育女神卡門塔的節日。為了紀念卡門塔和她的預言能力，慶祝活動的主要參加者通常是女性。她是所有為人母親者和助產士的守護神。懷孕婦女以米飯供奉卡門塔，可以保佑平安順產，如果希望多生幾個小孩，則可以多吃代表生育力的覆盆子。

牌陣概述

你準備好要呼召女神力量了嗎？不妨試試這個特別的牌陣，來連結卡門塔女神的預知力和女性魅力，讓你在各方面的力量同時得到提升。

擺出陣型

跟卡門塔女神一樣，女皇這張牌也代表生育和懷孕。編號三號的女皇牌，對應的是創造力、靈性成長和感恩。這個母親原型提醒你，要與你的想像力、大地（土）能量以及自然界建立連結，讓自己落地扎根與保持平和。

想像你站在卡門塔神殿的聖階前。獻上藥草、晶石和水果作為供品，將抽到的牌擺成圓形牌陣，透過問題來連結這位女神的智慧。

1. 怎樣才能將我的預知能力澈底發揮出來？
2. 我擁有什麼魔法嗎？
3. 我能帶給這個世界什麼？
4. 我應該開始著手做什麼事情嗎？
5. 我如何擁抱自己內在的女性面向？
6. 我內部正在孕育什麼準備要開花結果嗎？
7. 為什麼我會安於接受低於我價值的現狀？
8. 我該如何解決這個問題？
9. 卡門塔女神希望我擁有什麼樣的信念來找回自己的力量？
10. 卡門塔女神給我的個人訊息是什麼？

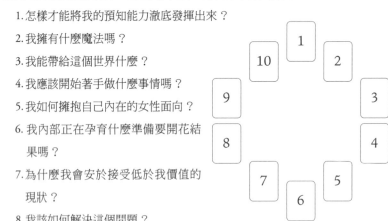

減重／增重牌陣
Weight Loss/Gain Spread

在這一天

今天是美國的全國減重日。主要目的在於提醒人們控制飲食的重要,透過節制食慾來減少健康方面的問題。

牌陣概述

這個牌陣的設計用意在於,以積極、健康的思想來激發我們達成理想的均衡體重。反思現在的行為,是改進的第一步。無論是要減重或是增重,這些問題都適用。

擺出陣型

將牌卡擺成心的形狀是為了提醒你,在改變的過程中不要忘了愛自己。

如果我擁有理想體重,那我會有什麼感受?

1. 我喜歡什麼類型的運動?
2. 食物對我來說代表什麼?
3. 我跟食物之間的關係如何?
4. 我吃東西時有專心嗎?
5. 我可以自己調整飲食習慣嗎?還是需要幫忙?
6. 我相信我有改變的能力嗎?
7. 如何改掉舊習慣和行為?
8. 我已經找到正確方法讓自己變得更健康嗎?
9. 如果我的身體達到理想體重,那會怎麼樣?

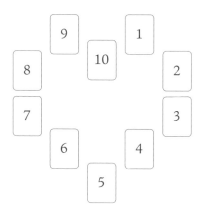

長期、持續減重的關鍵數字是每個禮拜減二到三磅。

節制牌講的是平衡和療癒,也是最能代表健康生活方式的一張牌,因為它融合了對立的兩方,避免陷入極端。煉金術天使將左右兩個杯子的水相互混合調配,以達到平衡。這張牌的關鍵概念是流動、控制和奉獻。天使腳下的療癒之水為人帶來更新,就像受浸儀式的活泉一樣。

隱藏的欲望牌陣
Hidden Desire Spread

你有發現嗎？把「devil／惡魔」這個英文字倒過來拼寫，就變成了「lived／活的、有生命的」。

黃金黎明協會指派給惡魔牌的神祕學標題叫作「歡笑」（Laughter），藉以表示惡魔這張牌包含了非常多跟歡樂有關的事情。惡魔牌想要滿足我們所有的物質欲望、愛情、名聲、性、金錢、快樂、渴望和欲求。你會把這條界線畫在哪裡？

在這一天

西班牙東南海岸外，一個天氣炎熱且充滿歡樂氛圍的島嶼馬約卡島（Majorca），在今天慶祝他們的聖安東尼節。參加狂歡遊行的人會裝扮成魔鬼，以舞蹈方式跳過一個接一個的篝火，以紀念在馬約卡山洞中遭受魔鬼誘惑，但成功熬過來的聖人聖安東尼。

牌陣概述

惡魔這個原型代表被壓抑的本能衝動，這個牌陣可以讓我們檢視我們本性中的陰暗面。它會引導你以健康的方式表達你內在最深層的本能欲求。

擺出陣型

將抽到的牌擺成魔鬼乾草叉的形狀。

1. 什麼是我內心渴望但不能說出來的東西？
2. 我的惡魔祕密世界是長什麼樣子？
3. 有哪些隱藏的欲望或事情跑進我的夢中？
4. 我跟性或飲食等自然衝動關係如何？
5. 我追求什麼樣的快樂？
6. 我希望避開什麼樣的痛苦？
7. 我渴望對別人展現我的權力嗎？
8. 我希望別人對我展現他們的權力嗎？
9. 我是否用了不健康的方式來表達內心隱藏的衝動和需求？
10. 我怎樣以對我最有利的方式來表達內心隱藏的需求？

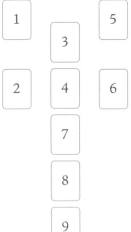

譚崔昆達里尼牌陣
Tantric Kundalini Spread

在這一天

在西方大力推廣譚崔哲學的約翰‧喬治‧伍道夫爵士（John George Woodroffe），逝世於 1936 年的今天。他的代表著作《蛇的力量：譚崔與性力瑜伽的奧祕》（The Serpent Power: The Secrets of Tantric and Shaktic Yoga），正是現代西方許多「改編版昆達里尼瑜伽」的修練依據。

牌陣概述

讓你內在的那條蛇慢慢往上爬升。昆達里尼通常被形容為一股蟄伏盤繞在脊柱底部的原始力量。透過修練，它會沿著脈輪路徑往上爬升，最後進入頭部，讓人產生深刻的神祕經驗。這個譚崔昆達里尼牌陣的靈感，就是來自這個概念：這條能量充沛的蛇，會一路沿著你的脈輪往上爬升，為你帶來光明洞見。

擺出陣型

想像一下位於你脊椎底部的這股能量。感覺它慢慢往上移動。你可以跟你的情人一起玩這個牌陣。請他們裸體趴在地上，然後將抽到的牌一張一張沿著脊椎擺上來。

1. 脊椎底端：我擁有什麼？
2. 脾臟：我感覺到什麼？
3. 腹部：我該如何行動？
4. 心臟：我可以如何愛人？
5. 喉嚨：我如何與人溝通？
6. 第三隻眼：我如何看見真相？
7. 頭部：我如何讓這條通道完全串連？

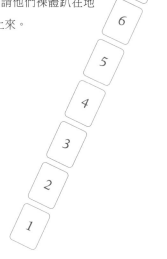

梵語「kundal」的意思就是「盤繞」。

權杖王牌代表昆達里尼之火（拙火）的力量。作為強大力氣、生命活力和能量的象徵，這張王牌也代表藉由欲望改變我們的世界。

許多通靈者和靈媒都認為,靈魂伴侶是指跟我們生生世世之生命有關連的那些人,包括夫妻、兄弟姊妹、朋友等。意思就是說,我們這輩子的靈魂伴侶可能不只一位。

戀人牌呈現的是我們在性關係、二元對立和選擇等這些方面的議題,而聖杯二則是代表我們自身在另一個人身上的反照,因此聖杯二可說是最能完美詮釋何謂靈魂伴侶的一張牌。一段深刻的友情、新的戀情或合夥關係已經展開;你已經找到一個跟你非常相似的靈魂。

在這一天

1942 年的今天,凱瑟琳‧赫本(Katharine Hepburn)與史賓塞‧屈賽(Spencer Tracy)這對傳奇愛侶首度在電影《小姑居處》(Woman of the Year)中相遇。他們的戀情持續了將近三十年,但由於史賓塞有自己的婚姻,因此兩人從未結婚、也沒有公開承認過他們的戀情。

牌陣概述

你現在身邊的愛人是你的靈魂伴侶嗎?請用這個靈魂伴侶牌陣來得到答案,看一下你倆的關係是否能夠持久。

擺出陣型

在滿月前幾天,點上代表愛情的粉紅色蠟燭,然後把這個牌陣擺出來。

1. 我現在的愛人本質上是一個快樂的人嗎?
2. 我們對於雙方關係型態的期待一致嗎?
3. 即使我對某人沒有好感,我還是願意花時間和此人共處嗎?
4. 他或她是一個有趣的人嗎?
5. 他或她的行為是否前後一致?
6. 他或她是不是願意好好聽我說話?
7. 我會不會害怕自己跟對方意見不同?
8. 我們能不能共同面對衝突?
9. 我們對於生活中的優先順序排列類似嗎?
10. 我們真的是靈魂伴侶嗎?

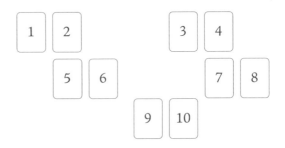

水瓶座特質牌陣
Qualities of Aquarius Spread

在這一天

今天正好是水瓶座開始的第一天。

牌陣概述

這個牌陣是根據水瓶座的基本特質設計出來的，這些特質包括：獨立、原始、充滿活力、友善、不可預測、有創意、有遠見。

擺出陣型

陣型就是波浪起伏的形狀，也就是水瓶座象徵符號的上半部圖形。

1. 我必須掙脫哪些束縛？

2. 我生命最原本的特質是什麼？

3. 是什麼帶給我生命力？

4. 為什麼感情關係如此重要？

5. 為什麼不可預測是一件好事？

6. 我的創造力如何為我服務？

7. 我對未來的願景是什麼？

水瓶座的守護星是天王星，主要對應顏色是土耳其藍（藍綠色），幸運日是星期三，大城市是他們取得成功的最佳地點。水瓶座主掌黃道十二宮的第十一宮，這個宮位與人生方向有關。

星星牌和水瓶座一樣，都跟靈感、樂觀與革新有關。也像水瓶座一樣，代表我們出生前的那片水域，它使我們擁有新生命並充滿活力。星星在夜空中閃耀，猶如一座希望的燈塔，它接在惡魔牌和高塔牌之後，代表心靈平靜的解藥；它是一次突破，也是一個機會，讓更高層次意識得以發光發亮。

實驗證實,人際接觸和擁抱對健康有益。和戀人擁抱或牽手十分鐘,就能減輕壓力及其負面影響。

「從此過著幸福快樂的生活」,可說是聖杯十這張牌的最佳詮釋,牌面圖案描繪一對夫婦和孩子互相擁抱的畫面,表現的正是這種直接身體接觸的情感。有趣的是,戀人牌中的那對男女雖然沒有身體上的接觸,但有時也意指兩人的親密性關係。

在這一天

今天是全國擁抱日,這是一個機會,讓我們可以藉由溫暖的擁抱來告訴家人、朋友或是對我們別具意義的人,他們對我們的重要性。

牌陣概述

跟家人和朋友擁抱很正常,大家也都能接受,但這個擁抱牌陣要讓你看到的是,你在感情上想要擁抱的人是誰。你敢伸出手擁抱你喜歡的人嗎?

擺出陣型

找個人好好擁抱吧——不過,擁抱前,先把占卜牌陣擺出來。

1. 我想擁抱的人是誰?
2. 誰會想要擁抱我?
3. 我如何才能將對方擁入懷中?
4. 這個擁抱會衍生出其他事情嗎?
5. 這個人對我的意義是什麼?
6. 我們的關係是否不僅是朋友?
7. 我應該去追求這段感情嗎?
8. 什麼事情是我該知道而我現在不知道的?

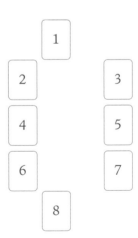

克麗奧佩脫拉方尖碑牌陣
Cleopatra's Needle Spread

在這一天

1881 年的今天，紐約中央公園豎起了一座稱為「克麗奧佩脫拉之針」的方尖碑。直到今日，這座埃及方尖碑依然聳立在大都會博物館後方，提醒人們古埃及的神祕和魔法。

牌陣概述

《埃及亡靈書》（The Egyptian Book of the Dead）解釋了埃及人對於人死後靈魂旅程的複雜概念。在古埃及，盜墓被認為是一種極大罪行，因為它會剝奪死者在來生轉世的機會。克麗奧佩脫拉方尖碑牌陣就是用埃及人對來世的概念來提出問題。

擺出陣型

請將抽到的牌擺成克麗奧佩脫拉方尖碑的針尖形狀。

1. Ha（身體）：我現在的健康狀況如何？

2. Ab（意識／心）：我今天在這裡的動機意圖是什麼？

3. Ka（無形的生命力）：什麼讓我感覺充滿活力？

4. Sheut（陰影）：我的陰影中潛伏著什麼？

5. Ren（命名）：我來這裡做什麼？

6. Akh（轉世靈體）：什麼東西永生不滅？

7. Ba（靈魂）：我是誰？

1

2

3

4

5

6

7

克麗奧佩脫拉方尖碑其實跟埃及女王克麗奧佩脫拉沒有任何關係。這座針狀銘文碑是拉美西斯二世（Ramesses II）為紀念他的軍事勝利而建造的，早在克麗奧佩脫拉出生前一千多年即已存在，是後來才被移到她的其中一座宮殿安置。

埃及人對於來世靈魂的旅程有非常深刻的描述，如同大阿爾克那牌從愚人走到世界也是人生旅程的一種隱喻。某些牌義解釋主張，愚人背的那個袋子裡面裝了四個塔羅象徵物，而他必須在旅途中學會使用這四種物品。

1月 23日

陽光照在地球表面一分鐘產生的熱能,足以滿足全世界一整年的能源需求。

在這一天

1978 年的今天,瑞典成為全世界第一個禁止使用氣溶膠噴霧器(aerosol sprays)的國家。之所以有這個規定是因為,氣溶膠含有破壞臭氧的特性,此禁令也讓他們成為環保行動的先鋒國家。

牌陣概述

地震、海嘯和乾旱都在提醒我們,人類是生存在大自然的擺布之下。如果我們恣意破壞地球,那等於是在助長我們自己的滅絕。這顆美麗藍色星球外圍的維生大氣層,在黑暗空曠的大宇宙中不過是一顆小小的氣泡。關心地球,就是關心我們自己,因為我們都是地球的一部分,跟地球分不開。

擺出陣型

將抽到的牌擺成一個無始無終的圓形。

1. 為什麼採取行動對我很重要?
2. 我能做什麼實際行動來保護環境?
3. 如何減少我的碳足跡?
4. 地球需要我為它做什麼?
5. 我回報地球什麼?
6. 我可以去除什麼?
7. 我如何為別人樹立榜樣?
8. 我如何多多從事戶外活動?

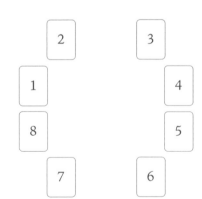

世界牌從標題到牌義都跟地球緊密關連。除了帶有慶祝、成功與成就的含義,世界牌也代表了一個人的根本象徵,也就是「一個圓」。這是人生最圓滿的狀態,世界牌就是人通往真正自由解脫的途徑。

在這一天

1915 年的今天，南極探險家歐內斯特·沙克爾頓（Ernest Shackleton）的堅忍號（Endurance）被困在浮冰當中。在冰層中冰凍了十個月後，船體受到壓力擠壓而碎裂，最後沉入海中。

牌陣概述

你是否曾經有過這樣的經驗，腦中的念頭像是一艘困在冰層裡的船動彈不得。當我們遭遇艱難或痛苦處境時，這種情況更是讓人沮喪。擺脫此困境的訣竅就是：在這些折磨人的念頭把你搞瘋之前，趕快把這些想法放掉。這個牌陣的設計，就是為了幫助你擺脫這種強迫性思維的束縛。

擺出陣型

讓你的頭腦心念自由，好事就會隨之而來。

1. 這個擔憂是合理的嗎？
2. 無論我擔憂與否，這件事都會發生嗎？
3. 我可以採取哪些具體步驟，來為可能發生的結果做準備？
4. 我是不是太沉溺於過去？
5. 我做這件事是為了避免眼前的問題嗎？
6. 這個問題值得我花這麼多時間擔心嗎？
7. 我是否該關注更重要的問題？
8. 我可以把這個問題變成潛在的機會嗎？
9. 我可以去請求其他人的協助嗎？
10. 如何停止這種憂慮？

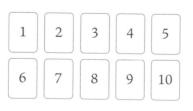

佛陀形容我們的心念就像一隻喝醉酒的猴子，不停跳上跳下、尖叫、喋喋不休。而恐懼，就是特別愛亂叫的猴子，可以藉由靜坐冥想來馴服。

寶劍九這張牌描繪的，就是我們因為腦中的強迫性思維、罪惡感以及騷動不停的念頭而受苦的情況。牌面圖案這位女性的被子上畫著占星符號，代表你需要睜開眼睛，去尋找可用的智慧。

一個被欺負的人經常會這樣問:「這個人為什麼要這樣對我?為什麼這種事會發生在我身上?」大多數的欺凌行為都是霸凌人的一方本身有問題,而不是被霸凌的人做錯了什麼事。一般來說,問題是出在那個霸凌者,而不是你。

宮廷牌也可以代表我們自己內在的性格特質。欺凌或敵對行為則會以上下顛倒的逆位牌呈現。你可以用牌陣中出現的逆位牌,來解讀和檢視一個人的性格是否有封閉、錯倒或負面消極的特質。

在這一天

電影《101忠狗》(101 Dalmatians)在1961年的今天上映,成為之後十年當中最受歡迎的電影之一。這部電影裡面的反派角色叫作庫伊拉‧德維爾(Cruella De Vil),劇中她綁架了一窩大麥町,想要用牠們的斑點毛皮來做大衣。

牌陣概述

有人對你很壞嗎?這個邪惡反派牌陣,是以著名反派角色庫伊拉為靈感設計出來的,它可以讓你去思考,若有人對你做出殘忍行為,你該如何處理。

擺出陣型

邪惡反派牌陣的陣型分為兩大部分:其中一邊代表你,另一邊代表你的對手。

1. 你。

2. 對手。

3. 他們為什麼孤立你?

4. 有沒有辦法避開這個人?

5. 我可以不理會他們的明槍暗箭嗎?

6. 我如何在他們的行為萌芽之前就將之遏止?

7. 為什麼此人這麼殘忍?

8. 他們的內心在掙扎些什麼?

9. 如何讓他們停手?

10. 此人讓你想到誰?

11. 最後的結果是什麼?

12. 你從這個難題學到最重要的功課是什麼?

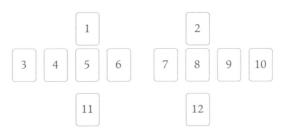

攀登每一座高山牌陣
Climb Every Mountain Spread

1月26日

在這一天

電影和舞台劇《真善美》（The Sound of Music）的靈感來源人物瑪莉亞・馮・崔普，在1905年的今天出生於奧地利。

牌陣概述

《真善美》這部電影迂迴闡述了一個主題，那就是「面對你的恐懼」。女主角瑪莉亞成為一群孩子的保姆之後，心裡感到害怕，對愛情猶豫不決，但卻在帶著家人逃離納粹統治時，展現了無比的勇氣。這部電影從頭到尾，都在描述她勇敢面對人生路途每一個障礙的過程。這個牌陣就是受到這部電影的啟發，可以幫助你面對恐懼、突破人生瓶頸。

擺出陣型

拋開憂慮，勇敢往前衝，把牌陣擺出來。

1. 我的目標是什麼？
2. 我的心態是什麼？
3. 我該何時開始行動？
4. 我的困難挑戰是什麼？
5. 我該如何面對這個挑戰？
6. 如果我中途放棄會如何？
7. 如果我堅持下去會如何？
8. 誰可以為我提供助力？
9. 我會有什麼發現？
10. 我會得到什麼回報？

現實生活與電影和舞台實際上相距甚遠。奧地利歌手瑪莉亞・馮・崔普（Maria von Trapp）坦言：「事實上我跟他之間並無愛情。我喜歡他這個人，並不是愛他。但我愛孩子，所以從某個角度來說，我實際上是嫁給了孩子……我學著去愛他，無論過去是否愛過或未來是否愛他。」

愚人攀登每一座高山，因為他不知道什麼山是他不該爬的。愚人不斷提醒人們，生命本身就是旅程，而非追求單一目的地。他面向西北，朝著未知與未曾走過的方向前進。

1月27日　愛麗絲夢遊仙境牌陣
Alice in Wonderland Spread

一天下午，卡洛爾和孩子在湖上泛舟，為了娛樂孩子，他編了一個故事，講述一位小女孩穿過兔子洞經歷大冒險的過程，真實生活中的愛麗絲聽得非常著迷，要求他把這個故事寫下來，促成了《愛麗絲夢遊仙境》（Alice's Adventures in Wonderland）這本偉大小說手稿的誕生。

卡洛爾故事中的「紅心皇后」就是對應塔羅牌的聖杯皇后。傳統撲克牌的紅心對應塔羅聖杯牌，黑桃對應寶劍，梅花對應權杖，方塊對應錢幣。

在這一天

1832 年的今天，是《愛麗絲夢遊仙境》及其續作《愛麗絲鏡中奇遇》（Through the Looking-Glass）作者路易斯‧卡洛爾（Lewis Carroll）的生日。

牌陣概述

《愛麗絲夢遊仙境》為兒童讀物、流行文化和奇幻小說的格局帶來了重大改變。這個牌陣是藉由卡洛爾書中的主題和人物角色來反照你的個人生活。

擺出陣型

擺出陣型，讓自己掉進兔子洞。

1. 兔子洞：有什麼冒險在呼喚我嗎？
2. 眼淚池：什麼事情讓我覺得難過？
3. 白兔先生：我要收到的訊息是什麼？
4. 愛麗絲的身體大小變化：我的生活發生了什麼變化？
5. 進行的比賽：我正在學習什麼新規則？
6. 柴郡貓：誰是我的靈性導師？
7. 瘋帽匠：我必須改掉我生活中的什麼不理智行徑？
8. 紅心皇后：我是如何欺凌自己？
9. 愛麗絲的姊姊：什麼事物能為我帶來最大安慰？
10. 仙境：我如何讓生活變得奇特非凡？

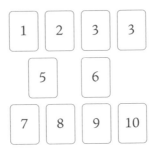

終結家庭紛爭牌陣
End a Family Feud Spread

1月28日

在這一天

亨利七世誕生於 1457 年的今天。亨利‧都鐸（Henry Tudor）是最後一位透過內戰奪取王位的英國國王。經歷一連串血腥內戰之後，最終亨利七世與約克家族的伊莉莎白聯姻，結束了這場玫瑰戰爭。他就是臭名昭彰的亨利八世的父親。

牌陣概述

並不是只有皇室家族才會有內戰；世上沒有一個家族能完全免於紛爭。家族成員個性上的衝突、權力的爭奪和掌控、精神疾病、癮癖等，很多原因都會引發糾紛。這個牌陣的目的在於緩解家族紛爭的緊張局勢，如果你發現自己陷入家庭紛爭，可以嘗試用這個牌陣來了解問題和解決分歧。

擺出陣型

一邊擺設牌陣，心裡同時想著，事情必然有和平解決的機會。

1. 目前情況。
2. 是否存在中間選項？
3. 我在這場紛爭中扮演什麼角色？
4. 我個人可以採取什麼行動來弭平衝突？
5. 我有辦法真正原諒對方嗎？
6. 我可以成為格局更大的人，把個人感受先放在一邊嗎？
7. 潛藏沒說出來的事情是什麼？
8. 雙方必須溝通的事情是什麼？
9. 有第三方可以提供協助嗎？
10. 最後的結果。

玫瑰戰爭之名是源於兩個交戰家族的紋章家徽——蘭開斯特家族的紅玫瑰與約克家族的白玫瑰。

寶劍五這張牌，很容易讓人聯想到涉及多位參與者的典型家族紛爭。寶劍牌組通常跟溝通、盤算、評估有關。這張牌的出現是一個非常清楚的提醒，要你謹慎使用你的語言。

睡美人舒眠牌陣
Sleeping Beauty's Peaceful Night's Sleep Spread

睡前的舒緩儀式，例如洗熱水澡、讀書或聽聽輕鬆音樂，都可以讓你睡個好覺，這是在給你的身體下暗示，現在該是放鬆的時候了。

在這一天

1959年的今天，電影《睡美人》上映。

牌陣概述

你有過睡眠困擾嗎？夜晚睡眠如果不安穩，那真是非常痛苦的一件事。這個牌陣是以安穩沉睡的美人為目標，看看能做些什麼事情來幫助自己一夜安眠。

擺出陣型

先幫自己沖一杯蜂蜜檸檬洋甘菊茶，然後擺出陣型，像造夢先生跳著舞穿越宇宙。

1. 什麼事情讓我睡不著？
2. 我如何才能每天按時就寢？
3. 我如何才能每天早晨按時起床？
4. 令我焦慮不安的事情當中，有沒有我可以排除掉的？
5. 如何讓我的睡眠空間更舒適？
6. 睡前讓身體安靜下來的最好方法是什麼？
7. 我如何才能成為自己心念的外部觀察者？
8. 我如何幫自己重新養成良好的睡眠習慣？

寶劍九代表一個人睡眠不安穩、心念靜不下來，頭腦裡的念頭紛亂吵雜。寶劍牌代表心理的影像畫面和想法。而這張寶劍九呈現的，就是混亂的思想念頭使人無法平靜入睡。

放棄或再接再厲牌陣
Walk Away or Try Harder Spread

在這一天

溫斯頓·邱吉爾（Winston Churchill）的國葬在1965年的今天舉行。邱吉爾被世人公認是二十世紀最偉大的政治領袖之一，因為他始終堅持自己的信念，並帶領英國度過第一次和第二次世界大戰的艱困時期。

牌陣概述

邱吉爾在小學六年級時被留級，而且每次公職選舉都落選，直到六十二歲才成為英國首相。他鼓勵人們絕不輕言放棄。這個牌陣就是受到他勇敢積極的精神啟發，目的在檢視你是否該放棄或再接再厲更加努力。

擺出陣型

擺出陣型，檢視一下你的個人信念與毅力。

1. 我的使命和必須要做的事情是什麼？

2. 如果我中途放棄會怎樣？

3. 如果我繼續堅持會怎樣？

4. 目前遇到的最大挑戰。

5. 我如何緩解壓力？

6. 我還可以選擇哪些不同方法？

7. 誰是我的支持系統？

8. 我能否誠實去面對我看到的結果？

9. 我如何提升自己的知識和技能？

10. 整個過程我有樂在其中嗎？

除了政治專才之外，英國前首相邱吉爾也是一位多產畫家。四十歲之後，他發現自己熱愛油畫，一生共創作了近六百幅作品。

權杖國王代表了政治家的人格特質。他是一位具有遠見的治國者，自信堅定又具領導魅力，他堅持不懈，在達到目標之前絕不輕易自滿。他天生帶有領袖的權威特質，身邊的人很容易被這位國王的大膽行動和寬闊心胸所鼓舞。

薩拉斯瓦蒂的創意流動牌陣
Saraswati's Creative Flow Spread

流動感是人們喜歡玩電動遊戲的主要原因之一。內在動力被激發出來；技巧和挑戰讓玩家充分腦力激盪。遊戲目標確立之後，玩家的注意力就會開始集中，動機變得非常強烈。所有的時間感都消失了。

世界牌就是體現了這種流動感的概念。牌面上的舞者在狂喜狀態中移動身體，完美和諧地活在當下。意識與潛意識最終融為一體，達到一種超越人類意識的高超狀態。

在這一天

在東印度，今天是崇拜紀念辯才天女薩拉斯瓦蒂（Saraswati）的日子，她是印度教的音樂、藝術、科學與知識女神。她的象徵物有很多，包括書本（象徵神聖知識）、水晶（定力和靈性）、聖水（創造力和淨化）以及樂器（藝術和科學的完美結合、音樂節奏、情緒和感受）。

牌陣概述

梵文「Saras」的意思是「流動」，「wati」的意思是「此人擁有」，兩個字結合起來就是「具有流動性的人」。「流動」（Flow）是形容一個人在進行一項活動時全神貫注、能量集中、歡喜沉浸其中的那種心理狀態。這個牌陣列出的問題，可以幫助你在進行創意活動時提高流動性。

擺出陣型

雖然流動能由內在自發產生，但你也可以為它創造有利環境，藉由這個牌陣來找出提升這種流動性的方法。

1. 我現在遇到什麼有趣的任務？
2. 我如何才能全心付出、全力以赴？
3. 如何創造一個讓自己專注的環境？
4. 我是否有為這項任務設定明確的目標？
5. 我如何讓自己保持前進速度？
6. 最後的結果是什麼？
7. 這樣做會帶來什麼意外驚喜？

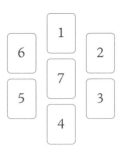

塔羅學院的雙面刃牌陣
Tarot School's Double-Edged Sword Spread

在這一天

紐約塔羅學院在 1995 年的今天正式開辦。創辦人瓦德與露絲·安博史東夫婦，透過塔羅占卜師研討會與函授課程，持續跟全世界求知若渴的學人分享他們對塔羅的熱愛。

牌陣概述

你正面臨艱難選擇嗎？寶劍牌組正是代表決策過程中所需的明晰力和辨識力。這個雙面刃牌陣是由瓦德與露絲·安博史東夫婦所創，可以用來幫我們解決困難問題。無論是人際關係、工作機會、生涯道路選擇，都可以用這個牌陣來檢視每個選項的結果。

擺出陣型

先洗牌，然後將整副牌分成兩大疊。將其中一疊牌指定為選項 #1，另一疊指定為選項 #2。從第一疊牌中抽出五張牌，從上到下排成一排。第二疊也抽出五張牌，排在第二排，代表第二個選項。

這個陣型雖然很簡單，但在解釋上非常奧妙。我們沒有為每一個陣位指定代表的含義。你可以從一整排出現的牌面圖案，綜合解讀這個選項的能量和結果。有時答案很明顯；有時兩種選項看起來各有利弊。比較兩種選項的各自優勢以及可能碰到的麻煩，有助於做出最後決定。

瓦德與露絲·安博史東（Wald and Ruth Ann Amberstone）於 2002 年在紐約塔羅節共結連理。婚禮由隆·麥羅·杜奎特（Lon Milo DuQuette）和瑪莉·格瑞爾（Mary Greer）主持，整個儀式過程充滿了塔羅符號與個人靈性象徵。

寶劍牌通常代表思想和溝通。一個牌陣當中出現多張寶劍牌，代表其主題和野心、權力、衝突有關。採取行動之前，務必明智做選擇。

在蘇格蘭，聖燭節這一天捐獻最多錢給學校的男孩或女孩，就能擁有聖燭節國王或王后這個稱號。他們有六個禮拜的「統治權」，而且有權擁有一整個下午的遊戲時間。

權杖王牌代表蠟燭魔法的能量和新事物誕生的火花。看到這根權杖上面冒出來的小小了葉芽嗎？這預示著未來的成長和願望實現。

在這一天

聖燭節是英國的一個古老節日，也標誌著冬季的正中間這一天。在電力出現之前，陰暗的室內是用燭光和火光來照明。在這個特殊的日子裡，人們會將一整年要使用的蠟燭帶到教堂，進行祈福儀式，因此稱為蠟燭節慶日或蠟燭彌撒，聖燭節乃由此誕生。在聖燭節這一天，蘇格蘭的小孩會把家裡的蠟燭捐獻給學校，讓教室能夠維持明亮。使用煤氣燈照明之後，則改為捐錢給老師買糖果和蛋糕。

牌陣概述

蠟燭魔法是透過儀式來執行，無論儀式簡單或複雜。這個牌陣是依據蠟燭魔法的幾個基本元素設計出來的。你可以利用這個牌陣來檢視你的儀式計畫，或單純檢視儀式的目標。

擺出陣型

設定意圖，點一根蠟燭，然後將牌陣擺出來。

1. 你的祭壇：什麼東西可以為我提供助力？
2. 薰香：我想送出什麼訊息？
3. 個人準備：淨化自己身上能量的最好方法是什麼？
4. 蠟燭：最適合的蠟燭顏色是什麼？我設定的意圖是什麼？
5. 題刻：什麼象徵能為我的意圖帶來助力？
6. 裝飾蠟燭：我想吸引／驅除什麼？
7. 亮片：如何讓我的魔法發出更閃耀的光芒？
8. 供燭：我可以採取什麼行動來支持我的魔法？
9. 點火：如何點燃我的激情？

9

8

7

6

5

4

3

2

1

改變處境牌陣
Change Your Situation Spread

在這一天

1101 年的今天，達勒姆主教雷諾夫·弗蘭巴德（Ranulf Flambard）成為第一位從倫敦塔越獄的犯人。據說當時有人將一根繩子偷偷放在葡萄酒壺裡送進去給他，他請監獄守衛一起喝酒慶祝聖燭節，然後趁守衛喝醉昏睡之後越獄逃跑。

牌陣概述

你是否被某種情況、某個人或某種想法俘虜了？此牌陣可以幫助你擺脫這個束縛。

擺出陣型

改變處境牌陣是在探討各種改變的選項，讓你做好準備，展開大脫逃。

1. 代表壓抑的處境。
2. 我認真考慮過這個問題嗎？
3. 是什麼信念讓我陷入這種束縛？
4. 我改變的動機是什麼？
5. 我有足夠的決心去改變嗎？
6. 我準備好採取行動了嗎？
7. 我如何確保自己不會回到相同處境？
8. 最終結果。

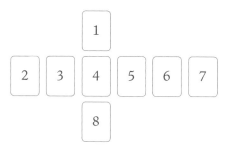

弗蘭巴德將他的繩子綁在柱子上，爬出窗戶逃獄。他的朋友和馬匹在塔下等著，他騎上馬重獲自由。

從牌面意義來看，惡魔牌就是代表那些束縛我們的東西。圖中這對男女其實可以輕易脫離他們頸上的枷鎖。很多事情其實我們有能力改變，但我們卻經常被這些事情束縛——這是奧妙且有力的提醒：我們自己有責任去改善、離開和改變那些對自己不利的情勢。

格林兄弟的童話故事「白雪與紅玫瑰」當中有一個角色也叫白雪公主,但跟「白雪公主與七矮人」的故事完全沒有關係。

在這一天

動畫電影《白雪公主》於 1938 年的今天上映。這部德國童話是講述一個女孩被嫉妒心極強的皇后追殺、餵食毒蘋果,最後被英俊王子親吻的故事,在當年大獲觀眾好評。

牌陣概述

這個牌陣所列出的問題,靈感就是來自這個著名童話的主題和象徵。

擺出陣型

一邊吹口哨,一邊輕柔地把牌陣擺成紅蘋果的形狀。

1. 白雪公主的誕生奇蹟:有沒有其他可能性?
2. 母親過世:我失去了什麼女性智慧?
3. 邪惡後母:我最大的挑戰是什麼?
4. 父親被謀殺:我失去了什麼男性智慧?
5. 白雪公主被囚禁:我被什麼俘虜?
6. 白雪公主被趕出家門:什麼事情讓我覺得自己像局外人?
7. 躲在樹林裡:我可以跑到哪裡尋求安全保護?
8. 遇見小矮人:誰是我的盟友?
9. 毒蘋果:我相信了什麼謊言?
10. 親吻:愛情讓我學到什麼跟生命有關的事情?

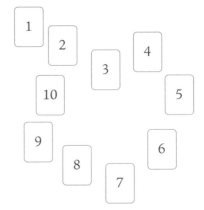

白雪公主的蘋果象徵誘惑,也暗喻亞當和夏娃的肉慾墮落,在戀人牌上都可看到這些象徵圖案。

彼得潘牌陣
Peter Pan Spread

2 月 5 日

在這一天

根據詹姆斯·巴利（J. M. Barrie）的著作改編的動畫電影《彼得潘》，於 1953 年的今天上映。溫蒂和她的兄弟被彼得潘帶到夢幻島的故事，成為當年票房最高的電影。

牌陣概述

彼得潘的故事主題是關於童年的天真與成年的責任之間的衝突。這場拔河是許多人的共同經驗。這個牌陣讓彼得潘、溫蒂、小叮噹和虎克船長重新燃起你內在的孩子之心。拜訪你的內在小孩、過去的夢想，還有那些被你拋棄的渴望，你可以在現在的生活中培育更多魔法。

擺出陣型

相信神仙精靈的存在，拍拍手，然後擺出以下牌陣：

1. 小時候的我。
2. 成年後的我。
3. 小時候最大的挑戰。
4. 成年後最大的挑戰。
5. 小時候最喜歡的遊戲。
6. 成年後最喜歡的遊戲。
7. 長大後失去了什麼？
8. 長大後收獲了什麼？
9. 什麼魔法到現在依然沒變？

```
  1        2

  3        4

  5        6

  7        8

       9
```

J·M·巴利有時會讓福爾摩斯和柯南·道爾修改他的作品，羅伯特·路易斯·史蒂文森是他的筆友，喬治·蕭伯納是他的鄰居，他與科幻小說家 H·G·威爾斯也是朋友。威爾斯、柯南·道爾和巴利在同一個板球隊打球。

塔羅牌的四位侍者（Pages，或男僕／Knaves），代表年輕人的樂觀心性。侍者擁有孩子般的好奇心、無盡的熱情以及沉醉於世界之美好與魔力的能力。

2月6日

阿芙蘿黛蒂女神牌陣
Aphrodite's Bombshell Spread

提到希臘神話女神阿芙蘿黛蒂，就讓人聯想到大海、海豚、鴿子、天鵝、石榴、權杖、蘋果、桃金孃、玫瑰樹、椴樹、蛤蜊、扇貝殼還有珍珠。

女皇牌對應阿芙蘿黛蒂女神的女性氣質、熱情和美麗。雖然我們無法用阿芙蘿黛蒂來解釋女皇這張牌的表面牌義，但女皇確實也是女性情慾、肉慾和肉體之美的化身。

在這一天

今天是希臘女神阿芙蘿黛蒂（Aphrodite）的紀念日。她是希臘神話中的愛情、美麗、歡愉和生育女神，羅馬人稱她維納斯，是肉慾、性感和美麗的縮影，而且有很多位情人。她以完美的人身型態從大海沸騰的泡沫中誕生，天生具有魅惑之力，經常被描繪成站在貝殼上的美女。

牌陣概述

你生活中有出現特別在意的人嗎？這個充滿活力的牌陣可以幫助你吸引到你愛的人。

擺出陣型

阿芙蘿黛蒂女神牌陣的陣型看起來就是嬌嫩、脆弱的人體器官——心臟的形狀。

1. 如何知道愛情是否存在？
2. 誰是我愛的人？
3. 對方會愛我嗎？
4. 對方覺得我有魅力嗎？
5. 他們最喜歡我的哪些特質？
6. 我如何才能取悅他們？
7. 如何尊崇我內在的女神？
8. 如何讓愛的表達更深刻更動人？

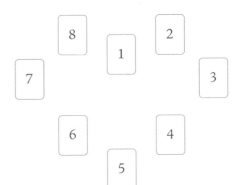

皮諾丘的誠實牌陣
Pinocchio's Truthfulness Spread

2月7日

在這一天

電影《木偶奇遇記》（Pinocchio）是一個關於惡作劇、真心和冒險的故事，於1940年的今天上映。劇中主角皮諾丘是一個在尋找自我價值和自尊的年輕人。每次遇到自己無法處理的情況，他就會說謊、給自己找理由，結果鼻子就變長了。

牌陣概述

你對別人和自己誠實嗎？皮諾丘的誠實牌陣是以「誠實」作為主題，提出的問題涉及我們生活中所有跟誠實有關的事情。

擺出陣型

1. 我認識的人在騙我嗎？

2. 我在騙自己嗎？

3. 對於我沒辦法做到的事情，我編出的最大理由是什麼？

4. 為什麼誠實很重要？

5. 如何看到我的真實處境？

6. 我需要採取什麼行動？

```
        ┌───┐
        │ 1 │
        └───┘

        ┌───┐
        │ 2 │
        └───┘

┌───┐ ┌───┐ ┌───┐ ┌───┐
│ 3 │ │ 4 │ │ 5 │ │ 6 │
└───┘ └───┘ └───┘ └───┘
```

鼻子抽動、搗著嘴巴、坐立不安、緊抿嘴唇，這些表情動作都代表一個人可能在說謊。還有一些跡象，比如說謊者會努力掩飾一些細微表情、快速變換情緒等也都是。

聖杯國王這張牌通常跟說謊、虛構謊言和荒誕故事有關。雖然聖杯國王並非本性狡詐之人，但以塔羅象徵性格來說，他是想像力最豐富的一位。他坐在波濤洶湧的海面王座上，就是在提醒我們，此人擁有非凡的創造力和想像力。

生命樹牌陣
Tree of Life Spread

列維一生致力於形上學研究和魔法實踐，影響了黃金黎明學派和整個二十世紀的魔法圈。

在這一天

伊萊·列維（Eliphas Lévi）誕生於1810年的今天。列維將塔羅置於所有神祕科學的中心地位，從此改變了人們使用塔羅牌的習慣。他認為塔羅是各式各樣哲學相混交融的共同根基。

牌陣概述

列維把希伯來的二十二個字母與二十二張塔羅大牌做出對應，將塔羅牌與卡巴拉（猶太神祕主義）做了連結。生命樹是一種理解宇宙創造以及我們與神性聯繫的神祕學途徑。這個牌陣的靈感來自生命樹上的十個「輝耀」（Sephiroth），根據其含義而設計出十個問題。

擺出陣型

將抽到的牌擺設成生命之樹的形狀。

1. 王冠：我展現於外在世界的是什麼？
2. 智慧：我知道的最深刻真理是什麼？
3. 領會：我接受自己的什麼局限？
4. 仁慈：我如何表達我的慈悲心？
5. 力量：我是否對自己很嚴厲？
6. 美：我如何發現美的存在？
7. 勝利：什麼事情即將成功？
8. 榮耀：我什麼時候能感覺充滿榮耀之光？
9. 根基：什麼事讓我選擇腳踏實地？
10. 王國：如何盡情活在物質世界又不被它迷惑？

魔術師牌讓我們聯想到列維。魔術師的桌子上陳列了塔羅四個牌組的象徵物。列維將這四個牌組（元素）與希伯來聖經中代表上帝之名的「四字聖名」（Tetragrammaton，或譯四字神名）做了對應。

元素碰撞牌陣
Collision of the Elements Spread

在這一天

美國國家氣象局於1870年的今天成立，專為大眾提供預報、警示、安全和一般氣象資訊。

牌陣概述

這個牌陣是利用天候氣象狀況讓你看到生活中即將出現的各種變化。

擺出陣型

抬頭看看天空，感受土、風、火、水四大元素的相互碰撞，像花粉在風中散開一般，把這個氣象陣型擺出來。

1. 火災：熱情會在哪裡點燃？
2. 地震：我應該將什麼摧毀然後重建？
3. 龍捲風：我應該掃除哪些負面思想？
4. 海嘯：我需要經歷哪些情緒？
5. 閃電：我該把什麼好點子付諸行動？
6. 暴風雪：什麼事情能夠鍛鍊我內心的平和與寧靜？

| 1 | 2 | 3 |
| 4 | 5 | 6 |

國家氣象局是一個政府機構，成立之初隸屬於軍事作戰部。因為國會認為「軍事紀律可以確保所需的氣象觀察獲得及時性、規律性和準確性。」

世界牌代表你生活中四大元素的體現。注意看牌面四個角落的生物：獅子（火）、公牛（土）、老鷹（風）和小天使（水）。這些元素也代表了十二星座當中的四個固定星座：獅子座、金牛座、水瓶座和天蠍座。它們也分別對應四個季節、羅盤上的四個方位以及宇宙的四個角落。

2月10日

蛇咬牌陣
Snake Bite Spread

蛇是很多文化都共有的神話象徵。本質上牠帶有二元性，既是善，也是惡，既象徵生，也象徵死。

萊德偉特牌（RWS）充分運用了蛇的象徵意義。魔術師的腰帶是條銜尾蛇——一條正在吞噬自己的蛇，這個古老象徵代表無止盡的循環。戀人牌上有一條蛇在對著那位女性說悄悄話，命運之輪裡面也有一條蛇；而在聖杯七，有一條蛇從右上角的杯子迂迴滑行而出。

在這一天

今天是島國馬爾他的聖保羅節。根據傳說，聖保羅是一名囚犯，搭船預計前往羅馬，卻在途中遇到暴風雨，船隻擱淺在馬爾他島。保羅逃過船難，登島之後受到島民熱烈歡迎，但被一條蛇咬到手。他安然無恙、沒有受到任何傷害，後來成為蛇咬受害者的守護者。島民會在這天以遊行、飲酒、拋五彩紙片、家庭聚會等方式來慶祝節日。

牌陣概述

蛇對你來說象徵著什麼？這個牌陣列出的問題是來自蛇和蛇咬的啟發，因為在潛意識層面，蛇咬代表面臨自己不喜歡或無法控制的情境，以及失去對自己或環境的掌控權。

擺出陣型

請將牌卡排成蛇行的形狀。

1. 我內心最大的恐懼是什麼？
2. 我生命中最大的毒是什麼？
3. 我如何解毒？
4. 我會需要什麼知識？
5. 我可以放下控制權嗎？
6. 什麼事情對我的信念形成了最大挑戰？
7. 我需要放棄什麼信念？
8. 讓自己陷入未知，會發生什麼事？
9. 我會有什麼轉變？
10. 這對我的人生有什麼影響？

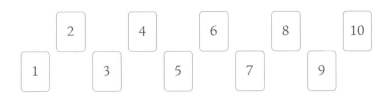

莎樂美的七紗舞牌陣
Salome's Dance of Seven Veils Spread

在這一天

1896 年的今天，由奧斯卡·王爾德（Oscar Wilde）根據聖經故事改編的劇本《莎樂美》（Salome）在巴黎舉行首演，這時，王爾德人還被關在監獄裡。劇中，莎樂美要求希律王砍掉施洗者約翰的頭，因此跳了一支性感的「七層紗之舞」作為交換。七紗舞據說是源自巴比倫的生育女神伊絲塔（Ishtar）進入冥界的神話。

牌陣概述

此牌陣鼓勵你審視你內心的欲望，並試著找到實現願望的方法。

擺出陣型

1. 我最想得到的東西是什麼？
2. 為了得到它，我願意付出什麼？
3. 過程中我會面臨的最大挑戰是什麼？
4. 什麼能幫助我克服挑戰？
5. 我這個欲望是建立在什麼基礎上？
6. 有沒有人可以幫助我得到它？
7. 達到願望之後我的世界會有什麼改變？

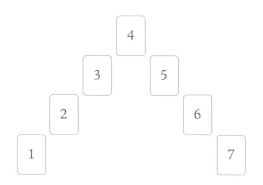

性愛與戰爭女神伊絲塔來到冥界入口，守門人要求她先通過七扇門。每通過一扇門之前，都必須脫掉一件衣服，最後她赤身裸體進入地府。

權杖九這張牌代表憑藉熱情通過考驗。七紗舞是為了得到某樣東西而跳的舞，就像女神伊絲塔進入冥界之前通過七扇門一樣。權杖九當中的這個守衛是一個令人敬佩的角色，他憑藉著勇氣和力量，突破障礙開闢了新天地。

在愛爾蘭傳統裡，人們會在窗台上放一條麵包獻給布莉姬特，放一株玉米穗獻給她的旅伴紅耳朵白牛。

在這一天

今天是舊曆的聖燭節（Imbolc），一個慶祝新生命誕生的火焰節日，也是古代凱爾特的民間節慶。「Imbolc」這個字的意思是「在腹中」，意謂經歷漫長寒冬之後，新生命在大地之母土壤腹中開始鼓翼和騷動。

牌陣概述

今天是布莉姬特（Brigid）的節日。作為異教女神的布莉姬特，同時也是天主教徒聖布利基特，她是醫治、詩歌和音樂之神，也是藝術家、詩人、工匠和牲畜的守護神。這個牌陣是利用布莉姬特的火與重生特質來提出問題，讓你看見自己的真實內在。

擺出陣型

布莉姬特用小麥編織的十字架來保護房屋免受火災和閃電的侵襲。請將抽到的牌擺成布莉姬特十字架的形狀。

1. 我的夢想是什麼？
2. 有可能達成嗎？
3. 我如何開始實現這個夢想？
4. 為什麼我現在必須做這件事？
5. 為什麼我必須踏上這趟旅程？
6. 我的祕密武器是什麼？
7. 布莉姬特送給我什麼禮物？
8. 我如何崇敬和感謝她？
9. 布莉姬特給我的訊息是什麼？

權杖王后與布莉姬特關係密切。布莉姬特與火有很深的連結，圖像經常被描繪成有一根火柱或一道火焰從頭頂射出。這也是權杖王后這張牌的最佳詮釋，她運用熱情與力量，為身邊的人帶來助力或形成阻力。

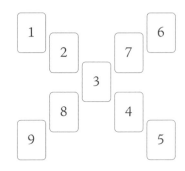

在這一天

今天是牧神節（Lupercalia），是屬於古羅馬繁衍之神的節日。羅馬神話中的繁衍之神盧波庫斯（Lupercus），就等同於希臘神話的潘神（Pan）。傳說由於山羊和幼犬的性慾很強，因此羅馬人在巴拉丁諾山腳下的一個洞穴中以山羊和幼犬作獻祭儀式，母狼盧帕就在這裡生下了羅穆盧斯和瑞摩斯這對雙生子。

牌陣概述

這個牌陣主要針對希望懷孕的人而設計。務必謹記，絕不能用塔羅牌來取代專業醫護醫療。塔羅牌的主要目的在於提升洞察力、激發不同想法和見解。

擺出陣型

請將抽到的牌擺成蛋形圈圈：

1. 我的健康狀況如何？

2. 什麼事物有助於改善我的健康？

3. 我如何鼓勵伴侶保持健康？

4. 我如何維持健康的飲食？

5. 如何才能把壓力降到最小？

6. 我是否該戒酒？

7. 如何讓懷孕生育過程變得愉快有趣？

8. 可能的結果是什麼？

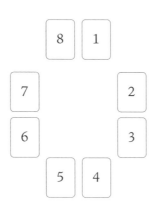

繁衍魔法的儀式包括用獻祭動物的血塗在兩名年輕男性貴族的額頭上。盧波庫斯祭司（Luperci）會將獻祭山羊的毛皮披在身上，然後赤身裸體奔跑。他們還會用山羊皮製成的皮鞭揮打靠近的婦女。很多女性都會主動走過來接受鞭打，因為她們認為被祭司碰觸能賜予她們生育繁衍的能力。

錢幣王后是主掌物質世界的主人，她的腳邊坐著一隻兔子。這隻兔子代表一切家內事務的豐饒繁衍力。

2月14日

情人節宮廷愛情牌陣
Valentine's Day Courtly Love Spread

世界知名的情聖卡薩諾瓦（Casanova）用吃巧克力來維持他的男性雄風。今年情人節，將會賣出超過三千五百萬盒心形巧克力。

權杖王牌代表強烈感受、吸引力、靈性火焰和一見鍾情。王牌（Ace，一號牌）就像種子，裡面含藏著每一個牌組的最微小特徵。當你逐一檢視該牌組的數字牌，你會發現，這些數字牌都是從王牌開出來的花朵。

在這一天

聖瓦倫丁（Saint Valentine）是西元三世紀時候的羅馬聖人，西洋情人節「Valentine's Day」就是以他的名字來命名。人們自中世紀開始將聖瓦倫丁與「宮廷愛情」這個特殊傳統連結，代表高貴、俠義精神的愛情與仰慕之情。

牌陣概述

你愛上了某人嗎？宮廷愛情在王室貴族間祕密進行。仰慕女性，是對女性的最高崇拜形式，而這件事通常不會發生在夫妻之間。將情色性愛與精神的追求相結合，使得他們痴迷的對象變得像神一樣，只可遠觀不可褻玩，因而留下永不熄滅的欲望。這個牌陣列出的問題是改編自美國歷史學家芭芭拉·塔奇曼（Barbara Tuchman）的宮廷愛情七階段理論，主要在幫助我們了解自己的情愛欲望。

擺出陣型

擺出陣型，細細品嚐熱烈愛情帶來的痛苦與歡愉：

1. 吸引：我被誰吸引？
2. 遠觀的崇拜：為什麼他們看起來如此誘人？
3. 愛情宣言：我應該向他們坦白我的感受嗎？
4. 善意的拒絕：如果被對方拒絕，我感覺如何？
5. 重新追求並下定決心：為什麼我不該放棄？
6. 單相思：對方接近我時，他們感覺如何？
7. 英雄行徑：什麼是我應該做的？
8. 圓滿暗戀：我們會修成正果嗎？
9. 不斷冒險和找託辭以免被對方發現：我們的命運會如何？

解決問題牌陣
Problem-Solving Spread

2月**15**日

在這一天

伽利略・伽利萊（Galileo Galilei）——數學家、哲學家、物理學家和現代天文學之父，在1564年的今天誕生於義大利比薩城。他捍衛「太陽是宇宙中心」的學說，並宣稱地球繞著太陽旋轉，這些概念讓他成為科學革命的先驅。

牌陣概述

伽利略與生俱來的強烈好奇心，讓他完成了多項發現和發明。這個牌陣能召喚伽利略來幫你提供靈感，啟發創造性思考，解決我們努力想要得到答案的任何問題。

擺出陣型

你想追求的答案與可能性，跟宇宙本身一樣廣大無邊、無窮無盡。

1. 我希望什麼事情發生？
2. 我不希望什麼事情發生？
3. 可能發生的最糟糕情況是什麼？
4. 可能發生的最好情況是什麼？
5. 我有多少種可能方法來解決這個問題或完成這份工作？
6. 如果我有用不完的資源，我會如何解決這個問題？
7. 如果我要用多少時間都行，我會如何解決這個問題？
8. 我追求的答案是什麼？

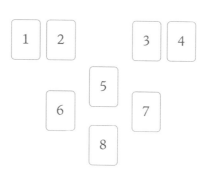

由於跟當時教會「地球為宇宙中心」的觀念不一致，伽利略被指控為異端邪說，並被帶到宗教裁判所，從1633年起被軟禁直到他去世。

教皇跟伽利略一樣，是知識智慧的分享者。教皇的使命是提供教育、信仰體系、研究和學習。最初這張牌的標題叫作「教宗／Pope」，因此教皇也代表了宗教和信仰體系的古板僵化——因為非常諷刺，正是這些信仰體系把伽利略關進監獄。

聯覺（Synesthesia）這個字源於希臘語「syn」（共同）和「aisthesis」（感知），字面意思就是「相互連結的感知」。

聯覺現象在藝術家身上很常見，而最能體現這種豐富想像力的牌就是女皇。從她那襲寬鬆飄逸的衣服暗示著懷孕的可能性，到兩種力量結合而創造出第三種力量的數字三，女皇牌代表的就是創造力的核心本質。

在這一天

潘蜜拉·柯爾曼·史密斯夫人出生於 1878 年的今天。繼十五世紀的索拉布斯卡塔羅牌（Sola Busca）之後，史密斯夫人是第一位幫小阿爾克那牌繪製不同圖案的人，為直覺式塔羅解讀開創了康莊大道。

牌陣概述

史密斯夫人擁有高度的聯覺能力，所謂聯覺現象，就是一種感官知覺（比如視覺）會被另一種感官知覺（比如聽覺）所感知。舉例來說，如果你在聆聽貝多芬的協奏曲時一邊吃巧克力，那麼當你下次再聽到這首協奏曲，你會好像嚐到巧克力的味道。事實上，史密斯夫人在創作這套牌時，就是一邊聽著貝多芬的第二號鋼琴奏鳴曲。你可以用這個牌陣來做個感官連結實驗，看你是不是具備這種聯覺能力。

擺出陣型

逐一回答以下問題；先直接回答「是」或「否」。如果回答「是」，那表示你具備聯覺能力。如果回答「否」，那就繼續回答下一行的問題（斜體字），同時翻開那張牌看一下它們的關連性。

1. 我能從阿拉伯數字或英文字母感受到顏色嗎？
   數字9是什麼顏色？
2. 日曆上的日期和月分會讓我聯想到什麼味道嗎？
   十月是什麼味道？
3. 聲音會在我的腦中產生顏色嗎？
   汽車喇叭聲是什麼顏色？
4. 某些詞彙會刺激我嘴巴出現某種味覺嗎？
   權威這個詞是什麼味道？
5. 用手碰觸物體時，我能聞到氣味嗎？
   當我摸到柔軟的絲綢，我聞到什麼氣味？

1	2	3	4	5

善行牌陣
Kindness Spread

在這一天

今天是隨手行善日。雖然不是國定假日，但訂定這個日子就是要鼓勵人們在這一天為一位朋友或陌生人做件善事。

牌陣概述

在許多文化和宗教中，善良都是美德和有價值之事。真誠而發自內心的善行，值得更深入去探索。善行牌陣可以幫你完成這個任務。你可以用這個牌陣來激發靈感，大大方方隨手做善事。

擺出陣型

將牌擺成一道向上爬升的梯子形狀。爬到樓梯頂端，代表你已準備要實踐一項善行了。

1. 我曾經被別人的善心好意感動過嗎？是在什麼時候？

2. 我認識的人當中，誰最善良？

3. 什麼事情能幫助我釋放對別人的負面情緒？

4. 我如何專心面對眼前的人？

5. 我如何更傾聽身邊人的想法？

6. 我和所有人類的共同點是什麼？

7. 我如何對自己行善？

8. 今天我可以隨手做什麼善行呢？

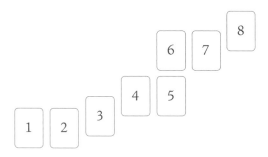

醫學證明，行善可以讓我們更健康。溫暖的感受能在我們腦中產生催產素（也稱愛的荷爾蒙），流遍全身並降低血壓。另外，腦內多巴胺的分泌通常也跟「助人的快感」有關，多巴胺分泌愈多，我們愈能感到激動和愉快。

聖杯王后是整副塔羅牌當中最善解人意、最有同情心的人物。她四周的大海代表她十足是一位利他主義者，具有深層同理心，能夠給予他人情感支持。

莫克利認為，女教皇（女祭司牌）描繪的就是維斯孔蒂家族裡的一位成員。她被古列爾米教派（Guillemites）推選為女教皇，但在 1300 年秋天被宗教裁判所燒死在火刑台上。

正義牌代表解決問題的技能。她右手拿著一把劍，劍尖朝上代表尋求明晰洞見，而左手的天平代表衡量訊息的權重。請注意，她並沒有戴著眼罩，代表她能敏銳意識到身邊任何問題的真實情況。

在這一天

　　葛楚德・莫克利（Gertrude Moakley）出生於 1905 年的今天。她在美國紐約圖書館擔任圖書管理員期間，致力研究文藝復興時期的塔羅並撰寫相關文章。她是第一位提出「塔羅大牌（將牌／ trumps）是源自文藝復興時期的花車遊行」這個論點的學者（每一個遊行花車的等級都「勝過／ trumps」下一個花車）。大牌圖案是將寓言故事用容易被人理解的方式呈現出來，後來發展成為遊戲紙牌，流行於貴族和庶民之間。

牌陣概述

　　葛楚德・莫克利的研究解決了有關塔羅的幾項重要疑問，包括：塔羅源自何處、如何出現，以及什麼是塔羅等問題。這個牌陣是利用圖書館偵探作為靈感，來幫助我們解決問題。

擺出陣型

　　將牌卡排成一直線，來簡化資訊。

1. 我想要的結果是什麼？
2. 什麼能幫助我蒐集資訊？
3. 我需要什麼樣的內在洞察力？
4. 是誰給了我靈感？
5. 我已經知道的事情是什麼？
6. 我該暫時休息，讓這件事孵化嗎？
7. 當目標達成，我該如何來培育它？

1	2	3	4	5	6	7

雙魚座特質牌陣
Qualities of Pisces Spread

在這一天

今天是雙魚座開始的第一天。

牌陣概述

這個牌陣是依據雙魚座的基本特質而設計的，這些特質包括：易變動、深沉、想像力豐富、反射式反應、易感、神祕感和悲憫心。

擺出陣型

請將紙牌排成雙魚座符號的形狀：

1. 為什麼保持可塑性很重要？

2. 進入內在最深處，我發現到什麼？

3. 我如何充分發揮想像力？

4. 如何才能不要太過反射式反應？

5. 如何變成一個對好事比較敏感的人？

6. 神祕感可以為我帶來什麼好處？

7. 我如何具備悲憫心？

1	2

3	4	5

6	7

雙魚座由木星主掌，代表顏色是紫丁香色，幸運日是星期五，最容易成功的地點是海邊和沿海城市。雙魚座主掌第十二宮，這個宮位與我們內心最深沉、最陰暗的祕密和欲望有關。

月亮牌和雙魚座一樣，都帶有事物不斷變化、演進的特質。代表深層潛意識以及從內在深處湧現的衝動，月亮反射的光讓我們內心隱藏的欲望得以浮出表面。雙魚座就是來自月亮的水象孩子。

原諒某人牌陣
Forgive Someone Spread

原諒一個人，並不保證你過去因受到冒犯而產生的痛苦情緒就會馬上結束，但它確實可以幫你處理你對那位冒犯者的情緒心結。我們每一個人都擁有這樣的掌控權，可以決定自己是要繼續抱著心結不放，還是放下寬恕對方。

審判牌代表新的覺醒。當你真正原諒一件讓你深深困擾的事情，它會帶來巨大轉變，尤其如果這件事已經放在你心裡非常久。寬恕會帶給人一連串出乎意料的成長，如同審判牌描繪的景象那樣。

在這一天

根據史料記載，最後一次獵巫審判發生於 1712 年的今天。「沃克恩女巫」珍·威訥姆（Jane Wenham）被判有罪並被判處死刑。幸好，後來得到了安妮王后的赦免。

牌陣概述

當我們意識到，寬恕其實與他人無關，而與我們自己有關時，寬恕就是一劑良藥。這個牌陣可以幫我們鋪平寬恕之路，讓我們重獲自由。

擺出陣型

靜下來，深吸一口氣，然後擺出以下陣型：

1. 內心抱著憤怒，讓我痛苦萬分嗎？
2. 如果我選擇寬恕，我會有什麼改變？
3. 寬恕能讓我繼續往前走嗎？
4. 寬恕能幫我創造新的未來嗎？
5. 我應該採取什麼行動？
6. 我學到什麼功課？

1	3	5
2	4	6

情色思想牌陣
Erotic Thoughts Spread

在這一天

美國作家阿內絲·尼恩（Anaïs Nin）出生於 1903 年的今天。早年在巴黎展開她的文學生涯，後於 1940 年代移居紐約。她被譽為最優秀的女性情色作家之一，也是最早全面探索情色寫作領域的女性之一。

牌陣概述

情色不僅僅是指性的肉體行為；它更是對性與肉體感官的覺醒與盼望。情色亢奮感經常被人忽視，它其實是一種充滿愉悅且微妙的活動，這種感受甚至可能持續數小時、數天和數個月之久，但性行為的發生時間相對較短。這個牌陣是來自尼恩的精神啟發。

擺出陣型

1. 什麼是浪漫？
2. 對我最有效的春藥是什麼？
3. 什麼讓我感到興奮？
4. 我如何才能告訴自己我是有自主權的？
5. 怎樣才能厚臉皮一點？
6. 我現在迷戀的人是誰？
7. 誰想要跟我共度良宵？
8. 我該安排什麼午間活動？
9. 為什麼我想跟他們在一起？
10. 我怎樣才能跟他們在一起？

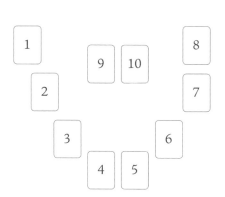

尼恩跟很多文學家都是朋友，包括亨利·米勒、約翰·史坦貝克（John Steinbeck）和戈爾·維達爾（Gore Vidal），其中有些甚至是情人關係。

星星牌談的是對於我們身體和感官感受的全然自在狀態。星星這張牌的圖案，描繪了一個人的脆弱與沒有防備，讓身體處在一種全然的開放和接受狀態。也是在這種狀態，我們可以發現全新和未知的樂趣。

西碧・里克的金星丘牌陣
Sybil Leek's Mount of Venus Spread

西碧・里克出生於一個富裕又有權勢的英國家庭,她的占星術老師是她的祖母。

里克說:「當個案滿心期待想知道未來會發生什麼事情時,塔羅占卜師的解牌就帶有了一種懸疑的元素。就我所知,沒有任何其他形式的占卜能像塔羅一樣,提供這種希區考克式的懸疑……在一位優秀占卜師面前,那些衣著華麗的人物似乎開始有了自己的生命,他們躺在桌子上,用慈善的面孔凝視著你。」

在這一天

西碧・里克(Sybil Leek)出生於 1917 年的今天,她是英國女巫、占星師、通靈人,也是現代巫術和新異教巫術的先驅。

牌陣概述

西碧・里克將手相與占星做了連結。我們的四隻手指和大拇指下端的肉凸起處稱為肉丘,每一個肉丘都各自對應一顆行星,且以行星來命名,並對應這顆行星的特質。這個牌陣就是以肉丘為靈感而設計的問題。

擺出陣型

把牌擺成手掌形狀:

1. 金星丘(拇指根部):我如何表現感官情慾?

2. 木星丘(食指根部):我如何受志向的引導?

3. 土星丘(中指根部):我的天命是什麼?

4. 太陽丘(無名指根部):我如何散發魅力?

5. 水星丘(小指根部):聰明才智如何為我服務?

6. 火星丘(水星丘下方):我如何發揮最大勇氣?

7. 月亮丘(火星丘下方):我如何激發自己的想像力?

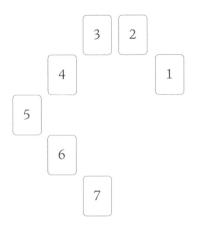

共濟會奧祕牌陣
Seeking the Light Masonic Mystery Spread

2月23日

在這一天

1887 年的今天，著名的福爾摩斯偵探系列小說作者亞瑟·柯南·道爾從他所屬的共濟會會所獲得了第二級會員資格。共濟會會員在上個世紀的英國和美國紳士圈相當流行，他們使用稱為尋跡板的設備學習。

牌陣概述

尋跡板（Tracing boards）跟塔羅牌一樣，是象徵圖符的學習工具。共濟會用它們作為會員晉級的工具設備，不同的尋跡板提供了不同的學習課程。這個牌陣的設計靈感就是來自第一級尋跡板。

擺出陣型

1. 物質世界（方格地磚）：什麼東西束縛了我？
2. 靈魂和精神的本質（圓柱）：我是誰？
3. 天空：我如何與神接觸？
4. 中央星星（神性）：神性的本質是什麼？
5. 階梯：我如何找到此生真正的道路？

三等級階梯：

6. 相信（學徒）：我可以信賴交託嗎？
7. 盼望（副手）：我渴望什麼？
8. 慈善（導師）：我如何回饋所學？

想要加入共濟會的人，都必須聲明他們相信至高無上的存在；不過，共濟會並沒有強硬指定那位至高無上的神是誰。相信更高的力量——無論是哪一種力量，是入會必要條件。

偉特塔羅的錢幣三圖案裡面就有共濟會的象徵符號：工作圍裙、長凳以及石匠工具。許多黃金黎明成員都是共濟會成員，他們將共濟會的架構運用在黃金黎明的會員分級與入會資格上。

2月24日

觀察和經驗能為我們帶來別出心裁的解決方案，因為生命就像拼圖。你愈清醒，看到的小圖片就愈多，也就愈有可能用其他人無法想到的方式來拼組這些圖片。

在這一天

史蒂夫・賈伯斯（Steve Jobs）出生於 1955 年的今天，這位富有遠見和創造力的天才是蘋果電腦的幕後功臣。

牌陣概述

白手起家的賈伯斯，正是美國夢的最佳典範。他的父母生下他時仍是學生，因此把他送給別人收養，他透過智慧和決心實現了自己的夢想。賈伯斯將創意與技術做了最完美的結合，給了這個牌陣靈感，試著用這個牌陣來啟動一場革命吧！

擺出陣型

將牌擺成燈泡的形狀：

1. 我的願景是什麼？
2. 我的興趣熱情會把我帶到哪裡？
3. 如何培養我的創造力？
4. 什麼事情讓我有勇氣採取行動？
5. 在邁向成功的路途中，我可以允許自己失敗嗎？
6. 什麼事情幫助我接納所有可能想法？
7. 我是否忽略了什麼巨大可能性？
8. 創新思維能帶來哪些改變？
9. 我現在要從哪一件事情開始行動？

權杖二代表將遠見計畫付諸實行。牌面人物手中握著代表世界縮影的地球，綜觀大局。保持真實、堅持不懈，直到你清楚看見你的願景。

防衛牌陣
Defensiveness Spread

在這一天

涉及幽浮事件的「洛杉磯之戰」（The Battle of Los Angeles）發生於 1942 年的今天。此時正值美國正式加入第二次世界大戰（也就是珍珠港事件）之後三個月，世界局勢依然緊張。當局在天空中發現不明物體，並認為這座城市正受到敵人的火力攻擊，因此下令該區停電，並發出空襲警報。超過一千四百枚砲彈向天空發射，造成了七人死亡，多棟建築物受損。最後政府宣布是虛驚一場，但新聞界和媒體認為有人在掩蓋真相。

牌陣概述

我們可能永遠不知道那天晚上究竟是什麼東西飛過洛杉磯上空，但在平常生活中，防衛機制確實會變成一種問題，阻礙我們成長，把新的可能性拒之門外。你可以用這個牌陣檢視自己的防衛程度。

擺出陣型

當你被外在人事物惹怒，希望自己能夠平息心情時，這個防衛牌陣就派上用場了。請依照下列方式擺出陣型：

1. 什麼事情踩到我的地雷？
2. 我最喜歡自己的哪個部分？
3. 什麼事情有助我接受自己的不完美？
4. 什麼事情讓我學會對自己誠實？
5. 我如何對事情回應，而不是起情緒反應？
6. 什麼事情有助於我看到別人的觀點？
7. 我擔心害怕什麼？

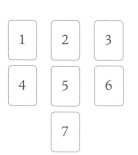

現代幽浮專家曾建議美國政府向外星太空船開火，真相如何我們可能永遠不得而知。

寶劍二有時也代表一個固執於自己觀念的人，被自己的思想困住，以致對別人表現出冷漠和防衛的態度。占卜牌陣中出現多張二號牌，代表有很多決定要做。

2月26日

悲慘世界牌陣
Les Misérables Spread

雨果早在 1830 年就打算撰寫一部描寫底層社會苦難與不公的小說，但《悲慘世界》整整花了十七年才完成和出版。顯然，等待是值得的。

在這一天

雨果（Victor Hugo）出生於 1802 年的今天。作品包括《鐘樓怪人》和《悲慘世界》等，被公認是法國最著名的浪漫主義作家和詩人。

牌陣概述

以十九世紀法國為背景，《悲慘世界》講的是主角尚萬強的故事。他被鐵面無情的警察賈維爾追捕，而且答應幫忙照顧工廠工人芳婷的女兒珂賽特。這個決定從此改變了他們人生。悲慘世界牌陣就是依據這部小說和音樂劇的主題所設計的。

擺出陣型

1. 寬恕：我需要寬恕誰？
2. 自我犧牲：什麼事情值得我犧牲一切？
3. 偏見：我有什麼隱藏的偏見？
4. 女性困境：如何幫助需要幫助的婦女？
5. 社會議題：我最關心什麼社會議題？
6. 貧窮：我如何打破家庭世襲的貧窮？
7. 爭吵打鬥：什麼事情值得爭吵？
8. 夢想：我的夢想是什麼？
9. 希望：最大的好處是什麼？
10. 悲憫心：什麼事情可培養我們的悲憫心？
11. 慈善行為：為了療癒這個世界，我可以踏出的一小步是什麼？

正義牌講的是社會正義感和明辨是非黑白。可悲的是，沒有話語權的人往往無法被正義之劍眷顧到。

鬼屋牌陣
Haunted House Spread

在這一天

被譽為英國最猛鬼屋的維多利亞式豪宅波利牧師寓所（Borley Rectory，或譯波麗萊多里鬼屋），在1939年的今天被大火燒毀。這場不幸火災的起因是一盞打翻的油燈。

牌陣概述

鬼屋牌陣非常適合在鬧鬼的屋子或空間場所進行。去發掘一個場所的故事，同時學習如何淨化房子、公寓或住所的能量。進行此牌陣需要自行承擔風險。訊息一旦被攤在光下，就沒有收回的可能了。

擺出陣型

準備好手電筒和蠟燭。將紙牌擺成以下陣型：

1. 這個地方的能量如何？

2. 某些現象是否有合理的解釋？

3. 這個空間鬧鬼嗎？

4. 我真的想知道這裡發生過什麼事嗎？

5. 誰曾經住在這裡？

6. 他們在這裡生活的情況如何？

7. 有人死在這裡嗎？

8. 是什麼事情把能量束縛住？

9. 我如何將這種能量釋放掉？

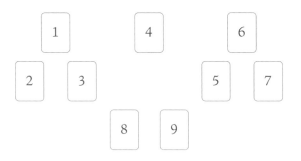

波利牧師寓所是蓋在一座十三世紀的修道院舊址上，根據傳說，一名修士和一名美麗年輕女子在私奔時遭人殺害。修士被處以絞刑，女子則被活埋在屋內磚牆裡。

逆位死神牌代表殘留的負面能量導致困擾無法消除。過去未消散的能量會影響現在。只有放下，才可能改變。

莫伊娜的靈視牌陣
Moina Mathers's Clairvoyance Spread

莫伊娜‧馬瑟斯的弟弟就是哲學家亨利‧柏格森（Henri Bergson），他是第一位獲得諾貝爾文學獎的猶太人。

在這一天

莫伊娜‧馬瑟斯（Moina Mathers）出生於 1865 年的今天。莫伊娜是藝術家、神祕學家，也是黃金黎明協會的最早成員，她的丈夫就是黃金黎明的創始人麥克雷戈‧馬瑟斯（Samuel Liddell MacGregor Mathers）。先生是魔法師，太太是神諭家，伉儷兩人合作無間，運用莫伊娜的靈視力為教團提供訊息。

牌陣概述

靈視力是指透過視覺化影像或心理意象獲得訊息的能力。「Clairvoyance」這個字原本的意思就是「能夠清楚看見的人」。此牌陣檢視了靈視力的各個面向，並提出一些問題來幫你開發靈視能力。

擺出陣型

你可以將這些問題當作進一步開發通靈能力的起點。

1. 培養專注力最好的方法是什麼？
2. 我如何促進自己的當下覺知意識？
3. 我作的夢有色彩嗎？畫面很生動嗎？
4. 什麼可以幫助我建立強大的視覺化能力？
5. 我可以盡情發揮我的視覺／藝術天賦嗎？
6. 我看得到別人身體周圍的氣場或光圈嗎？
7. 我是否經常從我的眼角餘光感覺到有東西在移動？
8. 我相信自己預見的未來嗎？
9. 為什麼關注自己的天賦很重要？
10. 培養靈視力會帶來什麼結果？

聖杯王后是具有深度靈視力的女性。她可以從手上那個裝著水的杯子看見未來景象。這是真正的形上學和藝術，她為那些無法夢想的人而想像。

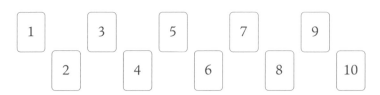

月食牌陣
Lunar Eclipse Spread

在這一天

1504 年的這一天晚上，哥倫布（Christopher Columbus）欺騙了牙買加原住民，要求他們提供食物給船上的水手，沒想到後來水手開始詐欺搶奪原住民。哥倫布就是利用他的曆書知識，透過正確預測月食時間，宣稱月食是神跡，以此來要脅原住民不可怠慢他的水手。

牌陣概述

月食魔法非常強大。月食只會發生在滿月、地球陰影從月球表面掠過之時。此牌陣列出的問題涵蓋深度魔法的各個面向，可喚醒三相女神，讓我們在平常生活中獲得明晰和智慧。

擺出陣型

任何時間都可使用月食牌陣，但在月食當天晚上力量更強大。將牌型擺成新月形狀，象徵生命日益豐盛滿盈。

1. 我的魔法核心是什麼？
2. 年輕時候學到的功課是什麼？
3. 中年時候的挑戰是什麼？
4. 晚年時候能學到的智慧是什麼？
5. 什麼是必須去除的？
6. 什麼是必須顯現的？
7. 我如何善加利用月亮的力量？

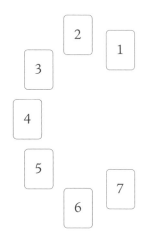

古埃及神話將月食描繪為一隻母豬在吃月亮。瑪雅人的詮釋是一隻美洲虎把月亮吞了。很多文化都將月食現象解釋為魔鬼在吞噬月亮。人們會大聲喊叫、對著月亮扔石頭來趕走月食。

女祭司和她頭頂上的三相皇冠（象徵盈月、滿月和虧月）也代表少女、母親和老嫗三相女神的概念。月光穿過了她發光的長袍。

3月1日

拖延牌陣
Procrastinating Spread

心理學家將拖延症分為三種類型：逃避（對失敗和成功有強烈恐懼）、尋找刺激（享受最後一刻完成的快感），以及決策拖延（猶豫不決無法做出決定）。

在這一天

今天是楚門·柯波帝（Truman Capote）的手稿《應允的禱告》截稿日。《冷血告白》和《第凡內早餐》這兩部文學經典的作者柯波帝，如果在1968年的今天順利交付稿件，就能得到一百萬美元的報酬。不過，手稿始終沒有完成，「要不是我殺了它，就是它殺了我」。柯波帝於1984年去世。

牌陣概述

為什麼要把今天能做的事情拖到明天呢？拖延症曾經讓你動彈不得嗎？你能克服恐懼、障礙，或阻礙你前進的問題嗎？如果你覺得受困於某件工作或計畫當中無法前進，這個牌陣能幫你找到動力。

擺出陣型

觀想你的工作計畫順利完成，並想像你當時的感受。擺出以下陣型：

1. 手邊正在進行的事情。
2. 我如何將這項工作拆解成小的、可立即完成的步驟？
3. 第一步要做的是什麼？
4. 第二步要做的是什麼？
5. 邁出第一步後我要如何獎勵自己？
6. 當我的工作開始有進度後，我感覺如何？
7. 為什麼完成這件事這麼重要？
8. 我如何從這個過程去除小我？

寶劍二牌面上這位人物讓自己蒙上雙眼，試圖進入自己的內心世界。她會接受目前面臨的挑戰嗎？她能放開自己走向外面的世界嗎？

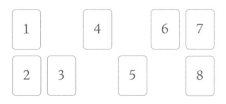

蘇斯博士的鬼靈精牌陣
Dr. Seuss's Feeling Grinchy Spread

在這一天

深受喜愛的兒童作家蘇斯博士出生於 1904 年的今天。蘇斯（Theodor Seuss Geisel）以其獨特筆法，讓作品走進百萬人的心，成為人們童年時代的必讀經典。

牌陣概述

《鬼靈精》（The Grinch Who Stole Christmas，或譯《聖誕怪傑》）當中的主角，據說就是取材自蘇斯博士自己。他發現自己非常討厭聖誕節，於是創造了鬼靈精格林奇這個角色，看是否能找到已經被自己遺失許久的聖誕節。

擺出陣型

把紙牌排成雨傘的形狀，這樣你就可以把緊皺的眉頭倒過來，讓微笑成為你的雨傘。

1. 造成我困擾的根本原因是什麼？
2. 我有人可以聊天說話嗎？
3. 我現在可以輕鬆慰勞自己一下嗎？
4. 我要感謝的是什麼？
5. 我可以從事什麼新的運動？
6. 我應該改變飲食習慣嗎？
7. 我應該去別的地方散散心嗎？
8. 如何用有創意的方式表達自己？
9. 如何趕走壞心情？

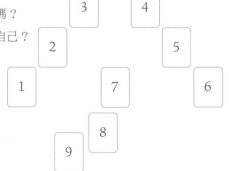

一家出版商用五十塊美金跟蘇斯博士打賭，賭他寫不出一本用五十個單詞以下寫成的書。蘇斯博士贏了。這本書就是經典的《綠火腿加蛋》（Green Eggs and Ham）。

錢幣四通常被認為是整副塔羅牌中最像討厭鬼的一張牌。牌面上這個人像個守財奴，雙手緊緊抱著他的錢幣，看起來防衛心很重。但也不需要那麼武斷，由於數字四帶有穩定特性，你也可以說這張牌是代表穩定的牌。

森林的祕密牌陣
Secrets of the Forest Spread

你投入的東西會得到三倍回報；三的定律不僅僅適用於巫術。遠足或露營時，請務必記得：人可以在沒有空氣的情況下存活三分鐘，在沒有熱量的情況下存活三小時，在沒有水的情況下存活三天，在沒有食物的情況下存活三個禮拜。

在這一天

肖松尼森林在 1891 年的今天成為美國第一座國家級保護森林。地點位於懷俄明州，占地超過兩百五十萬英畝，從陡峭山峰到林相茂密的雲杉和冷杉林，這片廣闊土地擁有豐富的生物多樣性，有超過三百三十五種動物以此地為家。

牌陣概述

現代化的世界讓人容易忘記我們也是大自然的一部分，並非與自然截然分離。森林對張開耳朵的人說話，低聲訴說真理與魔法、美麗和奇蹟。這個牌陣是利用樹林、溪流和岩石為靈感來提出問題，讓人對於自己有更深的認識。

擺出陣型

看著或是觀想你最喜歡的一種樹，同時擺出陣型：

1. 森林能教導我什麼？
2. 森林深處藏著什麼祕密？
3. 如何發現我野性的一面？
4. 如何鼓勵自己改變？
5. 我的人生正在綻放什麼樣的花朵？
6. 什麼東西正在消逝？
7. 我的潛意識池塘裡有些什麼東西？

錢幣王牌代表種子，錢幣七是收穫，錢幣十代表生命週期和節奏來到最高點。

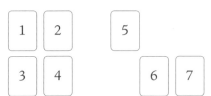

灰姑娘嫉妒牌陣
Cinderella's Jealousy Spread

在這一天

迪士尼電影《灰姑娘》在 1950 年的今天上映。灰姑娘辛杜瑞拉在惡毒繼母和兩個繼姊的無情對待下受盡折磨，但最後仍嫁進皇宮獲得幸福。灰姑娘的人生因繼母的嫉妒和貪婪而陷入慘境，直到嫁給王子並搬進城堡。

牌陣概述

嫉妒是每個人都有過的感覺。若你因妒火中燒而感到痛苦，這個牌陣是為你設計的。透過這些問題，你可以仔細看清楚嫉妒反應背後的原因，更加認識你自己，並找到放下嫉妒心的方法。

擺出陣型

為一場舞會盛裝打扮，期待奇蹟發生，同時擺出這個牌陣。

1. 什麼事情引發你的嫉妒心？

2. 我為什麼會嫉妒？

3. 我想要保護（保有）什麼？

4. 為什麼我會覺得受到威脅？

5. 我製造了什麼錯誤想法？

6. 如何建立自信？

7. 如何避免拿自己跟別人比較？

8. 我如何學會信任？

大多數迪士尼動畫電影裡面都藏著米老鼠圖案。灰姑娘也不例外。如果你仔細看，在灰姑娘唱著「歌唱吧，甜蜜的夜鶯」這首歌時，有三顆大泡泡聚在一起形成米老鼠的臉。

逆位權杖王后代表一位因嫉妒而妒火中燒、憤怒到全身出汗的人。如果占卜時出現你不喜歡的逆位牌，你只要將它轉成正位，讓它的負面能量流洩掉就可以了。

正義牌牌陣
Justice Card Spread

正義是四美德之一,其他三種分別是節制、堅毅(力量)和審慎。在十五和十六世紀時都以女性圖像來描繪這四項美德。令人奇異不解的是,「審慎」在塔羅牌中缺席了,但她的其他三位姊妹都有出現。

在這一天

1956年的今天,美國最高法院維持原本在各公立學校、學院和大學推行的禁止種族隔離禁令。此一行動糾正了本來就不該存在的不公平現象。

牌陣概述

這個牌陣是以美國最高法院為靈感,來檢視正義牌的象徵符號意義。

擺出陣型

先把正義牌從整副牌中挑出來,放在牌陣正中央,然後洗牌,按順序在正義牌四周擺上抽到的牌:

1. 雙刃劍:如何看清楚真相?
2. 天平:我的所作所為是否平衡?
3. 簾幕:裡面藏了什麼?
4. 皇冠:我擁有什麼權柄?
5. 寶座:我有安全感嗎?
6. 足尖朝前:如何朝著正確方向前進?
7. 沒有眼罩:我看到什麼?
8. 黃色和金色背景:我該採取什麼行動?

正義牌代表必須透過行動、思想和言語來平衡與協調彼此衝突的需求。正義極度講求行動作為,同時也在提醒我們,種什麼因就得什麼果。

擁抱創作過程牌陣
Embrace Your Creative Process Spread

在這一天

身兼畫家、詩人、建築師和雕塑家身分的米開朗基羅，出生於 1475 年的今天。他被公認是有史以來最偉大的藝術家之一，其作品量以及對西方藝術發展的影響至今依然相當巨大。最著名的作品包括大衛像、聖殤（亦稱聖母悼子像）以及西斯汀教堂的精美天頂壁畫。

牌陣概述

想要發揮工作上的創意，你可以像用魔法儀式召喚神靈一樣呼召米開朗基羅的創作靈魂。這個牌陣就是以他的天賦才能為啟發，為你的創作過程帶來靈光。

擺出陣型

召喚你內在的米開朗基羅意識，將牌卡擺成畫家的圓形調色板形狀。

1. 什麼事情有助於我接受自己的創意天賦？

2. 我該如何為它投入時間？

3. 我有自己的工作空間嗎？

4. 我應該每天在同一個地方工作嗎？

5. 我能辨認並善加利用大量爆發的創意嗎？

6. 是否有靈感女神繆思在身邊眷顧我？

7. 我擁有什麼樣的才能？

8. 什麼事情能幫助我放下最終結果？

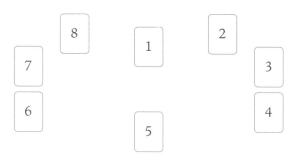

米開朗基羅聲稱，他只要看進石頭內部就能發現他想要創作的意象。在製作大衛像時，他說他只需要一塊塊鑿掉不符合意象的部分，作品就會自然顯現。

你有沒有注意到，每一張王牌的圖案都有一隻從雲中冒出的神祕之手？文藝復興時期的藝術作品，也經常描繪從神祕雲朵中伸出來的上帝之手。

《單身公寓》系列影集改編自尼爾・賽門（Neil Simon）的同名戲劇。

聖杯七提醒我們，在做出選擇之前要廣泛蒐羅。每一個杯子都藏著精采耀眼的可能性，如同人們身上蘊含著未被知曉的可能。唯有做出選擇，我們才有辦法真正知道那個杯子裡裝了什麼。室友之間的相互尊重與責任是最重要的。請慎選你的室友。

在這一天

今天是熱門情境喜劇《單身公寓》（The Odd Couple）最後一集播出日。這部影集講述了兩個離了婚的男人在曼哈頓合租一間公寓，其中一人是有潔癖的怪咖，另一個則懶惰邋遢。爆笑的衝突劇情也創下極高電視劇收視。

牌陣概述

由於跟人同住免不了緊密相處，因此，如何選擇室友可說是人生最重要的抉擇之一。你可以透過這個室友牌陣先大致了解可能的室友大概是什麼樣子，來幫你簡化尋找室友的流程。如果你心裡已經有特定的室友人選，也可用此牌陣來評估。

擺出陣型

請將抽到的牌擺成兩列。

1. 代表你所問的那位室友。
2. 我們能和諧相處嗎？
3. 我們住在一起會愉快嗎？
4. 需要先設定什麼同住規則？
5. 他們愛乾淨嗎？
6. 他們會顧慮別人的想法嗎？
7. 我可以放心跟他們一起生活嗎？
8. 他們能對自己的財務負責嗎？
9. 我需要注意對方哪些隱藏的個性特質？
10. 我們的同住關係會是什麼樣子？

1	6
2	7
3	8
4	9
5	10

女人本性牌陣
Female Nature Spread

在這一天

今天是國際婦女節,這個節日最早是在1909年由美國發起。聯合國也藉由這個日子大力倡導,全世界都應對婦女在社會、政治和人權上的地位有所認識並採取行動。

牌陣概述

講到人權,一項針對人類的調查提出了一個疑問:為什麼這樣有頭腦能思考能力的物種,會對他們占半數人口的性別做出那麼多殘暴和屈辱之事,尤其這一半數目還是負責生產延續物種生存的人!由於女性對自己的未來或身體沒有發言權,因而受到差別對待,並將這種現象歸咎於「異文化」。這個牌陣可以幫助你檢視生活中受控制、受壓抑以及能否自由表達的情況,無論你是哪一種性別。

擺出陣型

控制

1. 為什麼女人的本性令掌權者感到害怕?

2. 為什麼需要控制女人的本性?

壓抑

3. 我受到什麼形式的壓抑?

4. 我性格中的哪一部分被別人認為是危險的?

表達

5. 我需要表達什麼?

6. 如果我能發揮最大潛能,那會發生什麼事?

7. 如果女性擁有跟男性同樣的權勢地位,世界會是什麼樣子?

8. 我可以做些什麼事讓女性取回自主權?

在世界許多地方,人們對於女性的支配和壓迫仍在繼續,在這些地方,女人活得像是囚犯,不能隨意離開自己的家,除非有男性跟隨監視,連基本平等的人權都沒有。

女祭司和女皇這兩張牌共同建構了完整的女性原型。女人內在本性的二元性,清楚展現在這兩張牌中,女祭司呼應內在真理和反思的本性,女皇則代表生產和創造潛力。

3月9日

芭比娃娃的全名是芭芭拉·米莉森特·羅伯茨（Barbara Millicent Roberts）。男友肯尼則是以美泰兒公司創辦人露絲和埃利奧特·韓德勒的兒子之名來命名。

寶劍八牌面上的那個人，身體被綑綁、眼睛被蒙住，這種情況就像限制性的信念或長期持有負面思想，最後也會癱瘓一個人的成長和潛力機會。

在這一天

今天是芭比娃娃的生日。美泰兒公司在 1959 年的今天推出了一個迷你金髮的美女玩偶。但馬上受到社會韃伐批評，認為這是在宣揚不切實際的年輕女孩形象。芭比娃娃依然風靡全球，她仍然是廣受歡迎的洋娃娃，同時也是一個帝國有名無實的領袖。

牌陣概述

這個牌陣是藉由我們對美麗身材不切實際的期待為例，來檢視我們是否被某個謊言欺騙，只因為是別人這樣告訴我們，或我們認為那就是真理。一旦我們意識到自己原本認定的「真理」其實是錯誤的，成長就從這一刻開始了。這個牌陣會要求你先選擇一個你認為是真理的限制性信念，然後抽牌擺設牌陣來發現真正的真相。

擺出陣型

在一張小紙上寫下一個限制性信念。限制性信念很容易發現。先選定一個你很想要的東西。然後說出或寫下你不能去追求這樣東西的原因。接著完成這個填空題：「我不能這樣做，因為 ＿＿＿＿＿。」把題目和答案寫在一張紙上。

把寫好的信念放在桌子上，然後在紙張下方擺出這個牌陣：

1. 為什麼我會相信這是真的？
2. 如果它不是真的，結果會如何？
3. 為什麼這個信念會在我頭腦裡根深柢固？
4. 我能做些什麼事來消除這個信念？
5. 最後結果會是什麼？

| 1 | 2 | 3 | 4 | 5 |

濕婆神尋找伴侶牌陣
Lord Shiva's Find a Mate Spread

在這一天

今天是印度濕婆神的慶祝節日。濕婆是印度三大主神之一，也是主掌男女姻緣的神。黎明破曉之後，濕氣與溫度升高，信徒開始湧入寺廟，禮拜、沐浴和齋戒。

牌陣概述

想要尋找持久的愛情？這個牌陣就是為你設計的。內容包括拉近彼此關係的步驟方法，並建議你在等待愛情到來時該做些什麼事。

擺出陣型

擺出陣型，迎接你生命摯愛之人的到來。

1-3. 我應該在伴侶身上尋找的三個特質是什麼？

4. 前一段關係中有什麼是必須先療癒的？

5. 我必須放下哪些不切實際的期待？

6. 我會在哪裡遇到我的靈魂伴侶？

7. 對方最棒的特質是什麼？

8. 為什麼我們在一起會幸福？

9. 現在我應該把注意力放在什麼事情上？

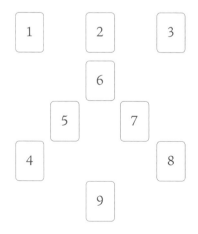

在印度教，幾乎每一位神的慶祝節日都會實行齋戒（為了得到精神上的利益而拒絕身體的需要）。不同的神，有不同的齋戒日。例如，在印度北部，星期一是濕婆日。想要尋覓良緣、祈求家庭和睦的人會在這一天齋戒禁食。

聖杯二是姻緣撮合者的夢想。這張牌描繪了兩個彼此完美結合的靈魂。兩人結合的原因並不是彼此的相似點，而是互補的差異點。如同我們自身內在對立面向的結合，戀人牌也代表這種結合帶來的興奮和驚奇時刻。

意外暴風雪牌陣
Unexpected Storm Spread

1888 那年，曼哈頓島和皇后區之間的東河整條結冰。一群勇者徒步踩在冰上渡河，沒想到潮汐改變，河面結冰裂開，將他們困在浮冰上。

在這一天

有史以來最大的暴風雪之一發生在 1888 年的這一天，當時紐約市和周邊其他州降雪量高達五十五英寸（約一百四十公分）。暴風雪期間，交通停擺，當地居民被關在家中長達一個多禮拜。

牌陣概述

意想不到的驚喜也會像意想不到的暴風雪一樣突然出現。1988 年暴風雪前一天，氣溫一直徘徊在攝氏十到十五度間，沒想到後來乍然陡降。這種型態的暴風雪就是最佳例證，我們生活中隨時都有意外發生。透過塔羅牌，我們可以先看到最可能發生的情況，對不可知的未來情況做好因應之道。

擺出陣型

把紙牌擺成大雪堆的形狀。

1. 目前的情況。
2. 能讓我們看清目前情勢的最佳方法是什麼？
3. 被踢出舒適圈為我帶來什麼好處？
4. 如何接受那些我無法掌控的事情？
5. 誰可以成為我解決這個問題的助力？
6. 從這件事我汲取到什麼意料之外的力量？
7. 整件事情帶來的正面影響是什麼？

高塔牌代表意外或事情突然發生變化。在偉特牌的高塔圖案中，有一個從方塔上被閃電襲擊而掉落的皇冠。畫面上這個微小而關鍵的細節提醒了我們，不要輕易去進行一件會因為意外而被摧毀的事情。

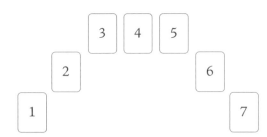

夏日之花牌陣
Summer Flowers Spread

在這一天

今天是全國種花日，旨在提醒人們，生長季節即將到來，想播種的人要趕快行動。有很多夏季花朵可以在早春時期先栽種於室內，既省時又省錢。很多回收資源都可加以運用，像是蛋殼、報紙和浴室水管等。這些都可以跟幼苗一起直接移植到花園中。

牌陣概述

在浪漫而神祕的維多利亞時代，人們為陽光下的每一種花朵都賦予了意義。這個牌陣的靈感就是來自對於花朵的想像和每一種花的花語。

擺出陣型

將紙牌擺成花粉在風中散開的形狀。

1. 菊花：什麼特質可以讓我成為別人的好朋友？
2. 雞冠花：什麼事情可以讓我發出歡笑聲？
3. 鳳仙花：我的母親以我的什麼事情為傲？
4. 滿天星：什麼事情帶給我快樂？
5. 海芋：我的心想表達什麼？
6. 大波斯菊：什麼事情能為我的生命帶來平衡？
7. 紫苑：我在想念誰？
8. 梔子花：誰是我暗戀的對象？
9. 茉莉花：什麼能增添生活樂趣？

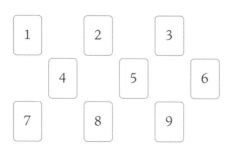

維多利亞時代的女性用祕密花語來表達當時嚴苛社會規範不許她們表現出的情感。

錢幣九是所有園丁夢寐以求的景象。牌面圖案滿滿都是金幣，動物和植物和諧共存，一位女士站在自己的花園裡，自信滿足且自在安逸。

天王星是太陽系中最寒冷的一顆行星，平均溫度為攝氏零下二一二度，其軌道繞行太陽公轉一周的時間相當於地球的八十四年，已知衛星有二十七個。天王星的每一個季節均長達二十年，因為這顆行星的傾斜角度極大。

如同天王星一樣，愚人牌代表叛逆、激進的想法。愚人和天王星都掌管原創思想和進步，在社會規範之外運作。愚人是自由的思想家，他的使命是培育生命的新起點。他是如此清新，嶄新如同一張白紙，因此編號是零。他是純粹的行動潛在力。

在這一天

天文學家威廉・赫雪爾（William Herschel）在 1781 年的今天發現了天王星。他是透過架設在自家花園的望遠鏡觀察到這顆行星。赫雪爾將它界定為一顆「行星」，而非先前認定的恆星。他還發現了天王星二十七顆衛星當中的兩顆——天衛三（Titania）和天衛四（Oberon）。

牌陣概述

此牌陣是以天王星的相應占星特質設計出來的，藉由天體景象來釐清我們的生命樣貌。

擺出陣型

將紙牌擺成十字形狀，這個形狀也是天王星占星符號的一部分。

1. 激進想法：什麼古怪想法是我必須持續下去的？
2. 進步：我生活中哪一方面的進步最大？
3. 冒險：什麼冒險在等待著我？
4. 驚喜：隱藏的驚喜是什麼？
5. 破壞：什麼必須被摧毀？
6. 覺醒：什麼必須被喚醒？

```
        ┌───┐
        │ 4 │
        └───┘
┌───┐ ┌───┐ ┌───┐
│ 1 │ │ 2 │ │ 3 │
└───┘ └───┘ └───┘
        ┌───┐
        │ 5 │
        └───┘
        ┌───┐
        │ 6 │
        └───┘
```

互惠的愛牌陣
Reciprocation of Love Spread

在這一天

白色情人節是源於日本的浪漫節日。日本情人節跟美國不同,如果女性在二月十四日情人節贈送巧克力禮物給男性,收到巧克力的男士就要在三月十四日白色情人節這一天回贈禮物給女性,比如白色巧克力、白色內衣、白色餅乾或棉花糖,以此來回應自己的心意。

牌陣概述

雙方互惠、愛與感情的單純付出和接受,是維繫雙方感情的核心,無論是愛情還是其他形式的情感。藉由日本的白色情人節牌陣,我們有機會來探索愛情當中的施與受狀態。

擺出陣型

一邊洗牌,一邊想著你愛的人。觀想他們閃閃發光的眼睛、溫暖的手和輕柔的吻,同時將紙牌擺成深情而慷慨的愛心形狀。

1. 我愛的人是誰?
2. 他們會是我的好伴侶嗎?
3. 為什麼我覺得他們很特別?
4. 我怎樣才能讓他們覺得自己是特別的?
5. 我能送給我愛人最棒的禮物是什麼?
6. 他們給了我什麼禮物?
7. 我們是否有彼此互相提升?
8. 我們是否彼此互相攻擊詆毀?
9. 為什麼這段關係值得努力?
10. 我可以送什麼有趣又獨特的禮物讓他們驚喜?

長久以來,甜巧克力一直被拿來當作一種壯陽藥。據說阿茲特克酋長蒙特蘇馬二世在跟他的妻妾后妃同宿之前,都會喝一杯用香草和香料調味的「巧克力」飲料。

節制牌圖案上的那位天使立在水邊,正在混合左右兩個杯子裡的液體。這些液體就像人際關係中的施與受,不斷來回流動、相互挹注,讓關係維持在平衡狀態。

3月15日 我迷戀的對象也迷戀我嗎牌陣

Is My Crush Crushing Back Spread

羅密歐與茱麗葉是全世界最廣為被傳述、重新演繹次數也最多的愛情故事，迄今已出現七十七部電影版本。劇中，這對戀人講述著他們的命運，彷彿是受到某種超自然力量的驅使一般。

戀人牌談的是，當你在另一個人身上看見自己心意的倒影時，你所做出的重要選擇。同時也探討了關於性慾和肉體享樂、創造與發掘的可能性，以及你與愛人之間的親疏距離等問題。

在這一天

根據莎士比亞在《羅密歐與朱麗葉》劇本中透露給我們的訊息，今天是這對世界知名戀人結婚的日子。

牌陣概述

你癡心迷戀的對象也迷戀你嗎？這個牌陣是以羅密歐與茱麗葉這對不幸戀人為靈感而設計出來的。你的感情能得到回應嗎？把你的塔羅牌拿出來，檢視一下目前情況，以便知道如何採取下一步行動。

擺出陣型

在滿月這一天的午夜時分，在月光下輕輕呼喚你喜歡的人的名字三次，然後擺出陣型。

1. 代表我自己。
2. 我的暗戀對象。
3. 對方的肢體語言有什麼含意嗎？
4. 對方跟我有眼神的情感交流嗎？
5. 對方和我有身體上的接觸嗎？
6. 他們對待我的方式是否跟其他人不一樣？
7. 他們對我喜歡的東西有表現出興趣嗎？
8. 他們在我身邊時感覺很緊張嗎？
9. 他們是否興致高昂？
10. 我應該採取行動嗎？
11. 我會因此心碎嗎？
12. 這段感情值得嗎？

```
        1        2

   3    4    5    6

     7      8      9   10

     11            12
```

愛麗絲・霍夫曼的超異能牌陣
Alice Hoffman's Practical Magic Spread

在這一天

作家愛麗絲・霍夫曼（Alice Hoffman）出生於 1952 年的今天。她的暢銷小說《超異能快感》（Practical Magic），描寫兩位擁有女巫血統的姊妹，如何在生活和愛情中抗拒使用遺傳天賦的故事。

牌陣概述

這個牌陣的靈感來自愛麗絲・霍夫曼的魔幻現實主義，能反映魔法在你生活中的運用情況。當你努力成為真實的自己時，請留意你需要儲備的能量。

擺出陣型

召喚魔法，同時把牌陣擺出來，像一群螢火蟲照亮夜晚。

1. 魔法的本質是什麼？

2. 魔法如何貫穿於我的生活中？

3. 我知道自己的力量有多強大嗎？

4. 什麼能幫助我駕馭自己的力量？

5. 我應該把心力集中在哪裡？

6. 我必須培養什麼能力？

7. 我必須放棄什麼？

8. 我真正應該施展的法術／意圖是什麼？

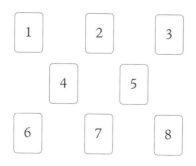

霍夫曼承認童年時代的她並不是完全快樂。她說自己小時候經常躲在圖書館裡，為了逃避現實而躲進書本的世界，因此發現了魔法。

錢幣侍者（或男僕）是最有可能沉迷於散文之美的人，他將自己埋在書裡，透過其他人的文字擴展他的思想。他是四位侍者當中最勤奮、最認真的，他對知識學習的熱愛是其他侍者無法比擬的。

3月17日

因果法則也符合威卡巫術三倍定律，任何一種能量或魔法被施放到現實世界之後，也會三倍回到施法者身上。

皇后牌的編號是三。代表可能性、創造力、成長、財富和婚姻，她是一位心胸寬厚、願意保護別人的女性。

在這一天

聖派翠克節是紀念聖派翠克的逝世紀念日。聖派翠克年輕時曾被人綁架、賣為奴隸，逃跑之後接受宗教培訓，在 432 年以傳教士身分返回愛爾蘭。據說，他曾使用三葉草作為隱喻，向未受過教育的大眾解釋三位一體的概念。這是為什麼三葉草會成為聖派翠克節的象徵符號。愛爾蘭人慶祝這個節日已有一千多年的歷史。

牌陣概述

三葉草牌陣是用三的概念來呈現其問題。利用基督教的三位一體、佛教的三寶和威卡教的三相女神，你就能檢視自我認同的各個面向。

擺出陣型

四葉草也能帶來好運。找一片四葉草，放在旁邊，然後擺出陣型。

1. 聖父：我和父親的關係如何？

2. 聖子：我跟父親的不同在哪裡？

3. 聖靈：我的祕密是什麼？

1. 佛陀：我的最高靈性潛能是什麼？

2. 佛法：我如何走上開悟覺醒之路？

3. 僧團：社群對我來說代表什麼？

1. 少女：我和母親的不同在哪裡？

2. 母親：我與母親關係如何？

3. 老嫗：我的天命是什麼？

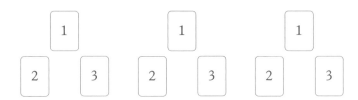

艾德格凱西的光環牌陣
Edgar Cayce's Aura Spread

在這一天

艾德格·凱西（Edgar Cayce）是美國通靈人、先知、神祕主義者和先知，誕生於 1877 年的今天。凱西做預言的時候會躺下來、進入睡眠狀態來回答問題。凱西聲稱，他的能力包括靈魂出體（星光體出竅）、通靈和看見光環。

牌陣概述

光環是一種能量場，是人體內在精微生命能量所映照出的影像。全人醫療治療師認為是我們的情緒狀態造成光環。這個牌陣的靈感就是來自通靈人凱西對光環顏色含義的解釋。

擺出陣型

選擇一張牌當作象徵牌，代表你此刻的感受。然後在這張牌四周擺上抽到的牌。

1. 代表你的象徵牌。
2. 紅色：健康狀況。
3. 橙色：我處在一個有創造力的環境裡嗎？
4. 黃色：我的智性狀態如何？
5. 綠色：我感覺平衡嗎？
6. 藍色：我處在什麼樣的靈性狀態？
7. 靛藍：我無法否認的靈性狀態為何？
8. 紫羅蘭：我的愛情。
9. 棕色：我對何事有負面情緒？
10. 白色：我能放下過去重新開始嗎？

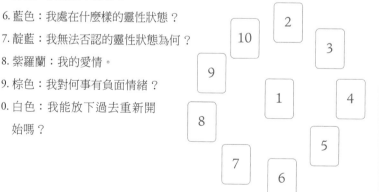

通靈人凱西認為他的人生使命是療癒病人和進行靈魂的探究與研究。當他晚年聲名大噪後，他很擔心大眾只關心他的預言，而忽略了他認為重要的事情。

吊人的頭上有一個類似氣場光環的黃色光圈。以象徵的角度來說，它代表一種精神靈性的啟蒙狀態。從羅馬諸神到耶穌基督，從佛教神明到波斯細密畫，各個不同文化的宗教肖像畫中都有出現這樣的光環。

密涅瓦的智慧牌陣
Wisdom of Minerva Spread

羅馬神話中的密涅瓦女神，對應希臘神話中的雅典娜，雅典城就是以她的名字命名。

女祭司牌代表密涅瓦女神的智慧，而四張騎士牌則代表勇猛的戰士。塔羅牌就像一部等待你輕柔觸摸和獨特詮釋的形上學機器，真實智慧就隱藏在你如何善用塔羅牌之中。

在這一天

今天是古羅馬戰爭、智慧、藝術、工藝和科學女神密涅瓦（Minerva）的紀念日。女神密涅瓦的畫像經常以穿著盔甲和頭盔的形象出現；她的神聖動物是象徵古老智慧的貓頭鷹。

牌陣概述

古代眾神，就像心理原型一樣，是我們凡人在紅塵俗世流轉的傑出榜樣。眾神為我們提供了一種黃金標準、一種品行特質、一個值得我們努力的方向。這個牌陣是用密涅瓦女神的原型來深入探索、培育和散播你的智慧之根。

擺出陣型

將抽到的牌擺成貓頭鷹眼睛的形狀：

1. 我能看到什麼別人看不到的東西？
2. 當我凝視黑暗，我看到什麼？
3. 我對生命的理解是什麼？
4. 我對自己的了解是什麼？
5. 我來到這裡的目的是什麼？
6. 我擁有哪些知識？
7. 我如何敞開自己領受智慧？
8. 我如何釋放心靈得到自由？

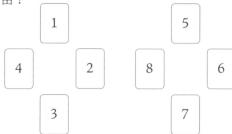

歐斯塔拉巨蛇魔法牌陣
Ostara Serpent Magic Spread

在這一天

歐斯塔拉（Ostara）是日耳曼春天女神的盎格魯薩克遜文寫法。象徵物包括雞蛋、嬰兒和兔子，跟復活節一樣，但這是屬於異教徒而非基督教徒的節日。

牌陣概述

春天，除了生育儀式之外，也標誌著所有沉睡生物、思想和計畫的再次甦醒。依據蘇格蘭高地人（Highlanders）的傳統，他們會用棍子敲打地面，直到蛇出現。爬行動物的行為也預示著早春到來。歐斯塔拉的巨蛇牌陣可以幫助你發現什麼在你內心沉睡。

擺出陣型

這是一個非常適合在溫暖春分之日進行的牌陣，千萬不要錯過。在你展開行動之前，先仔細回答以下每個問題。把牌擺成巨蛇盤繞的形狀：

1. 今年什麼重生了？
2. 我如何啟動熱情？
3. 我如何刺激理智思維？
4. 必須對什麼事情有所意識？
5. 我如何成為生活中的積極參與者？
6. 蛻變對我來說代表什麼？
7. 我可以釋放和解開什麼？
8. 蛇在我耳邊對我低語著什麼訊息？

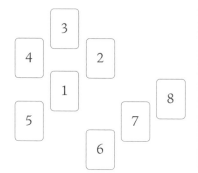

崇拜月亮女神歐斯塔拉的日耳曼部落，說明這位女神如何在每年此時與生育之神交配。因為九個月後她會在耶魯節慶祝活動中分娩。

審判牌是一張代表生命更新和蛻變的牌。雖然意識的覺醒任何時候都可以發生，但春天這個季節特別會喚起人們重獲新生的感覺。請張開耳朵，聆聽你耳邊的呼喚。

3月21日

牡羊座的守護星是火星，代表色是紅色，幸運日是星期二，最有機會成功的地點是大城市。牡羊座跟我們的自我、外表和第一印象有關。

在皇帝牌圖案上經常會看到代表牡羊座的公羊角圖象。皇帝就是這個星座的純然體現，因為他是以行動為導向、最具前瞻性思維的代表人物。皇帝從不害怕負責任，是無所畏懼的捍衛者，就像以這個星座命名的希臘戰神阿瑞斯一樣。

在這一天

今天是牡羊座開始的第一天。

牌陣概述

這個牌陣是根據牡羊座的星座特質設計出來的，包括要求很高、雄心勃勃、講求效率，以及展現十足的勇氣、領導力和決心等。

擺出陣型

牡羊座特質牌陣的陣型是公羊角的形狀，亦即牡羊座的星座符號圖形。

1. 此刻我需要表達出來的是什麼？
2. 我是用什麼方式在領導他人？
3. 我在哪些方面容易任性、剛愎自用？
4. 我對自己有什麼要求？
5. 野心會把我帶到何方？
6. 我在何種情況下最有效率？
7. 我夠勇敢嗎？

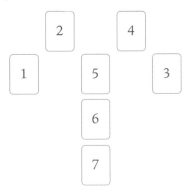

命運之輪牌陣
Wheel of Fortune Spread

在這一天

1630 年的今天，麻薩諸塞灣殖民地的官員頒布了一項法令，禁止所有紙牌、骰子和賭桌。連身上帶著塔羅牌都可能被抓。

牌陣概述

命運之輪的圖標經常讓人聯想到賭博。這個牌陣是依據命運之輪上的符號設計出來的，看看這個幸運符號可以把你帶到哪裡去。

擺出陣型

這個牌陣可以回答任何一種問題。你可以在擺設牌陣之前先列出問題，也可以單純根據抽到的牌來回答問題。先將命運之輪這張牌從整副牌中取出，放在牌陣正中央，然後把抽到的牌擺在四周圍。

1. 輪子：我的能量正在往哪裡流動？
2. 司芬克斯：我生命的謎題是什麼？
3. 蛇：現在的力量在哪裡？
4. 胡狼：什麼正在往上升？
5. 獅子（獅子座）：我在什麼事情上需要堅強？
6. 公牛（金牛座）：我對什麼事情很固執？
7. 人（水瓶座）：是什麼讓我成為一個人？
8. 老鷹（天蠍座）：有哪些想法正在盤旋？

命運之輪的圖案很早就出現在中世紀的手稿和歐洲各地的教堂壁畫，比出現在塔羅牌還要古老。這個符號歷久不衰，因為它提醒著人們生命的無常短暫。

命運之輪預示一個新、循環的開始，但與代表嶄新開端的愚人牌不同，命運之輪是從過去經驗得到教訓以展開新的一輪。輪子也表示命運的無常變化、短暫好運，有時也代表意外之財。命運轉動她的輪子，依附在這輪上的人，其命運亦隨著她的輪轉起起伏伏。

哲學家牌陣
Philosopher's Spread

尼采在四十四歲時精神失常。他寄給朋友的信，署名是「被釘十字架的戴奧尼修斯」。後來他被安置在精神病院，由他母親照顧，一直處於半清醒狀態，直到他五十六歲去世。

哲學是對知識、現實和存在本質的研究。女祭司的現實世界完全建立在她內在的知曉與智慧領域中。

在這一天

尼采（Friedrich Nietzsche）是全世界最具影響力的現代哲學家之一，1869年的今天在萊比錫大學獲得博士學位。

牌陣概述

尼采質疑現實、俗世以及我們賴以生存的一切，他認為，無論最終結果如何，生命的基本準則都應該被檢視。哲學家牌陣是利用基礎哲學問題來發現你對存在本質的看法。

擺出陣型

這個牌陣非常適合跟朋友或一群小團體一起進行。每一個問題都可以拿來當作小組討論的題材。用塔羅牌作為小組討論的焦點，輪流根據抽到的牌來回答問題。

將紙牌排成圓形，象徵永恆無始無終，最後一個問題則放在中央圓心的位置。

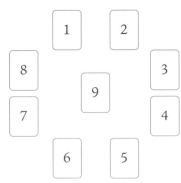

1. 為什麼是有而不是無？
2. 我們的宇宙是真實的嗎？
3. 我們有自由意志嗎？
4. 上帝存在嗎？
5. 死後有來生嗎？
6. 我真的可以客觀地經驗一件事情嗎？
7. 我們如何知道什麼是對的或什麼是錯的？
8. 如果你無法真的看到數字，那數字是什麼？
9. 什麼是存在？

衝突的解方牌陣
Conflict Resolution Spread

在這一天

今天是羅馬曆法中大天使加百列的節慶日。加百列是傳遞訊息的大天使，因為祂曾告訴伊莉莎白和馬利亞，她們將生下施洗約翰和耶穌。祂還曾向穆罕默德口述伊斯蘭教的根本經典《古蘭經》的內容。嗯，聽起來有點像算命師和靈媒，對不對？

牌陣概述

感覺水星逆行嗎？還是因被人誤解而痛苦？這個牌陣是來自掌管訊息溝通的守護天使加百列之啟發，能夠幫助眾人、同事、朋友、情人或家庭成員之間化解衝突，促進彼此的溝通。

擺出陣型

把牌陣擺成圓拱形，代表溝通的橋樑。

1. 我可以主動出擊嗎？
2. 什麼事情讓我明白我無法改變他們？
3. 現實的期待是什麼？
4. 什麼事情有助於溝通？
5. 我如何才能成為更好的傾聽者？
6. 我能快速修補傷害嗎？
7. 如果站在他們的立場，我會看到什麼？
8. 什麼可以幫助我原諒對方？
9. 我們可以尊重彼此的不同意見嗎？
10. 最終結果。

衝突沒有解決，會導致怨恨心理，對健康和壽命造成負面影響。現在就把衝突解決掉，以免未來出問題吧！

大天使加百列吹著號角，代表上帝重新返回地球人間。現代對這個圖象的詮釋是：此為覺醒的號角，代表內在轉變即將發生。

泰坦（Titans）是曾經統治世界的古老神族，統治時期稱為黃金時代。後來經歷「泰坦之戰」，被一個更年輕的神族奧林帕斯（Olympians）推翻。

希臘神祇與塔羅的大阿爾克那其中幾張牌擁有相同的原型。單獨做這個練習，看你有沒有辦法將奧林帕斯忠告牌陣當中提到的幾位神祇與大阿爾克那牌對應起來。答案沒有所謂正確或錯誤，只是提供你一個發現原型潛在力量的思考練習。

在這一天

今天是希臘的國慶日，希臘人以街頭遊行和派對慶祝的方式，紀念當年成功反抗鄂圖曼帝國。

牌陣概述

希臘除了對當代世界的藝術、哲學、數學和科學有卓著貢獻外，他們還保存了全世界獨一無二的萬神殿。這個牌陣是利用十二位神祇從奧林帕斯山制高點所看到的視角，提供我們建議和忠告。

擺出陣型

每一張牌的回答都是一個建議。想像一下，每一位神祇正透過紙牌對你說話。

1. 宙斯：關於人生方面慈父般的建議。
2. 赫拉：關於家庭方面慈母般的建議。
3. 波賽頓：關於情緒方面的柔性建議。
4. 阿芙蘿黛蒂：關於愛情方面的美好建議。
5. 狄蜜特：關於創造力的積極建議。
6. 戴奧尼修斯：關於在生活中培養更多樂趣的感性建議。
7. 阿波羅：關於擁有知識的神聖建議。
8. 阿提米絲：關於與動物朋友溝通的愛心建議。
9. 赫密士：關於操控人生方向盤的堅定建議。
10. 雅典娜：關於憤怒情緒管理的嚴肅建議。
11. 阿瑞斯：關於生死問題的深沉建議。
12. 赫菲斯托斯：關於熱烈愛慾方面的明智建議。

坎伯的英雄旅程牌陣
Joseph Campbell's Hero's Journey Spread

在這一天

喬瑟夫·坎伯（Joseph Campbell）是神話學家、作家和講師，出生於 1904 年的今天。他創造了「追隨你的喜樂」（follow your bliss）一語，因為提出「英雄旅程」（Hero's Journey）的概念而聞名於世。

牌陣概述

這個充滿精神活力的牌陣，為你提供一個機會來檢視你目前所在的位置，以及你近期即將往哪個方向前進。

擺出陣型

1. 凡常世界：當下此刻。

2. 召喚冒險：什麼冒險在召喚我？

3. 拒絕召喚：什麼阻止我接受挑戰？

4. 超自然力量之協助：旅途上誰是我的嚮導／幫手？

5. 試煉之路：我的挑戰是什麼？

6. 遇見女神：什麼事情或什麼人是我的最愛？

7. 女性誘惑者：我最渴望得到的是什麼？

8. 與父親和解：什麼人或什麼事情在我生命中擁有至高終極力量？

9. 最終恩賜：如果我直接去挑戰這個力量會怎麼樣？

10. 兩個世界的主人：我如何接受這趟旅程的二元性，並將它整合到我的生命中？

11. 面對這個挑戰，我有什麼優勢？

12. 我能得到什麼回報？

13. 我有哪些改變？

導演喬治·盧卡斯說，他的電影《星際大戰》是受到喬瑟夫·坎伯的《千面英雄》（Hero with a Thousand Faces）一書之影響而寫出的。

愚人也可以代表踏上英雄之旅的靈魂。帶著一顆冒險的心以及對超自然力量的了解，他走過大阿爾克那牌的旅程，學習各項功課，終於成為一位英雄。

3月27日

鐵達尼號的單戀牌陣
Titanic's Unrequited Love Spread

凱特·溫斯蕾為了爭取鐵達尼號女主角「蘿絲」這個角色，每天寫紙條給導演卡麥隆，還附上一朵玫瑰，署名「你的蘿絲敬上」。卡麥隆最初對這個角色的設定是「奧黛麗赫本」這類型的女星，但凱特最後仍贏得導演青睞，這部電影也創下了史上最高票房的成績。

逆位戀人牌代表單戀、不可能有結果或是注定失敗的愛情。逆位牌義有時會跟正位牌義相反。戀人牌一般代表愛情和浪漫愛戀，逆位則可能隱喻這段愛情會石沉大海。

在這一天

詹姆斯·卡麥隆執導的電影《鐵達尼號》(Titanic)3D 版，於2012年的今天在倫敦首映。這部史詩般的浪漫災難電影打破了全世界票房紀錄，贏得數十項奧斯卡金像獎，並讓無數觀眾流下感動的淚水。

牌陣概述

沒有什麼比單戀更燒灼人心。傑克和蘿絲的悲劇和羅密歐與茱麗葉一樣：他們的愛情始終無法開花結果。「如果……會怎樣」，這個問題始終令人揮之不去。這個牌陣可以讓你檢視和釐清一段沒有結果的愛情。

擺出陣型

請記得，愛過之後失去，總比從未愛過要來得好。請按照以下陣型擺出陣型：

1. 我自己。
2. 我們之間相互吸引的情形。
3. 我愛的對象。
4. 為什麼我愛這個人？
5. 為什麼這個人愛我？
6. 為什麼我們不能在一起？
7. 如果我們在一起會怎樣？
8. 為什麼我們分開會比較好？
9. 我是否能表達我的愛？
10. 我學到什麼功課？

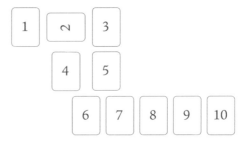

觀音菩薩的慈悲牌陣
Kuan Yin's Compassion Spread

在這一天

今天是慈悲的東方佛教神明觀音的誕辰紀念日，觀音是無限慈悲的菩薩（未成佛前的修行位階）。在馬來西亞，信徒會在這一天帶著鮮花水果和糕餅甜點等供品到觀音廟前敬拜。觀音也非常受到中國佛教徒的重視和喜愛，因為祂代表無條件的愛，是救苦救難的菩薩，也是婦女和小孩的守護神。

牌陣概述

這個牌陣以觀音為靈感，可反映出我們內心的慈悲本性。思考以下問題，幫助你打開你的心和靈魂。

擺出陣型

放下一切抗拒，然後擺出觀音慈悲牌陣之陣型：

1. 慈悲對我來說意謂著什麼？

2. 我是有慈悲心的人嗎？

3. 我在哪些方面沒有表現出慈悲心？

4. 我需要放下什麼，來讓自己擁有更慈悲的心？

5. 當我對人升起慈悲心，我有什麼感受？

6. 怎樣才能對我不喜歡的人升起慈悲？

7. 誰曾經對我展現慈悲？

8. 我如何才能把眼光放在人與人的共同點而非差異點？

觀音的慈悲心經常讓人聯想到吃素這件事。中菜素食餐廳常以觀音畫像作裝飾，許多佛教的素食宣導小手冊和雜誌當中也經常可以看到觀音肖像。

聖杯王牌代表如水般的溫柔之心，這樣的情感也是人類靈魂的共同源泉。正是這種能力，讓我們可以體會各種情感、愛、歡樂和痛苦──幾乎人類的所有經驗都包含在內了。

3月29日

當我們說一個人帶有「水星特質」，那就是代表此人口才絕佳、頭腦精明、思想敏捷。但有時候也代表一個人易變、反覆無常的個性。

在這一天

2011 年的今天，「信使號」（Messenger）太空船向地球發送了第一張水星軌道照片。這艘太空船經過六年的漫長航行才抵達水星，傳回了蜘蛛狀隕石坑和貧瘠的山谷、山脈、高地和平原等多張水星景觀圖像。

牌陣概述

在占星學上，水星掌管所有訊息傳遞、日常表達以及思維想法。我們可以召喚水星的能量來提高溝通品質和提升生意業績。這個牌陣可幫你檢視你在業務上與人溝通的情形。

擺出陣型

將你的生意願景擺在正中央，四周用八個重要問題圍繞起來，同時觀想你的業務蒸蒸日上。

1. 我的願景是什麼？
2. 什麼可以打開我的感知力，聆聽別人的聲音？
3. 我是否有將自己的實力完全展現出來？
4. 我是否有保持清晰的思維？
5. 我是否充分表現自己的熱情？
6. 有利於我談判的助力是什麼？
7. 我是否有盡全力採取進一步行動？
8. 什麼事情在阻礙我？
9. 我如何用溝通能力來拓展我的業務？

所有寶劍牌都帶有溝通的意涵。寶劍國王和寶劍王后是塔羅牌中最擅長溝通的人物，他們利用口才、機敏智慧和說話技巧，精準傳達自己的想法。

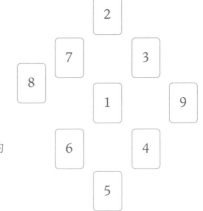

健康女神牌陣
Goddess of Health Spread

在這一天

今天是羅馬女神薩盧斯（Salus）的慶祝節日，這位主掌健康和安全保護、成功和好運的女神，她名字的字面意思就是「救贖」（salvation）。

牌陣概述

想要讓自己更健康？春天是最適合沉思關於健康問題的時間點，因為綠色植物和各種蔬菜紛紛從地裡冒出芽來，白天也逐漸變長。把冬天的厚重衣服脫掉，換上輕盈布料的服裝。這個牌陣是以古羅馬的健康女神為靈感，透過這些問題來幫你檢視你的生活方式是否健康。

擺出陣型

把紙牌排成蘋果的形狀，因為「一天一蘋果，醫生遠離我」：

1. 我的睡眠充足嗎？
2. 我有好好照顧我的人際關係嗎？
3. 我的飲食方式夠健康嗎？
4. 什麼能幫助我多吃健康的天然食物？
5. 我喜歡什麼運動？
6. 什麼事情能提升我的幸福感？
7. 什麼事情能提高我的創造力？
8. 我可以採取什麼行動來改善我的健康？
9. 為什麼我值得這樣做？

研究證實，大笑以及跟朋友交流可以增強免疫系統，降低壓力荷爾蒙。

錢幣九牌面上這位女士，是一位對自己非常有自信，而且把自己照顧得很好的女人，代表一個人的欲望和實際擁有的東西達到平衡和諧狀態。她明白真正的財富在於認識到自己擁有的東西（包括身體）之價值，因此能夠自在享受、怡然自得。

3月31日

有科學家認為，月球曾經是地球的一部分，在四十五億年前被一個火星大小的物體撞擊之後，月球才跟地球分開，形成現在的月球。

月亮牌代表潛意識內的危險思維已被喚醒。太陽光明普照，月亮則難以捉摸、千變萬化、神祕莫測。從水塘裡爬出來的螯蝦似乎也是受到月亮的影響。令人吃驚的事情紛紛浮出水面。你勢必要去學習和面對那個你未曾認識到的自己。

在這一天

根據古羅馬詩人奧維德（Ovid）所敘，今天是羅馬的月神節，他曾在書中描述到羅馬阿文提諾山上的祭拜儀式。羅馬神話中的月亮女神盧娜（Luna）是以太陽神的女性補體形象呈現。

牌陣概述

月亮與魔法、通靈以及陰性能量緊密連結。月球的運行週期也讓月相呈現豐富變化。這個牌陣的問題就是受到月相變化的啟發而設計出來的。

擺出陣型

在盈月期間感受月亮的光輝並擺設牌陣。這是充滿吸引力的時刻，請將美好事物吸引到你的生命中：

1. 新月：什麼事情是可能的？
2. 盈月：我正在吸引什麼？
3. 滿月：我的力量藏在哪裡？
4. 虧月：我需要擺脫什麼？
5. 月食：什麼讓我心情低落？
6. 月亮暗影：我的隱藏面藏匿著什麼？
7. 潮汐牽引：生活中哪一方面受到的影響最大？
8. 現在什麼是可能的？

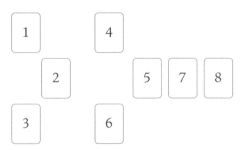

愚人牌牌陣
Fool's Spread

在這一天

今天是愚人節，所以可以二十四小時都惡作劇和開玩笑。沒有資料記載這種愚人節的惡作劇是怎麼開始的，也沒人知道為什麼會有這樣的節日，推測可能跟古代春季的繁殖儀式有關，在這個季節，陽光重返地球，與人類生命的延續相呼應。

牌陣概述

今天的牌陣是專為愚人牌設計的，問題也是來自這張牌的象徵符號。

擺出陣型

這個牌陣可以回答任何一種問題。你可以在擺設牌陣之前先列出問題，也可以單純根據抽到的牌來回答問題。先將愚人牌從整副牌中取出，放在正中央，然後把抽到的牌擺在四周圍。

1. 小狗：我的信仰是什麼？

2. 背包：我身上是否帶著過去的包袱？

3. 懸崖：前方有什麼看不見的危險？

4. 白玫瑰：我為了什麼而奮鬥？

5. 山：讓我感覺最輕鬆的地方是？

6. 愚人的臉向上看：如果追隨我的喜樂，那會怎樣？

7. 愚人的問題：我有跟隨自己的夢想而行嗎？

8. 編號零：存在著什麼樣的潛力？

在君主統治時期，弄臣（fools）或宮廷小丑往往是宮中唯一可以隨自己高興行動或說話的人。雖然他們的言行總是逾越正常範圍，但這種最局外人的身分實際上也為他們帶來了自由。

愚人牌代表嶄新的開端、全新的開始。因為他無所畏懼，愚人這張牌也代表著自由。如果你遵循愚人的道路，新的可能性就會出現，你所看見的風景也會截然不同。

安徒生經常陷入難以實現的愛情。在他死後，人們在他胸前發現了一個小袋子。袋裡裝著幾十年前的初戀情人寫給他的一封信。

童話故事中的魔法在權杖牌組中也發揮得淋漓盡致。除了代表火熱與激情，權杖牌其實也是帶有強大法力的魔法杖，任何持有這根魔法杖的人，只要下定決心想做什麼事，絕對都能成功。

在這一天

安徒生（Hans Christian Andersen）出生於1805年的今天，是深受世人喜愛的丹麥童話作家，作品包括《小美人魚》、《豌豆公主》和《國王的新衣》等。

牌陣概述

你知道你的人生也是一則童話故事嗎？所有童話故事都有共同的主題和動機。這些基本元素都可以在你的生活中找到，而這個牌陣可以幫助你找到這些元素。

擺出陣型

對著星星許願，挽起袖子，將牌陣擺出來：

1. 主角：我是誰？

2. 反派角色：我的挑戰是什麼？

3. 魔法：我如何施展法術？

4. 大自然：我跟哪一個大自然元素較親近？

5. 話語、藥水或物品：我的力量物品是什麼？

6. 超自然幫手：誰在看顧和幫助我？

7. 動物幫手：我的動物指導靈是誰？

8. 三倍魔法：創造力在我人生中扮演什麼角色？

9. 結尾：我目前這段旅程的最高潮是什麼？

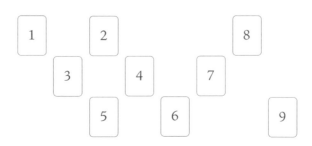

擲骰子算命牌陣
Rolling the Dice Fortunetelling Spread

在這一天

賭城艾爾蘭喬飯店（El Rancho Vegas）於1941年開業，成為聲名狼藉的賭城大道上的第一家賭場旅館。

牌陣概述

撲克牌、擲骰子、賭博、運氣和算命總是交織在一起、密不可分。骰子也可以拿來占卜。西碧·里克在她的著作《談算命》一書中有解釋，如何用擲骰子的方式來算命。將一個圓分成十二等分，每一等分是三十度，每一等分各對應一種訊息。依據擲出的骰子點數，就可得到對應的等分資訊。這個牌陣是借用西碧的方法，但是把骰子改成塔羅牌。

擺出陣型

第1等分：明年的活動。

第2等分：你的財務狀況。

第3等分：旅行的機會。

第4等分：居家生活氛圍。

第5等分：公司業務情況。

第6等分：健康情形。

第7等分：婚姻和夥伴關係。

第8等分：繼承和死亡。

第9等分：整體心理狀態。

第10等分：你的專業和職業。

第11等分：你的友誼。

第12等分：你的敵人。

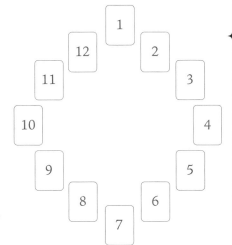

愛情的流動就像賭城的撲克牌和骰子一樣不受拘束。任何年滿十六歲的人，只要花五十五塊美金（約台幣一千七百元），就能在拉斯維加斯取得一張結婚證書。申請離婚的平均費用是四百五十美元（約台幣一萬四千元）。

命運之輪反映了人生的起起落落，它很可能是唯一一幅會出現在吃角子老虎機上的塔羅牌圖案。

我該住在哪裡牌陣
Where Should I Live Spread

美國大約有百分之六十二的人從出生後一直都住在同一個州。出生後都沒離開該州的人口比例，以佛羅里達州為最低。

在這一天

1956年的今天，美國女星葛麗絲‧凱莉（Grace Kelly）帶著她的家人、伴娘、貴賓犬以及八十多件行李，在紐約港登上開往法國里維埃拉的遠洋客輪。數千名紐約粉絲前來送行。在摩納哥，超過兩萬名圍觀者擠在街道兩旁，迎接他們未來的王妃。

牌陣概述

雖然葛麗絲‧凱莉搬家時大張旗鼓，但要做出移居決定可不是那麼簡單的事。如果你現在有重大決定要做，這個牌陣可以幫你找到你夢想的生活型態。

擺出陣型

1. 我應該搬到全新的地方嗎？
2. 如果不離開，我會不會覺得可惜？
3. 我喜歡什麼樣的環境？
4. 何種型態的住所會讓我感到舒適？
5. 我會想搬到很遠的地方嗎？
6. 我應該搬到別的國家嗎？
7. 我渴望住在什麼地方？
8. 我適合住在大城市還是小城鎮？
9. 文化對我來說很重要嗎？
10. 有朋友住在附近對我很重要嗎？
11. 其他人的意見會影響我的決定嗎？
12. 最後的結果是什麼？

聖杯八和寶劍六都是跟「移動、離開」有關的牌。這兩張牌都是在預示，未來前景會比現在好。聖杯八代表單獨行動；寶劍六則有其他人陪同一起離開。

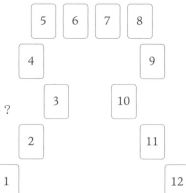

撰寫遺囑牌陣
Writing a Will Spread

在這一天

霍華・休斯（Howard Hughes）是世界知名大富豪之一，他在 1976 年的今天去世，沒有留下遺囑。在他死後三十四年間，他的財產一直存在爭議，最後在 1983 年平均分給他的二十二位表親。

牌陣概述

你寫遺囑了嗎？寫遺囑大多是為了你所愛的人，而不是為自己。它能保護你所愛的人和你的財產，並確保你的心意得以實現。這個牌陣最好是在你撰寫或修改遺囑之前進行。

擺出陣型

請記得，這可能是你要傳達的最後話語和願望。

1. 如何找到合適的律師？
2. 我希望他們如何處理我的遺體？
3. 誰可以確保我的心意得以實現？
4. 我應該如何表達我的心意？
5. 我有對我的資產進行過盤點和分類嗎？
6. 我了解贈與稅嗎？
7. 有沒有我想捐贈的慈善機構？
8. 關於我的生前遺囑，我需要做出什麼決定？

全世界最老的遺囑是在埃及的一座墳墓中發現的。西元前 2548 年，一位名叫烏阿的人，將所有財產留給了他的妻子泰妲。

正義牌告訴我們，人需要去協調各種可能性、思想看法及話語，才有辦法實現和表達心靈的獨立性。這件事在寫遺囑和簽訂合約時尤為重要。

阿波羅神廟的箴言牌陣
The Temple of Apollo's Know Thyself Spread

阿波羅德爾菲尼烏斯據說就是海豚身形的阿波羅神。根據傳說，他徵用了一艘海豚形狀的克里特船隻，並強迫他們在德爾菲海岸登陸，後來水手留在那裡成了島上第一批教士。

聖杯騎士，就像海豚身形的阿波羅德爾菲尼烏斯一樣，結合了戰士的特質和變形的能力，是一位性感且力量強大的騎士。

在這一天

德爾菲尼亞（Delphinia）是為紀念阿波羅而舉行的古希臘節日。節慶是以少女遊行、體育比賽和獻祭儀式來進行。阿波羅掌管預言、射箭、音樂和醫學，是希臘神話中最俊美、永遠年輕的神。

牌陣概述

你對自己了解多少？根據作家保薩尼亞斯（Pausanias）的說法，「認識你自己」（Know thyself）是刻在德爾菲的阿波羅神廟的三句箴言之一。這個牌陣是要讓你釐清，你對自己以及你親近的人認識多少。

擺出陣型

看著鏡子凝視自己。你知道你不僅僅是鏡中那位正在注視著你的變形者嗎？請將牌陣擺成阿波羅頭上經常戴著的桂冠形狀。

1. 我對宇宙的了解是什麼？
2. 我對地球的了解是什麼？
3. 父母親在我的生命中扮演什麼角色？
4. 我的身體和心靈相處和諧嗎？
5. 我有為自己創造可能性的自由嗎？
6. 什麼能激發我的好奇心？
7. 什麼讓我著迷？
8. 什麼能幫助我跟隨自己的真實道路？

```
        1        8

    2                7

    3                6

        4        5
```

慶祝的藉口牌陣
Reason to Celebrate Spread

在這一天

1933年的今天，羅斯福總統簽署了一項法案，允許製造商合法生產和銷售酒精含量百分之三‧二的啤酒。葡萄酒和烈酒愛好者歡欣鼓舞，因為今天標誌著離廢除禁酒令已經不遠。

牌陣概述

想要為自己慶祝一下嗎？這個牌陣可以幫你檢視生活中哪些事情值得你舉起酒杯慶祝一番。

擺出陣型

1. 我的性格特點中哪一點最棒？

2. 我身體的與眾不同之處在哪裡？

3. 誰愛我？

4. 為什麼我的家人都很棒？

5. 我獨一無二的天賦是什麼？

6. 為什麼我可以讓世界變得更美好？

| 1 | 2 | 3 | 4 | 5 | 6 |

地下酒吧（Speakeasy）是非法賣酒的地方，之所以稱為「Speakeasy」，是因為人們通常需要小小聲說出通行密碼才能入內。進入店內後，客人被要求「輕聲說話」，以免發出太大聲音引起警察注意。

節制運動是禁酒令得以施行的主因。節制運動提倡完全戒酒，跟平衡的概念以及塔羅節制牌的實際意旨完全不同。

寶劍的智慧牌陣
Wisdom of Swords Spread

塞勒姆獵巫事件起因於一群年輕女孩玩算命遊戲，這是嚴格的清教徒教條所禁止的。

在這一天

1692年的今天，伊莉莎白‧普羅克特（Elizabeth Proctor）和莎拉‧克洛伊斯（Sarah Cloyce）因被指控施行巫術而遭逮捕。她們兩人最終都未被送上絞刑架，但其他十九名婦女，則因為另一場集體獵巫事件，冤枉被絞死。

牌陣概述

塔羅牌能反映出人的各式各樣狀況。做出結束某人生命的決定，是屬於寶劍牌組的陰暗面。沒有什麼比嗜血和暴力思想更具破壞性，每一個牌組的特質如果發展到極端，都可能帶有致命力量。一般來說，人們最害怕的寶劍牌，對應的是風元素特質——也就是我們的頭腦思維、想法、推理和理解力。寶劍牌代表我們的智性理解力和我們對周遭世界的看法。這個牌陣就是依據寶劍牌組的基本特質設計的。

擺出陣型

請將紙牌擺成寶劍的形狀：

1. 改變：我需要改變什麼？
2. 力量：我如何完全發揮自己的力量？
3. 壓迫：我是否有壓迫自己？
4. 勇氣：我夠堅強嗎？
5. 衝突：什麼事情困擾著我？
6. 智性思考：如何重新審視自己的現狀？
7. 心智：如何擴展我的心智？
8. 行動：今天我應該採取什麼行動？

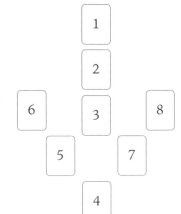

寶劍牌完全體現了雙刃劍的隱喻。你的每一個決定、想法或判斷，都同時存在著另一面，也許跟你假設的情況同樣正當。

假期牌陣
Vacation Spread

4月9日

在這一天

時代廣場於 1904 年的今天正式命名。一直以來，它都是紐約的文化集中地，它的歷史也反映了百老匯劇院、舞廳、餐廳和旅館的璀璨和耀眼。從七〇年代的低級偷窺秀、狂歡酒吧和賣淫，到當前的迪士尼化和中產階級化，它始終都是排名第一的旅遊景點，每年到此觀光的遊客超過三千九百二十萬人。

牌陣概述

你做好假期規畫了嗎？在你決定目的地後，擺出這個牌陣，看看旅行之神為你準備了什麼。

擺出陣型

帶著你的護照、太陽眼鏡和旅遊指南，然後把紙牌擺成飛機形狀。

1. 行程會有延誤情形嗎？
2. 如果延誤，我該如何解決這個問題？
3. 這個假期最重要的目的是什麼？
4. 我應該嘗試什麼新鮮的事情？
5. 會不會有豔遇？
6. 我如何充分利用我的假期？
7. 可能會發生什麼意想不到的事情嗎？

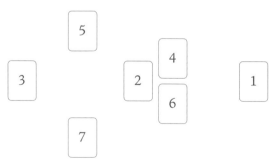

研究證實，休息放假可以減輕壓力和焦慮。與人感情交流，讓緊張得到紓解，重拾童稚之心。如果不可能放長假，可以考慮為期三天的週末假期。

權杖八代表安全快速的長距離旅行。這張牌反映出你的能量飽滿，無論你選擇什麼方向，都能加速前進。重點在於，要依照你希望的方向去引導能量，而不是讓它任意狂奔。

樹木是地球上壽命最長的有機體，它們的營養百分之九十來自空氣，只有百分之十來自土壤。樹木吸入二氧化碳、呼出氧氣，是我們地球的肺。

在這一天

1872 年的今天，內布拉斯加人慶祝了他們第一個植樹節。這個節日是為推廣種植和保護樹木而創設的，現在很多國家也都有此一節日，通常是選在春天。

牌陣概述

藥草、寶石和花朵都有魔法上的對應事物，樹木也是。這個牌陣注入了智慧之樹的魔法屬性，提醒我們放慢腳步，照自己的節奏去過生活，感受堅忍耐力帶來的非凡價值。

擺出陣型

用紙牌擺出樹，感受你的根深深扎進肥沃土壤，枝葉往上伸向天空。

1. 柳樹：什麼能提升我的直覺？
2. 蘋果樹：愛我的人是誰？
3. 樺木：什麼能提升我的健康？
4. 冷杉／松樹：什麼能帶給我力量？
5. 榛樹：什麼能提高我的創造力？
6. 橡樹：什麼讓我堅強？
7. 楓樹：什麼能帶給我成功？
8. 羅文樹：什麼能點燃我的魔法？

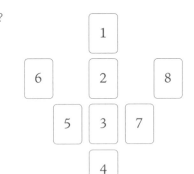

聖杯四這張牌上，那位坐著的人物背後是一棵知識樹。塔羅牌圖像出現的樹木，都是代表力量、知識和智慧的神聖符號。它們靜靜佇立，像在提醒我們伸展、扎根、堅穩不動搖。

從想像到真實牌陣
Imagination to Reality Spread

在這一天

第一代蘋果電腦於1976年的今天發布。幕後智囊史蒂夫·沃茲尼克（Steve Wozniak）在他的朋友賈伯斯建議之下，親手打造了這台機器並將它出售。第一代蘋果電腦大約生產了兩百台。

牌陣概述

你的夢想是什麼？所有的發明和創新都是從思想開始的。事物化為具象出現在物理世界之前，都是始於我們腦中一個無形的點子。這個牌陣可以讓你檢視腦中反覆出現的想法，幫助你將它們化現成真。

擺出陣型

1. 我所夢想的東西是什麼？
2. 為什麼我應該讓這個想法變成真實？
3. 如果我將它創造出來，我的生活會發生什麼改變？
4. 如果我將它創造出來，其他人的生活會發生什麼改變？
5. 我可以採取什麼實際行動讓它實現？
6. 我面臨到什麼困難挑戰？
7. 我要如何面對這個困難？
8. 我學到什麼功課？
9. 最後結果。

為了投入研發，賈伯斯賣掉他的休旅車，沃茲尼克以五百美元出售他的高端計算器。他們研發出的第一代個人電腦以 666.66 美元出售，因為沃茲尼克喜歡重複的數字。

創新是權杖牌陣的特徵，因為這個牌組帶有火的能量。權杖國王擁有勢不可擋的能量；這位眼光遠大的人，在工作完成之前是不會讓自己休息的。權杖國王的人格類型特別精於發明，像是電腦、燈泡、飛機等，是能夠改變人類文化和歷史的重要角色。

安・萊斯因她五歲女兒早逝而悲傷難抑，以極短的五個禮拜時間寫出《夜訪吸血鬼》這部小說。

在這一天

1976年的這一天，安・萊斯（Anne Rice）發表了《夜訪吸血鬼》（Interview with the Vampire）這部小說，這也是第一部描寫具有同情心的超自然生物的哥德式小說。她筆下的怪物都富有哲學思維、寂寞孤獨，而且內心經歷道德衝突。這與以往描寫恐怖超自然生物的哥德式小說差異極大。

牌陣概述

《夜訪吸血鬼》當中的主題和角色也經常出現在你生活中，這個牌陣列出的問題就是受到它們的啟發。

擺出陣型

穿好你的緊身衣裙，遠離陽光，先進行這個牌陣，然後到街上夜遊。

1. 路易：我是生性敏感的人嗎？
2. 萊斯特：我如何誇耀自己？
3. 克勞蒂亞：我是否保有童稚之心？
4. 永生不死：什麼可以永生不滅？
5. 改變：什麼能幫助我接受改變？
6. 失去：我失去了什麼？
7. 性欲：我如何滿足我的感官需求？
8. 力量：我應該在生活中的哪些方面運用更多力量？

聖杯騎士，就像生性敏感的吸血鬼路易一樣，是一個溫柔體貼的靈魂。這位騎士最不容易有暴力行為。他披風上的魚代表靈性和創造力，有翅膀的雙腳和頭盔則代表活躍且創意無窮的想像力。

八正道牌陣
The Noble Eightfold Path Spread

在這一天

今天是泰國、緬甸、柬埔寨和寮國的潑水節，慶祝佛教傳統新年的開始。在這一天，家人和朋友會到寺廟參拜，並相互潑灑清水來祈求好運。

牌陣概述

你在追尋智慧嗎？八正道是佛陀的主要教義。根據佛陀教導，八正道就是一個人結束痛苦、開悟覺醒的途徑。「正」這個字代表圓滿、連貫、智慧和善巧方便。

擺出陣型

讓心念靜下來，擺出這個牌陣。

1. 正見：實相的本質是如何運作的？
2. 正思惟：我需要解決什麼問題？
3. 正語：如何善用我的語言？
4. 正業：什麼是正當的行為？
5. 正命：我的謀生工作合乎道德嗎？
6. 正精進：如何喚起自己和他人的善心善念？
7. 正念：我如何全然活在當下？
8. 正定：如何培養對眼前所做事務的全然覺知力？

智慧		道德行為			精進修定		
1	2	3	4	5	6	7	8

潑水節的潑水傳統後來演變成人們歡樂打水仗的藉口。參加者會帶著水桶、水槍和水管對路上的每一個人潑水，甚至對警察也不例外。

佛教的八正道經常以法輪符號作為象徵，它就像命運之輪這張牌一樣，代表生命無常變化的本質。

4月14日

適合我的感情牌陣
Right Relationship for Me Spread

一名二十三歲的牛津大學畢業生死於修道院後,悲劇發生了。他的死被歸咎於參加克勞利的儀式。1923年,墨索里尼將克勞利逐出西西里島,但那座搖搖欲墜的建築至今依然佇立。

惡魔牌意謂著任何關係中都存在的權力和控制問題。情感依賴、對他人施以奴役、相互依賴等這些具有破壞力的行為,是這張牌的陰暗面。

在這一天

1920 年的今天,艾利斯特・克勞利(Aleister Crowley)在西西里簽訂了一張租約,打算作為泰勒瑪修道院(Abbey of Thelema)的地點。性魔法、瑜伽、儀式修練,以及對自由意志和快樂的追求,在克勞利的這個烏托邦社區內一一展開。

牌陣概述

你對你們的關係有所懷疑嗎?當你在關係之內,往往很難用客觀角度來看待兩人的關係。克勞利的社區內發生的情色活動,讓成員不得重新評估他們的處境。這個牌陣可以幫你檢視目前與對方的關係狀態。主要是針對戀愛關係,但也可用來檢視親密友誼。

擺出陣型

1. 我是否隱瞞我的關係不讓人知道?
2. 我是否對我的伴侶隱瞞了什麼?
3. 我是否要求我的伴侶去解決我應該自己解決的問題?
4. 我是否因為對方而完全迷失自己?
5. 這段關係是否經常上演情緒戲碼?
6. 我們是否互相激勵對方成為更好的人?
7. 我們是否有挪出夠多時間給對方?
8. 我覺得我的伴侶尊重我嗎?
9. 我的需求有得到滿足嗎?

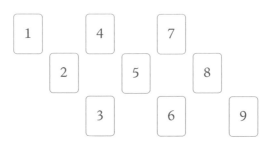

達文西的創意解方牌陣
Leonardo da Vinci's Creative Solution Spread

在這一天

1452年的今天，一名農婦生下了一個私生子，這個孩子長大後，成為文藝復興時期人文主義理想的代表人物。身兼雕塑家、發明家、數學家、建築師、植物學家、音樂家、解剖學家、作家等多重身分，更是有史以來最著名的畫家之一，他就是鼎鼎有名的達文西。

牌陣概述

你正在尋求解決方案嗎？所有走上偉大道路的天才都有一個共同點：他們會問問題。這個牌陣提醒我們，在尋找問題解答時——無論是為了治療、繪畫還是發明——唯有創造性思維能夠帶給你意識上的跳躍，為你找到最終的解答。請運用這個牌陣來幫你打開創意，解決任何工作或思想概念上的難題。

擺出陣型

1. 我想要得到什麼結果？
2. 我如何蒐集更多資訊？
3. 我在問題當中發現到了什麼固定模式嗎？
4. 我能徹底投入過程中嗎？
5. 什麼能幫助我以新的眼光看待這件事？
6. 什麼行動可以激發我的靈感？
7. 我有給自己足夠的孵化時間嗎？
8. 我缺少的必要元素是什麼？
9. 最終結果。

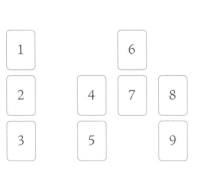

達文西從墓地偷屍體來研究人體解剖學。作為一名強迫症繪圖員，他在紙片上畫滿了各式素描、塗鴉和圖畫，約有四千張留存至今。

喜歡研究達文西作品的人，一定也會對耶森·吉夫謝列（Iassen Ghiuselev）和阿塔納索夫（Atanas Atanassov）的《達文西塔羅牌》非常感興趣。

4月16日

命運交織的城堡牌陣
Castle of Crossed Destinies' Inversion Spread

《命運交織的城堡》分為兩大部分。第一部發生在一座城堡中，使用的是維斯孔蒂—斯福爾扎塔羅牌。第二部發生在小酒館裡，使用的是馬賽塔羅牌。

在這一天

伊塔羅・卡爾維諾（Italo Calvino）的小說《命運交織的城堡》（The Castle of Crossed Destinies）於 1979 年的今天出版。故事中的人物皆因創傷事件而失去說話能力。每個人都使用塔羅牌而非語言文字來講述他們自己的故事。敘述者為他們解釋這些牌卡，但由於每一張牌都有自由解釋的空間，因此敘述者講述的故事未必就是該主角想要講述的故事。

牌陣概述

你是否注意過，同一個生命事件可以有不同的詮釋方式？這個牌陣是利用說故事的力量，要求你抽出特定幾張塔羅牌，而非隨機抽牌來講述你的生命故事。

擺出陣型

請用塔羅牌來講一個故事。想一下，你生命中有什麼值得探索，或具有戲劇性張力，或是淒涼絕美的故事。把能夠代表這些故事和人物的塔羅牌選出來，然後進一步根據重要細節選出其他卡牌。完成後，請一位朋友根據你選出的牌來解釋這個故事，你不需要事先告訴他們任何資訊。他們編出的故事與你的真實情況相差多近或多遠？你在他們詮釋的故事中有發現什麼新東西嗎？擺設牌陣時，請同時思考以下幾件事：

- 故事開始時你是誰？
- 哪些人對你影響最大？（此題請使用宮廷牌）
- 你渴望什麼？
- 實際上發生了什麼事？
- 你學到什麼？
- 結果是什麼？

大阿爾克那全部二十二張牌，可以被解讀成一個尋求開悟啟蒙的故事，也是英雄之旅的象徵。

摩根的理財責任牌陣
J. P. Morgan's Financial Responsibility Spread

在這一天

美國金融家 J・P・摩根（J. P. Morgan）誕生於1837年的今天。摩根不僅是歷史上最具影響力的銀行家之一，還是一位著名的書籍、繪畫和藝術品收藏家。

牌陣概述

你的理財哲學能得到提升嗎？藉助這位銀行巨人的幫忙，我們可以透過塔羅牌的視角來檢視自己的理財習慣。

擺出陣型

召喚 J・P・摩根的理財智慧，把牌陣擺出來。

1. 如果我明天死了，我家人的經濟會受到影響嗎？

2. 我有預留應急基金嗎？

3. 如何才能更省錢？

4. 怎樣才能將我的收入作最大利用？

5. 我的信用等級如何？

6. 退休後我要如何維生？

7. 我將來會為今天做的財務規畫感謝自己嗎？

8. 我忽略了哪些應該做的事情？

9. 我現在可以採取什麼措施來改善我的財務狀況？

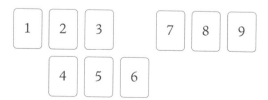

摩根是一位充滿熱情的古董收藏家。塔羅牌是他最珍貴的財產之一。他擁有最早版本的維斯孔蒂—斯福爾扎塔羅牌的三分之一；這些牌卡一直放在他私人書房的辦公桌旁，直到他去世。

錢幣十可能是整副牌中代表最有錢的一張牌，不過這張塞滿錢幣的牌也引出了一個問題：一旦擁有了有形物質財產之後，該把關注力放在哪裡？

美女與野獸內在美牌陣
Beauty and the Beast's Inner Beauty Spread

原版《美女與野獸》百老匯舞台劇的試鏡有三千三百多人參加,但只有三十人入選。

錢幣九描繪了一個非常有安全感的女士,她身邊圍滿了動物朋友,而且什麼都不缺。她獨自一人悠遊自在,內心相當滿足,只關心自己有興趣的事情。她也代表有成就的人,過著舒適優渥的生活,高尚優雅而且成熟老練。

在這一天

《美女與野獸》於1994年的今天在百老匯首映。這部深受世人喜愛的故事,取材自1740年出版的童話故事,揭示了恩典的內在本質,以及人們在發現恩典的過程中所學到的功課。

牌陣概述

塔羅能讓你變得更美嗎?內在美反映靈魂的本質。它與外表全然無關。這個牌陣的設計目的是為了讓你培養和探索自己的內在美元素。

擺出陣型

把牌擺成一面鏡子,它映照出你的靈魂,而非你可愛的外表。

1. 我的自信是建立在什麼事情上?
2. 什麼能幫助我保持健康?
3. 什麼事情讓我真正感到滿足?
4. 我對自己的什麼事情感到自豪?
5. 什麼事情讓我覺得好笑?
6. 如何對別人寬容大方?
7. 如何才能看到別人的美?

報春花魔法牌陣
Primrose Magic Spread

在這一天

今天是英格蘭的報春花節。報春花整株植物均可食用，可伴在沙拉或果醬中。在醫學上，它可治療頭痛和咳嗽，並可作為溫和的鎮靜劑。報春花在早春開花，也稱仙子花。你可以種植報春花吸引仙子來為你提升財運。

牌陣概述

想要尋求仙子的幫忙嗎？這個牌陣列出的問題，就是以報春花這種可愛花朵的知識和含義設計出來的，非常神奇喔！

擺出陣型

將牌卡擺成花粉隨著春風四處散播的形狀。

1. 如何讓自己的家更美？
2. 如何吸引愛情？
3. 什麼可助長情慾？
4. 如果我讓仙子開心，她們會如何幫助我？
5. 如何讓我的孩子保有正直赤誠之心？
6. 什麼能保護我免遭遇不幸逆境？

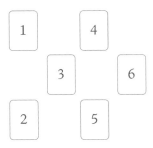

報春花一直被認為是一種具文藝氣質的花卉。《飢餓遊戲》系列電影中，女主角凱妮絲的妹妹就是以這種花命名，莎士比亞在《仲夏夜之夢》當中也提到了它具有美容功效，詩人約翰·多恩（John Donne）認為報春花代表女人味。

聖杯七反映的是薩滿教的異世界景象和生物，包括仙子國度。聖杯七提醒了我們，在我們的正常感知之外，還存在著多重世界。你會想要探索這樣的地方嗎？你敢嗎？

4月20日 金牛座特質牌陣
Qualities of Taurus Spread

金牛座的守護星是金星，代表色是藍色和紫色，幸運日是禮拜五，最容易帶來成功的地點是安靜的地方。金牛座掌管黃道十二宮的第二宮，這個宮位與金錢、財產及其精神價值有關。

教皇代表歷史悠久的信仰和傳統，他樂於分享他的知識和教授大眾關於有形物質與無形精神領域的功課。他擁有持久不衰的力量和耐心。跟女祭司牌和正義牌一樣，教皇坐在兩根圓柱中間，像是第三根柱子。他舉起手指，代表對他的忠實信徒和學生的祝福。

在這一天

今天是金牛座開始的第一天。

牌陣概述

這個牌陣是依據金牛座的星座特質設計出來的，包括指導性、安全感、感謝、耐心、務實、慈愛心性、創造力以及力量。

擺出陣型

將牌擺成金牛座符號的形狀，像公牛鼻子上的鼻環。

1. 我教導別人什麼？
2. 我在生活中的哪些方面缺乏安全感？
3. 如何對我愛的人表達更多感激之心？
4. 怎樣才能更有耐心？
5. 我必須在哪些方面更務實一些？
6. 我最熱愛的事物是什麼？
7. 我的藝術天分是什麼？
8. 我最大的優勢是什麼？

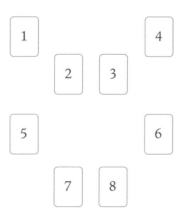

羅馬的祕密牌陣
Secrets of Rome Spread

在這一天

根據神話和口頭傳說，羅馬是在西元前753年的今天建立的。據說戰神瑪爾斯和一名處女生下一對雙胞胎之後便將他們遺棄，羅穆盧斯和瑞摩斯被一隻母狼養大後，決定建造一座城市。但兩兄弟在新城選址上起了爭執，羅穆盧斯將他弟弟殺死之後，建立了城市，並以他自己的名字將這座城命名為羅馬，之後還創建了軍團和元老院。

牌陣概述

想要度個小假嗎？試著用塔羅牌來遊覽羅馬吧！在古羅馬時代，羅馬甚至被稱為永恆之城。現今的羅馬遺址可說是個充滿神聖氛圍與神話的景點，城市歷史橫跨兩千多年之久，這個牌陣的靈感就是來自這座羅馬城。

擺出陣型

請將牌陣擺成羅馬拱門的形狀。

1. 古羅馬廣場：我生活的重心是什麼？
2. 梵蒂岡：精神信仰教導了我什麼？
3. 西斯汀小教堂：我如何與神聯繫？
4. 競技場：什麼樣的壯觀場面可讓我感官愉悅？
5. 地下墓穴：我心裡藏了什麼祕密？
6. 特雷維噴泉：誰想要吻我？
7. 義大利美食：我每天可以怎樣放縱自己？

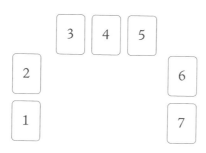

有些古羅馬人會將陰莖符號掛在前門上，作為繁衍和幸運的象徵。有時也會將陰莖的縮小模型當作幸運符來佩戴。

皇帝這張牌連結的是羅馬帝國主義歷史和凱撒大帝以及梵蒂岡的最高權力寶座。皇帝代表統御他人的權柄，也代表絕對陽剛的男性法則以及至高權力的家長。

四月 · April　　125

世界地球日是一項全球性的環境保護活動。根據網路統計，每年有超過十億人參加，堪稱是全世界規模最大的世俗公民活動。

錢幣侍者代表一位年輕人，他不僅關心現實情況，而且可以帶來變革。侍者手上的錢幣代表深入探究環境問題的強烈意願，犁過的田地代表成長的潛力。

在這一天

今天是世界地球日，這個一年一度的活動，旨在提高人們對環境的認識與欣賞感謝之心。最初於1970年設立，主要是受到1960年代反戰運動的啟發，對大眾進行環境議題的教育。

牌陣概述

你有從大自然得到智慧嗎？無可否認，我們都是自然界的一部分，而非與它截然分離。這個牌陣列出的問題，是為了促進你跟地球的連結，傾聽大地和地球元素的低語。

擺出陣型

將紙牌排成我們藍色星球的形狀，同時感受腳趾間的青草以及穿過頭髮的風：

1. 如何重新與地球連結？
2. 什麼有助於我擁抱大自然的力量？
3. 我最喜歡的大自然地點在哪裡？
4. 樹木帶給我什麼智慧？
5. 水帶給我什麼智慧？
6. 空氣帶給我什麼智慧？
7. 鳥類帶給我什麼智慧？
8. 我如何療癒地球？
9. 這對療癒我自己有什麼樣的幫助？

聖喬治屠龍牌陣
St. George's Slay the Dragon Spread

在這一天

今天是英格蘭的聖喬治日。根據傳說，聖喬治在鄉間旅行時，發現有一個村莊被一條可怕的龍下了詛咒。村民必須每天獻祭一名少女給惡龍，才能阻止牠的暴行。聖喬治來到這個村莊時，村裡唯一剩下的少女就是國王的女兒。聖喬治將惡龍殺死，拯救了公主和村莊。後來，英國騎士就以他的名字作為戰鬥口號，開戰前一定會大聲呼喊這個口號。

牌陣概述

想要踩煞車、停止某些不好的習慣嗎？這個牌陣是以聖喬治為靈感，可幫助你去除習以為常的壞習慣，為改變做好準備。

擺出陣型

聖喬治和聖殿騎士團一樣，身上都配戴著白底紅色十字的標誌。請將牌陣排成十字形狀。

1. 我要解決什麼問題？
2. 我要犧牲什麼？
3. 我該如何停止這個行為？
4. 我如何尋求資源協助？
5. 我可以採取哪些實際行動？
6. 生活因此發生了怎樣的變化？
7. 我學到什麼？

```
          [4]
[1]  [2]  [3]
     [5]
     [6]
     [7]
```

聖喬治同被伊斯蘭教和基督教認定為殉道聖人。

跟聖喬治一樣，權杖騎士渴望戰鬥而且行動迅速。權杖牌代表靈魂的激情熱力，而這位英格蘭守護聖人的心中也燃燒著同樣的熱情。逆位的權杖牌，也可解釋為宗教迫害的暴力行為，以及不願容忍他人，原本正向的精神能量轉變成具有破壞性的力量。

4月24日

危險調情牌陣
Flirting with Danger Spread

龐貝古城遺跡保存完好，你可以在那裡看到希臘式建築、噴泉、妓院、浴場、民宅，以及矗立在鵝卵石街道上的圓形劇場。

權杖牌呼應火山的能量、威力和潛在破壞力。適切引導激情和能量很重要。你會壓抑你的熱情讓它熄滅，還是以智慧來引導它，讓它照亮你的道路？

在這一天

維蘇威火山在西元79年爆發，將羅馬龐貝城和赫庫蘭尼姆全部覆蓋在火山灰之下，1872年的今天，維蘇威火山再次噴發。有二十名遊客逃生路線受阻，隨後被熔岩掩埋而喪生。

牌陣概述

你的小名叫作「危險」嗎？維蘇威火山是世界上最恐怖的致命火山，因為它的活動力很強，而且那不勒斯城附近人口密度很高。我們每一個人都承擔著一些生存風險，無論那個危險是真實還是想像。這個牌陣就是依據這個事實而設計的，主要在幫你檢視目前可能面臨的風險。

擺出陣型

把牌排成火山形狀，以此提醒自己，腳下大地並非如我們想像的總是那樣穩固。

1. 我認為什麼東西很穩固？
2. 當中我需要承擔什麼風險嗎？
3. 我已經承擔了什麼風險？
4. 那是必要的風險嗎？
5. 如果我平安脫險呢？
6. 如果我提高賭注會怎樣？
7. 這個風險為我設下了什麼界線？
8. 我學到什麼功課？

是否該表白牌陣
Should I Tell Them I Love Them Spread

在這一天

今天是威尼斯守護者聖馬可的瞻禮日。根據傳統，男人會在這一天送給他們心愛的女人一朵含苞待放的長莖紅玫瑰，因此也稱為「玫瑰花苞慶祝日」(Le Festa del Boccolo)。聖馬可灣也會舉行划船比賽來紀念這個日子。

牌陣概述

現在是向你心愛的人敞開心扉的時候嗎？這個牌陣就像一艘蜿蜒穿過威尼斯水巷的浪漫小船，要來揭開你的心底事。

擺出陣型

將牌擺成小船的形狀，仔細聆聽你的牌和你的直覺：

1. 這段關係目前是什麼情況？
2. 我對他們感覺如何？
3. 他們對我有什麼感覺？
4. 我們注定要在一起嗎？
5. 我是因為什麼而被吸引？
6. 為什麼他們是我的好對象？
7. 我應該向他們表白我的愛嗎？
8. 他們的反應會是什麼？
9. 最後結果如何？

玫瑰是愛情的象徵。對煉金術士來說，精神轉化的所有過程都因有了玫瑰而祕密發生。

塔羅牌上出現裸體圖案，都是代表脆弱、無力防備傷害。決定表露你的感情，可能會讓你受傷，但你不該因害怕受傷害就不去表白。

當我們達成某個目標之後，大腦會產生多巴胺，這是一種大腦神經的傳導物質，負責傳遞興奮及愉悅的訊息。多巴胺也能活化神經迴路，讓你想要去追求新的挑戰。

小而可實現的目標是屬於皇帝牌統管的領域。有了目標，你走上正軌，因為目標實現，你對自己更有自信，也讓你有持續前進的動力。戰車利用行動計畫來策畫他的成功之路。

在這一天

2009 年的今天，埃及拉罕金字塔周邊發現了大量木乃伊。他們的石棺上飾有鮮綠色、紅色和白色的死者圖像。其中三十多個保存完好，上面還刻有來世祈禱文。

牌陣概述

你準備要付諸行動並實現目標了嗎？ 金字塔，就像教堂的尖頂一樣，指向天空。你也可以用這種方式來檢視你的人生方向。把目標寫下來，可以帶給人愉快感受，也能讓你的目標更快實現。因為它可以讓你看到具體步驟和事情的進展程度。這個牌陣不是要問你問題，而是要你寫下在特定時間內可達成的具體目標。

擺出陣型

寫下六個月、十二個月和五年的目標時要切合實際。發牌時，牌面朝下。將牌陣擺成金字塔形狀。每一張牌分別代表實現該目標的具體方法和指南。

1. 六個月可實現的目標。
2. 六個月可實現的目標。
3. 六個月可實現的目標。
4. 十二個月可實現的目標。
5. 十二個月可實現的目標。
6. 五年可實現的目標。

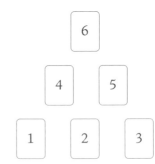

龍捲風牌陣
Tornado Spread

在這一天

2011年的今天,發生了有史以來最大的龍捲風。根據美國國家氣象局的統計資料,三天內有三百五十吧個龍捲風在超過二十一個州內橫行。而這一天數量最多,高達二百〇五個。

牌陣概述

有一種失控的感覺嗎?當暖空氣遇到冷空氣,就會形成強烈氣旋。龍捲風的不可預測性、破壞性和規模之巨大,讓人既著迷又害怕。這個牌陣是利用龍捲風的能量來檢視,當意外發生時你會有什麼樣的情緒變化。

擺出陣型

看著雲朵,感受風的方向,平靜地在桌上擺出陣型。

1. 風平浪靜時我應該注意什麼?

2. 什麼事情讓我發怒?

3. 什麼能讓我冷靜下來?

4. 我可能造成什麼傷害?

5. 當我失控時會發生什麼事?

6. 通常我會因誰或什麼事情而生氣?

7. 我如何收拾殘局?

8. 有沒有可能用冷靜的方式來表達自己的意見?

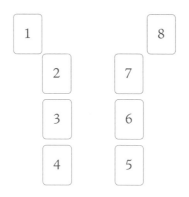

龍捲風任何時間都可能發生,但通常發生在下午三點到九點之間。龍捲風是地球上速度最快的風。它們有時會在路徑上跳來跳去,有些房子會被摧毀,有些房子則安然無恙。

跟龍捲風一樣,高塔牌也是力道相當猛烈且無法預測的,這張牌預示著毀壞力量、動盪不安以及突發的事件或情況。

4月28日

花神節的春天之花牌陣
Floralia's Flowers of Spring Spread

花神芙羅拉通常被描繪成頭戴花冠的形象，而且被刻在羅馬錢幣上。她的死對頭是一位名叫羅比古斯（Robigus）的黴菌之神，每次他一發怒，田裡莊稼就會遭殃。

錢幣九這位女士和她背後鬱鬱蔥蔥的風景，提醒著人們，獨自一人與大自然相處、在花園悠然漫步，有助於恢復精神活力。讓自己置身於大自然，張開耳朵去傾聽大地輕聲低語的智慧和甜美的交響樂曲。

在這一天

花神節起源於羅馬，西元前 238 年的今天，人們為女神芙羅拉訂定了這個節慶日。芙羅拉是掌管花朵、春天和生育的女神。在節慶期間，人們會以大眾遊戲和戲劇表演的方式來慶祝，最後一天則是馬戲團遊戲。

牌陣概述

想要從花園尋到靈感嗎？這個牌陣是用女神芙羅拉的春季花朵和維多利亞時代的花語來設計問題。

擺出陣型

想像自己身在溫暖春日陽光下的田野裡，四周大地生機勃勃，然後把紙牌擺成花的形狀：

1. 蘋果花：我愛的是誰？
2. 水仙花：誰對我是真心的？
3. 大理花：我需要注意什麼？
4. 風信子：什麼事情值得等待？
5. 飛燕草：什麼能讓我平靜？
6. 罌粟花：什麼能讓我歇息？
7. 雪花蓮（待雪草）：我可以盼望什麼？
8. 鳶尾花：我可以信靠什麼？

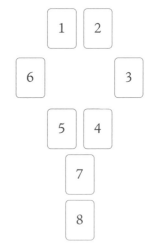

幸福婚姻牌陣
Happy Marriage Spread

在這一天

2011年的今天，凱特·密道頓和威廉王子在西敏寺舉行婚禮。英國和全世界都為這個童話成真感到歡欣鼓舞。威廉王子在肯亞度假時送給凱特王妃的訂婚戒指，就是他父親查爾斯王子送給他母親戴安娜王妃的那枚。

牌陣概述

結婚前一定要仔細考慮，這個牌陣的靈感就是來自婚前必須思考的問題。

擺出陣型

朱諾（Juno）是掌管婚姻的羅馬女神。她的名字就是英文六月（June）的由來，據說這也是最多人選擇結婚的月分。請將紙牌擺成聖杯十牌面上的彩虹形狀。

1. 我們像朋友一樣互相關心嗎？
2. 我可以對我的伴侶坦承和表現自己的脆弱嗎？
3. 關於我們之間的問題，我們已經找到好的解方了嗎？
4. 我們關心彼此的需要嗎？
5. 我們能互相尊重嗎？
6. 我完全信任我的配偶嗎？
7. 我們對於人生的期待是一樣的嗎？
8. 我需要知道的是什麼？

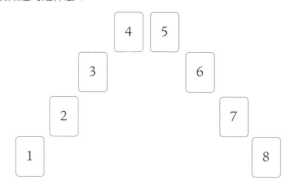

古希臘人認為，無名指內有一條直達心臟的「愛情之脈」，這就是訂婚戒指戴在左手無名指的由來。據記載，最早使用結婚戒指的是古埃及人，圓圈在古埃及文化中即代表永恆。

聖杯十代表婚姻幸福、家庭美滿。因此這張牌也被稱為「從此過著幸福快樂的日子」牌，代表它以樂觀態度迎接故事的圓滿結果。

愛的包袱牌陣
Lover's Baggage Spread

瓦爾普吉斯之夜是一個傳統基督教節日，剛好是在萬聖節之後滿六個月的這一天。

在這一天

今晚是中歐和北歐的傳統春季節日「瓦爾普吉斯之夜」(Walpurgis Night)，慶祝活動通常都是篝火晚會和舞蹈演出。今晚也是巫術圈的吉利之夜。

牌陣概述

過去的痛苦讓你感到心煩意亂嗎？覺得自己困在前一段情感關係中？請卸下你和你心愛的人身上背負的情感包袱。就著春日的皎潔月光，藉助這個牌陣來幫你看清你和你心愛之人的過往糾結。

擺出陣型

點一柱香，擺出陣型，讓自己從過去束縛當中解脫出來：

1. 這張牌代表我。
2. 我身上背負著什麼過往事件？
3. 我可以放開自己、讓自己自由嗎？
4. 這張牌代表我愛的人。
5. 他們身上背負著什麼過往事件？
6. 他們能放開自己、讓自己自由嗎？
7. 他們的過去有什麼問題嗎？
8. 他們對我忠誠嗎？
9. 我應該採取什麼行動？
10. 我們注定要在一起嗎？
11. 我從這段關係學到什麼功課？

寶劍八代表一個人被過去的問題緊緊束縛。她在腦海中一遍又一遍反覆重演過去的事，沒辦法讓自己的生命往前走。請讓這個受束縛的圖像來提醒你，去療癒那些令你傷痛之事，然後繼續往前進。

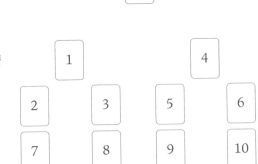

五朔節跨界牌陣
Beltane Crossing Over Spread

在這一天

凱爾特的「五朔節」（Beltane，或稱五月節、朔火節）是從五月一日前一天晚上月出之時開始。五朔節也標誌著凱爾特曆下半年的開始，跟這個節日相對的是「死神節」（Samhain，或稱薩溫節）。五朔節和死神節一樣，都是中土世界與異界之間帷幕最薄的時刻。在五朔節這一天，我們的祖先和鬼魂不會像他們在十月死神節那樣進入我們的中土世界，而是我們有機會進入他們所在的異界。

牌陣概述

你有沒有想過，另一邊的異界是什麼模樣？請隨著這個五朔節跨界牌陣進入異界陰間。盡情放縱你的好奇心，儘可能回答以下每一個問題。

擺出陣型

1. 異界是什麼模樣？
2. 聞起來帶有什麼氣味？
3. 我有遇到誰嗎？
4. 這裡的靈體快樂嗎？
5. 死後是什麼感覺？
6. 這裡有時間的存在嗎？
7. 你們在看顧著我嗎？
8. 你們會現身在我們的世界嗎？
9. 生命的意義是什麼？
10. 死亡的意義是什麼？
11. 我該把什麼功課帶回人世陽間？

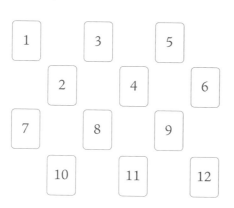

五朔節是新生與重生的象徵。地球的繁衍與性能量在一年中的這個時候達到頂峰。請在五朔節的月光下，親吻你心愛的人。

死神牌是一道門戶，引領靈體和亡靈通往彼岸。讓前人的智慧降臨到你身上。請記得，以你生命中的光明與溫暖交織成的共生舞蹈，來回報你得到的智慧。

尼斯湖魔法蘇格蘭牌陣
The Loch Ness Magical Scotland Spread

獨角獸會成為蘇格蘭官方代表動物，一點都不奇怪。

A・E・偉特在其著作《塔羅圖像關鍵》（Pictorial Key to the Tarot）當中首次發表的凱爾特十字牌陣，可能是有史以來最受歡迎的塔羅牌。你可以在當今大部分塔羅書籍或新近套牌當中看到它。凱爾特十字是一個圓當中有一個十字。蘇格蘭、愛爾蘭和不列顛到處都看得到凱爾特十字紀念碑，尤其墓園裡更多。

在這一天

據說1933年的今天，有人第一次目擊到尼斯湖水怪。一名商人和他的妻子向當地報社通報，說有一隻巨獸出現在尼斯湖，此一事件隨後成為新聞。

牌陣概述

你嚮往蘇格蘭高地的浪漫情調嗎？尼斯湖水怪只是組成蘇格蘭的眾多魅力元素之一，其他還有蘇格蘭格子裙、風笛、威廉華勒斯，還有霍格華茲城堡的靈感來源。由此我們很容易就能了解，為什麼蘇格蘭會被稱為魔法寶地。這個牌陣可以幫你在生活中編織起蘇格蘭的魅力。

擺出陣型

1. 城堡：我擁有什麼保障？
2. 小島群：我可以逃到哪裡？
3. 高地：是什麼把我帶到更高層次？
4. 薄霧：我生命中出現什麼謎團？
5. 格子呢裙：我的歸屬在哪裡？
6. 石楠花：我生命中有什麼魔法正在增長？
7. 威士忌：每天工作結束後，我該從事什麼活動讓自己享受一下？
8. 仙子：我可以請求什麼超自然神力來幫忙？

1	2	3	4
5	6	7	8

高塔牌牌陣
Tower Card Spread

在這一天

2003年的今天，位於新罕布夏州懷特山，深受人們喜愛的「山中老人」巨石崩塌了。這座被稱為「人面巨石」的山崖，一直受到許多人的崇敬，因為它的人臉輪廓給了他們許多安慰。

牌陣概述

崩塌和毀壞是高塔牌的主要含義。這張牌的出現和災難事件是在提醒我們，人在大自然面前應該有所覺悟和謙卑。這個牌陣是以高塔牌的圖像符號來設計問題。

擺出陣型

這個牌陣可以回答任何一種問題。你可以在擺設牌陣之前先列出問題，也可以單純根據抽到的牌來回答問題。先將高塔牌從整副牌中取出，放在牌陣正中央，然後把其他抽到的牌擺在四周。

1. 閃電：什麼把我敲醒？
2. 皇冠：什麼被推倒了？
3. 塔：我製造了什麼情況？
4. 山：我可以爬到多高？
5. 墜落：我能放下掌控權嗎？
6. 男／女：我如何保有二元性？
7. 火：什麼東西必須被燒毀？
8. 雲：我必須學習的更高真理是什麼？

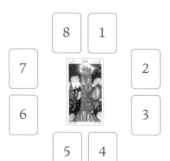

霍桑（Nathaniel Hawthorne）以新罕布夏的「山中老人」景觀為靈感，創作出短篇小說《人面巨石》（The Great Stone Face），這部小說在1850年出版。從1945年開始，山中老人巨石頭像一直是新罕布夏州的州徽。

除了破壞的含義之外，高塔牌還代表靈光一閃的頓悟時刻和超脫的經驗狀態，在這種狀態下，人超脫正常意識，進入更高層次的覺知與覺悟境界。

在漫威的漫畫書中，綠巨人浩克能夠騰空跳躍，而且每次碰到地面就會再次彈起，因此可以跳得很遠。

在這一天

2012 年的今天，漫威漫畫《復仇者聯盟》（The Avengers）首度登上大銀幕，劇中要角「綠巨人浩克」的演出栩栩如生。物理學家布魯斯‧班納博士因一次實驗意外被照射到伽瑪射線，導致身體產生突變，之後每當他生氣或受到威脅時，就會變身成綠色生物浩克。

牌陣概述

你很容易發怒嗎？當你感到焦躁或是「快要變成綠巨人浩克」，需要緩和情緒時，這個憤怒管理牌陣應該可以幫得上忙。這個牌陣的靈感就是來自這位綠色超級英雄，可幫你檢視你的憤怒經驗。

擺出陣型

深吸一口氣，按如下方式擺出陣型：

1. 我為什麼這麼生氣？
2. 什麼事情造成這種情況？
3. 如果我把憤怒表現出來，會發生什麼事？
4. 如果我壓抑自己的憤怒，會發生什麼事？
5. 如果我讓情緒平靜下來，會怎麼樣？
6. 我應該採取什麼行動？
7. 我會得到什麼結果？

惡魔牌帶有憤怒和破壞力的黑暗面向，包括在身體和心理層面。如果沒有用愛和寬恕來調和，殘暴和固執的那一面就會不受約束而失控。

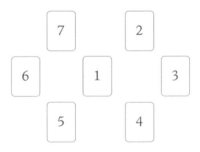

五月五日戰勝困難牌陣
Cinco de Mayo Against All Odds Spread

在這一天

今天是墨西哥的「五月五日節」（Cinco de Mayo），這是為紀念 1862 年墨西哥克服一切困難、戰勝法國軍隊的日子。當時法國軍隊的人數是墨西哥軍隊的七倍，而且訓練有素、裝備精良。不過，法軍最後在普埃布拉戰役中被擊敗，墨西哥軍隊贏得了令人震驚的勝利。

牌陣概述

你最想追求的東西是什麼？如果你有無法克服的困難，請利用這個牌陣來幫你實現這個艱難目標。勇敢去追求你真正想要的東西。要不然，你還有什麼方法可以實現那些瘋狂的夢想呢？

擺出陣型

利用軍事演習的概念，正面迎戰那道由紙牌築起來防禦之牆。突破這道牆之後，勝利就已經到手。懷抱遠大夢想，把牌陣擺出來。

1. 我想要做什麼事？
2. 我的第一個挑戰是什麼？
3. 我的第二個挑戰是什麼？
4. 我的第三個挑戰是什麼？
5. 我該如何面對第一個挑戰？
6. 我該如何應對第二個挑戰？
7. 我該如何應對第三個挑戰？
8. 會有什麼意想不到的結果？
9. 我會有什麼改變？
10. 我的獎品是什麼？

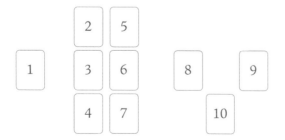

法國軍隊最後仍重新集結，繼續占領墨西哥城。不過，往後每年的五月五日，人們都會記住這一天墨西哥軍隊以弱勝強、奇蹟般取得戰役勝利的歡欣。

迎接一切挑戰所需的力量和熱情，都可以在塔羅的四位騎士與四位國王的充沛活力中找到。每一位國王的華麗長袍下都穿著盔甲，代表他們擁有無比的力量和勇氣。

佛洛伊德的精神分析牌陣
Freudian Analysis Spread

八十三歲的佛洛伊德與癌症奮戰失敗，請求醫生結束他的生命。最後在醫師協助下注射過量嗎啡而逝世。

在這一天

精神分析之父佛洛伊德出生於1856年的今天。據說佛洛伊德對蕨類植物以及數字62懷有一種病態恐懼，所以他從來不會在超過六十一間客房的飯店投宿，因為他擔心飯店會給他62號房。

牌陣概述

準備好要躺上精神分析師的沙發了嗎？這個牌陣是以佛洛伊德的幾個重要術語和基本概念為跳板，來檢視構成我們這種複雜且奇妙之生物的奧祕。

擺出陣型

大自然喜歡成對事物。這個牌陣是利用成對方式來比較和對比組成人格的各個面向。

1. 意識：什麼東西在我心中占有重要地位？
2. 無意識：什麼東西想要浮現出來？
3. 超我：我主要關心的和最迫切需要的是什麼？
4. 自我：我認為我是誰？
5. 本我：我的渴望、需求和欲求，那無法命名的核心是什麼？
6. 昇華：我如何將未滿足的欲望重新引導到有用的方向？
7. 快樂原則：什麼讓我感覺快樂？
8. 現實原則：什麼是我必須要做的？

月亮牌當中那隻從水塘裡爬出來的螯蝦，代表無意識的衝動或需求即將被揭露。當你發覺自己渴望著某些新事物，或是一直渴望某些東西卻沒有察覺，對你來說，這就是嶄新的時刻。

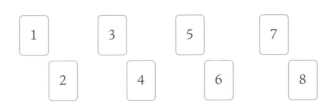

波本街牌陣
Bourbon Street Spread

在這一天

紐奧良是在 1718 年的今天由尚—巴皮斯特・勒蒙・德比恩維爾（Jean-Baptiste le Moyne de Bienville）所建立的城市。這座城市擁有獨特的歐洲風情，因先前曾是法國和西班牙的殖民地。

牌陣概述

感覺到享樂主義和邪惡的氛圍嗎？波本街標誌著紐奧良這座城市最古老的部分，也是城市的旅遊重心。這裡以酒吧和脫衣舞俱樂部林立而聞名，過去的紅燈區已經轉型成為商業旅遊中心。這個牌陣的問題就是根據舊波本街的陰暗元素來設計的。

擺出陣型

爵士音符縈繞在潮濕的空氣裡，你躲進一家茶葉占卜店，過往經歷悄悄在你耳邊低語。這個牌陣要來檢視一下你脆弱的靈魂。

1. 賣淫：我是否低估了自己？
2. 賭博：我冒過最大的風險是什麼？
3. 爵士樂：我有創新的精神嗎？
4. 跳舞：我如何釋放自己得到自由？
5. 喝酒：我能節制自己嗎？
6. 巫毒：我著了什麼魔嗎？

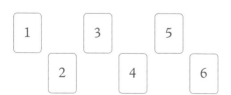

在紐奧良，生者與死者相隔並沒有那麼遙遠。這裡打過內戰、推行過奴隸制度，再加上被卡崔娜颶風摧殘過，難怪紐奧良會變成超自然界的秋葵濃湯，這裡也是美國鬧鬼最嚴重的城市之一。

波本街擁有紅燈區和聲色放縱場所的漫長歷史，就是受到惡魔牌能量的影響。惡魔除了代表誘惑和追求當下滿足，更是代表盡情享樂的能力。

梵谷的七大主題牌陣
Seven Themes of Van Gogh Spread

那天,梵谷以剃刀威脅畫家高更,盛怒跑到妓院,割下自己的左耳交給妓女。隨後,高更發現他昏迷不醒,滿臉是血。

在這一天

1889 年的今天,梵谷被送進一家醫院。醫院的建築和花園也成為他畫作的主題,包括著名的《星空》(Starry Night)。

牌陣概述

你跟梵谷的共同點可能比你知道的還要多。梵谷美術館整理了梵谷作品當中的七大主題。這個牌陣就是根據這幾個主題而設計的,旨在檢視你的內在特質和動機。

擺出陣型

將紙牌排成梵谷的漩渦形狀。

1. 熟能生巧:我正在精進練習什麼技藝?
2. 個人風格:我的獨特風格是什麼?
3. 色彩的影響力:我需要將什麼顏色帶入我的生活?
4. 農民畫家:如何讓生活更單純一些?
5. 日本的影響:我受哪一個外國文化影響最大?
6. 現代風格肖像:現代風格是什麼意思?
7. 大自然財富:我與大自然的關係如何?

女皇牌喚醒藝術家的創造力。她代表著肉體和精神的接合力量。當顏料碰觸畫布、文字躍然於紙上、身體隨音樂起舞,即是女皇能量現身的時刻。

艾略特的詩作牌陣
T. S. Eliot's Poets & Writers Spread

在這一天

詩人艾略特（T. S. Eliot）在 1922 年的今天寫信給他的贊助人約翰·奎因，信中提到他的詩作《荒原》（The Wasteland）。他在這本具有指標意義的詩歌作品中提到了塔羅牌：《荒原》的一個章節對索索斯翠絲夫人（Madame Sosostris）多所著墨，說她是一位算命師，是全歐洲公認最有智慧的女人，她用來算命的東西是「一副邪惡的紙牌」。

牌陣概述

你正在撰寫一本書、回憶自傳或是一首詩嗎？這個牌陣就是為正在催生新作品的作家、詩人或藝術家而設計的。

擺出陣型

像艾略特會寫在書頁上的文字一樣，擺出這個陣型。

1. 正在進行的寫作內容是什麼？
2. 我必須創造出什麼？
3. 這個作品必須表達什麼？
4. 為什麼現在做這件事對我來說非常重要？
5. 這部作品可以幫助我發現什麼？
6. 如何以最有說服力的方式完成這項任務？
7. 聚焦牌：什麼能幫助我全力專注於這項工作？

寫作對心靈產生的效果跟冥想一樣。寫作者進入文字自由流動領域時，呼吸會變慢。意識流寫作已被證實是一種有效的自我減壓方法。

寶劍國王和寶劍王后可說是整副塔羅牌當中的小說家。他們的表達天賦和敏捷思維使他們能夠傳達精密思想、運用適當詞彙並準確表達他們的想法。

5月10日 傑柏林的隱而不見牌陣
Court de Gébelin's Under Your Nose Spread

傑柏林和班傑明・富蘭克林都是共濟會九姐妹會所的兄弟，也曾在伏爾泰的共濟會入會儀式中擔任指導者。

在這一天

傑柏林（Antoine Court de Gébelin）去世於 1784 年的今天。他在塔羅牌歷史上占有重要地位，因為塔羅牌與神祕學知識的關連對應就是從他開始的。根據文獻記載，他是有史以來第一位宣稱塔羅牌是古老神祕寶庫的人。

牌陣概述

什麼東西明白擺在你眼前卻彷彿隱而不見？真理和智慧會直接現身在我們面前，但除非我們已做好準備，否則無法看見。當年，傑柏林對整個巴黎社會宣稱，塔羅就是埃及的托特之書——一本藏著古老神祕知識卻被人視而不見的書。雖然他的埃及理論最後被推翻，但他的影響力卻不容否認。

擺出陣型

讓我們假設，你需要的智慧或答案現在就藏身在你面前。請利用這個牌陣將它揭開。拋開你平時無限擴大意識的習慣，專注擺設這個牌陣。

1. 明顯擺在眼前的答案是什麼？
2. 如何挖掘隱藏的真相？
3. 我必須釋放什麼限制性的信念？
4. 我願意改變嗎？
5. 如果我允許自己，我會擁有什麼？
6. 我能不能仔細觀看我自己，看看從宇宙的角度看到了什麼？
7. 是否存在著什麼樣的可能性是我目前無法想像或理解的？

寶劍國王和傑柏林一樣，是知識淵博的學者，他有能力觸及廣大群眾，是因為他的權勢地位。

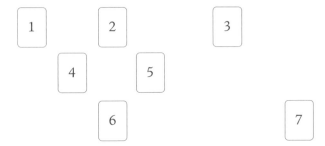

芙瑞妲·哈利斯的調色盤牌陣
Frieda Harris's Painter's Palette Spread

在這一天

畫家芙瑞妲·哈利斯（Frieda Harris）於1962年的今天去世。她與克勞利共同合作，並繪製了托特塔羅牌。

牌陣概述

你知道畫家的繪畫工具箱可以為你的性格提供線索嗎？芙瑞妲·哈利斯是用水彩來繪製托特牌的圖案。這個牌陣是以她的調色板為靈感，依據顏色的魔法象徵意義設計出來的。

擺出陣型

請把你的紙牌看作調色盤上的顏料。

1. 紅色：什麼讓我充滿活力？
2. 橙色：什麼給我信心？
3. 黃色：什麼激發了我的想像力？
4. 綠色：什麼讓我保持平衡？
5. 藍色：什麼能使我冷靜？
6. 紫色：什麼促使我運用直覺？
7. 白色：什麼幫助我找到平靜？
8. 棕色：什麼使我保持務實？

雖然哈利斯夫人是從克勞利那裡得到關於托特牌的相關資訊，但克勞利將創作功勞全歸功於她。他說，是哈利斯夫人讓這套牌的內在動能完全展現。哈利斯夫人堅持要他將這套牌的每一張牌都視為獨立存在的作品，可以跟其他牌截然分離、單獨存在。

女皇牌由金星主掌，是創造力的體現。以小麥、石榴和懷孕為象徵，她的繁衍能力不僅僅限於字面意義，而是帶有象徵上的意涵。她代表不斷湧現的想法和才華。

母親節牌陣
Mother's Day Spread

1700 年代的母親平均生下七到十個小孩；到了 1950 年代，平均生下三‧五個小孩；現代的母親則是平均有二個孩子。一位母親在她的寶寶滿兩歲時已經幫他們換過七千三百片尿布，沒有任何一位母親可以被人用「平凡」兩個字來形容。

在這一天

全世界第一個母親節誕生於1907年的今天。安娜‧賈維斯（Anna Jarvis）為紀念她已故的母親，發起將母親節定為法定節日的活動。賈維斯之後更創立了母親節工作俱樂部，來改善美國各地新興城市的衛生和健康狀況。

牌陣概述

無論是什麼樣的形式，母子之間的關係都確實存在於每個人身上。母親節牌陣可以幫你檢視你跟母親之間的微妙關係，讓你對這段關係有更清楚的了解。這樣，你就離認識自己又更近了一步。

擺出陣型

1. 我和母親關係如何？
2. 母親給我的最大禮物（天賦）是什麼？
3. 母親帶給我的最大挑戰是什麼？
4. 我和母親有什麼相似之處？
5. 我跟母親的不同在哪裡？
6. 以母親為對照，我如何定義自己？
7. 我如何對我們的關係致上最大崇敬？

女皇代表典型的母親形象，而小阿爾克那王后牌則代表你平日會遇到的母親類型。錢幣王后代表廚師、裝潢師、園丁，以及工匠型的家庭主婦。

驅魔牌陣
Exorcism Spread

在這一天

今天是古羅馬的「驅亡魂節」（Lemuralia）。標準驅鬼儀式是：一家之主會在半夜起床，光著腳丫在屋內到處走動，一邊唸咒語一邊扔黑豆。其他家庭成員則是敲打鍋碗瓢盆，以趕走那些在屋內游盪、尚未安息的鬼魂。

牌陣概述

希望你永遠不需要驅趕你生活中真正出現的惡魔。不過，總有些時候，如果我們生活中沒有某些習慣、某些人或某些事情，或許會過得比較好。驅魔牌陣是要檢視有哪些問題在阻礙我們，這樣我們才能將它們清除。

擺出陣型

請將紙牌排成 X 形。

1. 我最害怕什麼？

2. 我是自己最大的敵人嗎？

3. 什麼行為必須被驅逐？

4. 我如何摒除那些對我無用處的東西？

5. 我應該創造什麼？

6. 什麼必須重生？

7. 我必須吸收什麼觀念來增強個人自主權？

8. 我如何充分發揮我的本性？

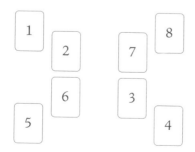

美國平均每年有四百件驅魔請求，但通常只有兩、三件可以得到教會批准。教宗若望保祿二世在 2000 年進行了一次不成功的驅魔。後來由另一位教士花了更多功夫才將受害者「潔淨」。

惡魔牌代表長期以來被指責為驅使人類做出可怕行為的惡魔。因為人們發現，將錯誤行為歸咎外在影響力比審視自己內心來得容易。

5月14日 洛克菲勒的平衡預算牌陣
Rockefeller's Balanced Budget Spread

約翰·D·洛克菲勒（John D. Rockefeller）終身不抽菸也不喝酒。他將大部分收入都存起來用於慈善事業，澈底革新了慈善事業的現代概念。他感謝他的母親給他的哲學觀，因為是她教導他「恣意浪費反生可怕欲求」（willful waste makes woeful want）之道理。

雖然錢幣四經常被認為是一張守財奴牌，但這張牌也代表了財務平衡的基本要素。數字四代表穩定和結構。正是憑藉著穩定和結構，金錢和投資才能獲益增長、財務興旺。

在這一天

慈善機構洛克菲勒基金會於 1913 年的今天成立。從出資設立約翰霍普金斯公共衛生學院和美國莎士比亞戲劇節等機構，到資助各種倡議和獎學金，該基金會包辦的慈善事業項目多到令人眼花繚亂。洛克菲勒本人也被稱為美國歷史上最偉大的慈善家。

牌陣概述

想要讓你的帳簿收支平衡？洛克菲勒在成為世界最偉大的慈善家之前，就先成為了世上最富有的人。他的財務帳簿是平衡的。受到他的啟發，這個牌陣可以幫你檢視金錢狀況和平衡你的預算。

擺出陣型

感受財務上的豐盛，然後擺出陣型。

1. 錢對我來說代表什麼意義？
2. 我和金錢能量之間關係如何？
3. 金錢能供給我什麼？
4. 我如何善用我的錢，讓它發揮最大效用？
5. 我的預算有盈餘還是短缺？
6. 我應該消減那些支出嗎？
7. 我下一個具體財務目標是什麼？
8. 什麼可以幫助我快速達到這個目標？
9. 我能用錢買到最棒的東西是什麼？

```
  [1]        [2]        [3]
      [4]        [5]        [6]
  [7]        [8]        [9]
```

水星特質牌陣
Qualities of Mercury Spread

在這一天

羅馬人認為，五月十五日是墨丘利（Mercury）的生日，他是為宙斯傳遞訊息的使者，以思想的速度旅行。水星繞行太陽公轉一週的時間是八十八個地球日；最早做出這個觀測的人，是西元前十四世紀的亞述天文學家。

牌陣概述

水星特質牌陣是以水星的占星對應來列出問題。思考這些對應關連，可以為你的生活帶來更多明晰。

擺出陣型

請將紙牌擺成魔術師舉起魔法權杖的手臂姿態。

1. 智力：我如何善用我的智力？
2. 語言：我需要把什麼話說出來？
3. 溝通：什麼能幫助我清晰溝通？
4. 記憶力：我的記憶力玩了什麼把戲？
5. 表達：我最好的表達方式是什麼？
6. 心智頭腦：如何培養心智敏銳度？

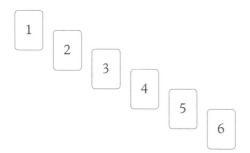

水星是雙子座和處女座的守護星。它的表面非常貧瘠，跟月球一樣布滿了隕石坑洞，而且沒有氣候系統或大氣層來保護它。

水星與魔術師牌對應關連，因為他擁有施展魔法、流利口才和改變現實的能力。魔術師的站姿顯示了赫密士主義「如其在上，如其在下」（as above, so below）的概念。微觀世界（你）和宏觀世界（宇宙）互為表裡。理解其中一個，你就能理解另一個。

5月16日

第一屆奧斯卡頒獎典禮的門票價格是五塊美金;共有二百七十人參加,儀式僅進行了十五分鐘。

在這一天

第一屆奧斯卡金像獎頒獎典禮在 1929 年的今天舉行。一場私人晚宴在洛杉磯好萊塢羅斯福飯店舉行。跟現代頒獎典禮的盛況比起來,當年的狀況和環境實在遜色太多了。

牌陣概述

你就是你生命中的大明星。奧斯卡金像獎牌陣列出的問題,都是根據奧斯卡獎項而設計的(你也可以用它來做占卜實驗,抽牌預測誰會在今晚這場好萊塢最大盛會摘下金獎)。

擺出陣型

就像拿到奧斯卡金像獎一樣,錢幣王牌描繪的是一個捧在手上的金色物體。你能穿過那道機會的門庭嗎?錢幣王牌象徵經濟利益、繁榮以及重新開始的機會。

避開討厭的狗仔隊,戴上墨鏡,把牌擺成馬丁尼杯的形狀。

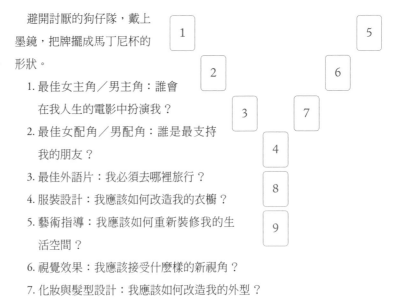

1. 最佳女主角／男主角:誰會在我人生的電影中扮演我?
2. 最佳女配角／男配角:誰是最支持我的朋友?
3. 最佳外語片:我必須去哪裡旅行?
4. 服裝設計:我應該如何改造我的衣櫥?
5. 藝術指導:我應該如何重新裝修我的生活空間?
6. 視覺效果:我應該接受什麼樣的新視角?
7. 化妝與髮型設計:我應該如何改造我的外型?
8. 最佳導演:我的人生應該導向什麼方向?
9. 最佳影片:我的生命敘事／故事的主題是什麼?

靈擺牌陣
Pendulum Spread

在這一天

愛倫·坡（Edgar Allen Poe）在 1845 年的今天發表了短篇小說《陷阱與鐘擺》（The Pit and the Pendulum）。這部描寫西班牙宗教裁判所酷刑的哥德式故事，登上了百老匯雜誌。

牌陣概述

你可以使用鐘擺（靈擺）來進行單張牌塔羅占卜。靈擺是將一個重物懸掛起來讓它自由擺動的機制。買一個戒指套在項鍊的鏈子上，就能輕鬆製作出臨時用的靈擺。

擺出陣型

準備一個靈擺。有些占卜師會在使用前先做淨化，跟淨化塔羅牌一樣。洗牌；想好你的問題，然後陳述出來。抽出七張牌，牌面朝下放在你面前。將靈擺一一放在每一張牌的上方，如果那張牌是答案，靈擺就會開始擺動。確定是哪一張牌之後，翻牌看答案。

你可以問任何問題，然後用單張牌來得到答案。

| 1 | 2 | 3 | 4 | 5 | 6 | 7 |

黃金黎明的成員葉慈（William Butler Yeats）批評愛倫·坡，認為他的作品非常低俗。葉慈說，《陷阱與鐘擺》「在我看來沒有任何永恆文學價值……，仔細分析〔它〕，你會發現那只是藉由庸俗的肉體恐懼來刺激神經。」

鋒利的寶劍王牌代表天才創意的起源。如果是逆位或朝外揮動，寶劍王牌就變成致命武器，隨時準備將敵人斬碎。這代表一個人可能變成聰明優秀的人，也可能變成具有破壞力的人，如果你抽到這張牌，代表你應該去執行你剛剛想到的好點子。

女皇牌牌陣
Empress Card Spread

女皇是女祭司的女性互補角色。女祭司擁有知識，但實際上使用和傳達知識的是女皇。兩者的二元性創造了極致的女性原型。

在這一天

亞奎丹的艾莉諾（Eleanor of Aquitaine）是中世紀最有權勢也最富有的女性之一，1152 年的這一天，她嫁給了英格蘭國王亨利二世（Henry II）。同時身為法國和英國的王后，她生了十個孩子，其中三位後來成為國王。她非常長壽，十個孩子當中只有兩個活得比她久。

牌陣概述

這個女皇牌陣的靈感就是來自亞奎丹的艾莉諾，問題則是以女皇牌上的象徵符號為聯想設計出來的。

擺出陣型

這個牌陣可以回答任何一種問題。你可以在擺設牌陣之前先列出問題，也可以單純根據抽到的牌來回答問題。先將女皇牌從整副牌中取出，放在正中央，然後把抽到的牌擺在四周。

1. 金星符號：我愛的是什麼？
2. 小麥：我如何滋養別人？
3. 瀑布：什麼情緒正在流瀉？
4. 十二星座皇冠：我是誰？
5. 權杖：我能發揮什麼力量？
6. 寶座：我維持什麼樣的穩定性？
7. 隱藏懷孕：什麼會被生出來？
8. 石榴：什麼樣的肥沃土地在等著你？

無論是哪一方面的創造力，女皇都表現出高超智慧。作為陰性特質之象徵與精髓角色，她代表母親原型，不僅創造生命，也支持生命的存續。

```
      8   1
  7   [女皇]   2
  6           3
      5   4
```

瑪麗·蓮夢露的欲望之火牌陣
Marilyn Monroe's Flames of Desire Spread

在這一天

1962年的今天，瑪麗蓮·夢露在麥迪遜廣場花園為約翰·甘迺迪總統獻唱了一首「總統先生，生日快樂」。這是瑪麗蓮最後的幾次公開表演之一，具有指標意義，不僅因為瑪麗蓮是性感的象徵，也因為她和總統之間的緋聞事件。不料短短三個月後，她就發生意外死亡的悲劇。

牌陣概述

心心念念著某個人嗎？強烈的欲望快要把你逼瘋嗎？瑪麗蓮·夢露激起人們的欲望；女人都想跟她一樣，讓男人想和她發生性關係。這個牌陣是利用這位性感人物，來檢視我們個人生活中的欲望本質。

擺出陣型

1. 為什麼這個人會激起我的欲望？
2. 他們的渴望能得到滿足嗎？
3. 這段關係能持久嗎？
4. 這個人是靈魂伴侶嗎？
5. 我應該相信自己的感覺嗎？
6. 我在投射什麼？
7. 我可以信任這個人嗎？
8. 可能發生的最糟事件為何？
9. 可能發生的最好事件為何？
10. 這段關係讓我學到什麼？

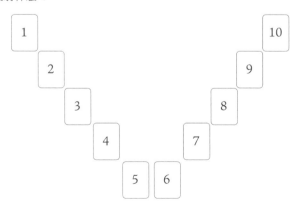

喬·迪馬喬（Joe DiMaggio）固定每週三次將玫瑰花送到瑪麗蓮·夢露的墓前，這樣持續了二十多年。

戀人牌當中出現許多代表欲望的象徵符號，包括十二道燃燒的小火焰、飽滿多汁的蘋果、一條蛇、一對全裸男女、熱力四散的太陽，還有背景那座像陰莖勃起的山。

5月20日

光以每秒十八萬六千英里的速度移動，聲音以每秒一千一百四十二英尺的速度移動，暴風以每秒五十二英尺的速度移動，而人類每秒的步行速度是四英尺。

星星牌喚起無需移動身體的行動。牌面這位人物正在倒水，但是身體沒有移動，她全心專注於手中。這張牌提醒我們，運動也發生在我們的精微體當中。內在的能量變化會影響外在行為。

在這一天

美國史上第一次超速被逮捕事件就發生在1899年的今天。主角是誰？紐約計程車司機雅各·傑爾曼（JacobGerman）。他在萊星頓大道上以每小時十二英里的速度開著一輛沒有馬的馬車而被捕入獄。

牌陣概述

速度是不是有點太快了？感覺快要失控？跟現代司機在公路上飛馳的速度比起來，時速12英里就被開出超速罰單，實在是太搞笑了！這也讓我們想到所謂的相對論，以及日漸求快的現代生活步調。這個牌陣可以幫助你思考生活中是否該放慢速度。

擺出陣型

慢……慢……地……把牌陣擺出來。

1. 我需要在什麼事情上放慢速度、多放點心思？
2. 我正在努力避開什麼？
3. 怎樣才能在開車時更享受？
4. 半路停下來聞聞玫瑰花香，我會得到什麼獎賞？
5. 如果我不放慢速度，那會怎樣？
6. 對我的身體會有什麼影響？
7. 我身體內部的導航系統該做些什麼數據上的小調整嗎？

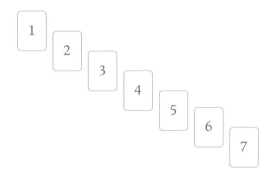

在這一天

今天是雙子座開始的第一天。

牌陣概述

這個牌陣是根據雙子座的星座特質設計出來的，包括：善於交際、聰明、好奇、表達能力佳、善變、喜歡調情、愛玩和精力充沛。

擺出陣型

把牌擺成雙子座符號的形狀，看起來很像羅馬數字的二。

1. 什麼能促進我與別人的溝通？

2. 我在哪方面特別聰明？

3. 我的好奇心天性會把我帶到什麼地方？

4. 什麼事情需要透過我來傳達？

5. 為什麼保持彈性很重要？

6. 我最吸引人的特質是什麼？

7. 我能不能讓自己輕鬆點、開心一點？

8. 二元性展現在我生活中的哪些方面？

9. 我應該把注意力放在哪種人際關係上？

10. 我生命中的哪個部分需要能量？

雙子座的守護星是水星，代表色是黃色，幸運日是星期三，最容易成功的地點是高海拔場所。雙子座掌管黃道十二宮的第三宮，這個宮位與基礎教育、人際溝通和手足關係有關。

在戀人牌圖案上的這對男女身上也可以看到二元對立性。靈魂伴侶常常會覺得彼此個性是互補的——真愛就是對方靈魂的心靈對比。雖然戀人牌這兩個人最終合而為一，但保有二元對立性和獨立性是絕對必要的。

哥德式酷刑牌陣
Gothic Torture Spread

哥德次文化形成於八〇年代倫敦音樂界的一個次級流派，之後迅速傳布開來。這個名稱是源自十九世紀的哥德文學體。

死神牌代表某件事情的開始而不是結束。哥德式風格和哥德式物件都有一個特徵，就是都會隨著陰影移動，它們在燭火上閃爍不定，在快樂和痛苦的邊緣搖搖欲墜。

在這一天

把你的陰暗面暴露出來，來點時髦造型，配上碎天鵝絨和蕾絲。今天是世界哥德日。

牌陣概述

準備好要探索那極致之境了嗎？哥德式酷刑牌陣不是要探討字面上的「酷刑」意義，而是要透過哥德式文化強調的主題，來檢視你內在玄奧的暗黑經驗。

擺出陣型

請將紙牌擺成古代生命符號安卡（ankh）的形狀。

1. 荒誕：我是否扭曲了什麼真相？
2. 恐怖：什麼讓我感到害怕？
3. 浪漫：什麼讓我興奮？
4. 詛咒：什麼使我煩惱煎熬？
5. 幽靈：什麼困擾纏繞著我？
6. 謎團：什麼謎團必須被解開？
7. 蒼涼：是什麼讓我感到空虛和淒涼？
8. 死亡：我失去了什麼？
9. 憂慮：我內心懷抱什麼希望，告訴我要去面對這種無力的狀況？
10. 創造力：什麼讓我內在陰暗面變得這麼美？

吸引力牌陣
Mesmerizing Spread

5月23日

在這一天

弗朗茨·安東·梅斯梅爾（Franz Anton Mesmer）出生於1734年的今天。他運用一種稱為「動物磁力」（animal magnetism）的理論，治癒了多種疾病。動物磁力的理論基礎是：宇宙一切萬物皆相互關連。他假設，如果我們的能量或所謂「宇宙流體」（universal fluid）受到阻塞，我們就會生病。英文的「mesmerize」（磁力）這個動詞，就是來自他的姓「Mesmer」。

牌陣概述

你的能量狀況如何？覺得活力滿滿還是疲憊不堪？這個牌陣是利用梅斯梅爾的理論來評估一個人的能量狀態。看看你的能量會吸引到什麼，以及如何調整以改善你的狀況。

擺出陣型

以三張牌為一組，擺出動物磁力牌陣：

1. 我現在的能量狀態如何？
2. 怎樣才能讓能量順暢流動？
3. 能量阻塞最嚴重的地方在哪裡？
4. 如何消除這個阻塞？
5. 什麼可以讓我保持健康？
6. 在這樣的能量狀態下我能吸引到別人嗎？
7. 我是否有吸引到好人進入我的生命？
8. 我有吸引到愛情嗎？
9. 我有吸引到金錢財運嗎？
10. 我最後應該做哪些調整？

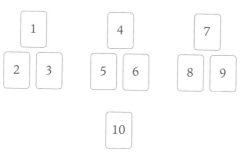

皇家委員會針對梅斯梅爾的理論進行調查，最後得到的結論說他是個騙子，梅斯梅爾因此名譽掃地。不過，他依然留下了珍貴的遺產，影響了現代催眠術的發展。

太陽這張牌描繪了一個人能量暢行無阻的最佳健康狀態，任何跟健康有關的問題，抽到太陽牌都是代表平安吉祥。在靈魂和知識啟迪之下，展現活力與光彩，你一定會成功。

5月24日

慶祝女王生日牌陣
Celebrate like a Queen Birthday Spread

占卜是維多利亞時代流行的消遣娛樂。年輕女性會用茶葉、掌紋手相、滴蠟、水果蛋糕、水晶球和紙牌等物品，來問出未來丈夫的名字以及回答她們所有問題。

小牌的四張王后牌代表完全成熟的女性特質，這是所有女性內在本就具有的能量，在男性身上也同樣具備。這四位王后都是代表滋養、個人安全感和自我意識。若王后牌出現在牌陣當中代表「過去」的位置，那代表此人有受到一位母親形象的女性或某位女強人的影響。

在這一天

今天是英國維多利亞女王的生日，她出生於1819年。「維多利亞時代」就是以這位女王的名字來命名，統治時間從1837年到1901年。維多利亞時代也是通靈術的鼎盛時期，降靈會、靈乩書寫以及顯靈板風靡一時。

牌陣概述

你可以在你生日的那天進行這個牌陣來為自己慶生。一共有九個問題，因為九這個數字代表願望實現。

擺出陣型

先洗牌。然後開始數數，把跟你年齡一樣的紙牌張數數出來，先放在旁邊。接著用剩下的牌再抽出九張牌當作蠟燭，擺在你的生日蛋糕周圍。

1. 我此生的目的是什麼？
2. 未來一年會跟現在有什麼不同？
3. 今年我在哪些方面可以做得更好？
4. 我應該把什麼新事物帶到生命中？
5. 我有哪些特別之處？
6. 如何欣賞自己？
7. 我應該送自己什麼禮物？
8. 我的生日祝福是什麼？
9. 我的生日訊息是什麼？

星際大戰牌陣
Star Wars Spread

在這一天

電影《星際大戰》於1977年的今天上映。

牌陣概述

這部史詩級電影使用了原力（the Force）的概念，根據歐比王·肯諾比（Obi-Wan Kenobi）的描述，原力是包圍在所有生命體四周的能量場。跟魔法一樣，原力也將一切有機生命體與銀河系連結在一起。星際大戰牌陣就是使用原力的概念，來探究你生命中流動的神奇魔法能量。

擺出陣型

將紙牌排成 X 翼戰機的形狀，這是反抗軍同盟所使用的太空船：

1. 什麼是原力？
2. 什麼能量在我生命中流動？
3. 如何訓練自己對自身力量更加敏銳？
4. 什麼擾亂了我的力量？
5. 我受到黑暗面的誘惑嗎？
6. 如何過濾掉像是恐懼這樣的情緒？
7. 我可以使用原力來展現慈悲嗎？
8. 我必須完成的人生使命是什麼？

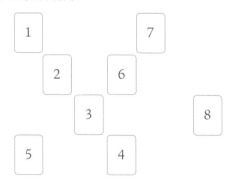

喬治·盧卡斯使用原型的神話結構創作出《星際大戰》。這部電影一直被拿來跟世界多個主要宗教信仰與靈修方法做比較，包括道教、佛教、印度教和基督教。

歐比王肯諾比和尤達大師過著隱居生活，與世隔絕，直到路克發現他們。當路克表明他已準備好要學習時，他們強大的知識終於得以釋出。隱士手上的提燈，象徵他即將與那些已經準備好的人分享他的所有知識──這也是在提醒人們一個古老觀念：只要學生準備好了，老師就會出現。

柏蘭史・杜克和偉特牌的繪者潘蜜拉・柯爾曼・史密斯夫人是好朋友，他們曾在倫敦蘭心劇院（Lyceum Theater）一起工作過。

藝術家兼作家羅伯特・普萊斯（Robert Place）根據小說《吸血鬼伯爵德古拉》創作出《吸血鬼塔羅牌》。他認為吸血鬼對血液的渴望其實是一種隱喻，暗示尋找聖杯的歷程——所有哲學家和煉金術士致力追求的生命之泉。

在這一天

柏蘭史・杜克（Bram Stoker）於1897年的今天出版了《吸血鬼伯爵德古拉》（Dracula）。在這部小說中，他為吸血鬼的現代樣貌做出了定義，成為我們現在看到的吸血鬼經典形象。

牌陣概述

有沒有一種想要吸人血的感覺？《吸血鬼伯爵德古拉》是講述德古拉伯爵試圖從瓦拉幾亞搬到英格蘭，以及隨後發生的善惡力量交戰之故事。小說中，史杜克引用了維多利亞時代女性性行為、移民以及後殖民主義等題材。這個牌陣就是利用這本經典小說中的主題來設計問題。

擺出陣型

將紙牌擺成兩根木樁的形狀。要抓緊——它們可以救你的命。

1. 旅行者：我要去哪裡？
2. 入侵者：我是不是感覺自己像個局外人？
3. 囚徒：我被什麼俘虜了？
4. 偽裝：我把自己偽裝成什麼？
5. 恐懼：我害怕和渴望的是什麼？
6. 孤立：我覺得孤單嗎？
7. 性：我可以表現出我的性需求嗎？
8. 嗜血欲：我最渴望的是什麼？

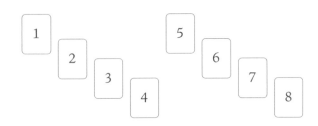

在這一天

法國算命師瑪麗·安妮·雷諾曼（Marie Anne Lenormand）出生於 1772 年的今天。雷諾曼當了四十多年的紙牌占卜師和手相占卜師。她在世時名氣就非常響亮，直到現在，於當代紙牌占卜師圈中依然盛名不墜。

牌陣概述

這個牌陣的問題靈感，是來自手相占卜師在分析個案掌紋時看到的線條。

擺出陣型

1. 猿線（The Simian Line，譯注：俗稱斷掌）：我如何管理思想和情緒？

2. 婚姻線（Marriage Line）：我的婚姻會長久嗎？

3. 子女線（Children Line:）：我會有幾個孩子？

4. 健康線（Health Line）：我身體會很健康嗎？

5. 直覺線（Line of Intuition）：我是敏感的人嗎？

6. 醫治或指導線（Medical or Teaching Lines）：我能夠幫助別人？

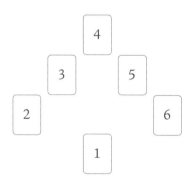

1807 年，雷諾曼女士幫拿破崙看了手相，並預言他會跟約瑟芬離婚。同年十二月，拿破崙完成離婚手續並將雷諾曼監禁在獄中十二天。這件事使她聲名狼藉，也讓她成為那個時代最受歡迎的手相占卜師。

小牌的每一張王牌都跟手掌有關係。請注意看，每一張王牌圖案上的那隻手都捧著該牌組的象徵符號。四張王牌都是編號一，代表你生命中一個循環週期、一個課題或篇章的開始。

5月28日

自由牌陣
Freedom Spread

國際特赦組織於 1977 年獲頒諾貝爾和平獎，因對世界和平、正義和安全的維護有所貢獻。

在這一天

國際特赦組織成立於1961年的今天。它是全世界最大的人權運動組織，在一百五十多個國家擁有超過三百萬名會員。該組織的使命是終結世界各地所有嚴重侵犯人權的行為。

牌陣概述

你擁有真正的自由嗎？因為無數人犧牲了性命，後世子孫才得以享有自由。當我們在喝茶看書的時候，世界另一端可能有一名婦女正赤身裸體躺在監獄牢房角落，只因為她們說出了自己的政治觀點。我們的孩子每天早上快快樂樂去上學，但在某些壓迫女性權利的國家，一個小女孩只不過想要接受教育，就在校車上被槍殺。這個牌陣探討了身而為人應享有的基本權利，尤其是基本的自由人權。

擺出陣型

請將紙牌擺成蠟燭形狀。蠟燭是國際特赦組織的標誌，典故來自一句中國諺語：「與其詛咒黑暗，不如點亮燭光」。

1. 我自由嗎？
2. 我有尊嚴嗎？
3. 我擁有基本必需之物嗎？
4. 我因受人掌控而受苦嗎？
5. 我可以自由發表意見嗎？
6. 我能自由離開我的環境嗎？
7. 我有支持系統嗎？
8. 我可以自由表達我的政治觀點嗎？
9. 我能做些什麼來幫助那些沒有基本人權的人？

惡魔牌最陰暗的一面是人權的侵犯，星星牌則是代表終極自由。牌面七顆小星星代表人體七大脈輪，一顆大星星代表宇宙能量的自由流動。

在這一天

1919年的今天，一次日全食現象為愛因斯坦的廣義相對論提供了證據。

牌陣概述

你正在重新思考某個重要決定嗎？當你找出解決方案後，請進行檢驗，以確保你做的這個決定是最好的選擇。這個牌陣的靈感是來自於你第一次做出決定時，可能會忽略的考慮因素。

擺出陣型

1. 我選擇這個解決方案是為了取悅別人嗎？
2. 我選擇這個解方是為了符合別人的期待嗎？
3. 我選擇這個解方是因為其他人都這樣做嗎？
4. 我選擇它是因為它做起來比較容易嗎？
5. 我是否做了對自己最好的選擇？
6. 還有沒有其他事情是我應該要考慮的？

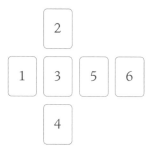

愛因斯坦死後，他的大腦切片被送到世界各地的科學家手中，他們得出的結論是，愛因斯坦大腦中的神經膠質細胞比正常人多。神經膠質細胞的功能是負責綜合訊息。

寶劍侍者代表敏銳且敏捷的頭腦，行動上非常果斷。善於處理人際關係、舉止優雅、充滿活力以及善於探測敵情，都是這張牌所代表的特質。當你需要做決定時，可以期待這位侍者來幫忙。

錢幣的智慧牌陣
Wisdom of Pentacles Spread

教宗本篤十六世最近要求西班牙神父跟跳嬰兒節保持距離，以淡化此一異教傳統與天主教的關連。

錢幣牌代表有形物質和意識的外部層界，它像一面鏡子，映照出你在健康、財務、工作和創造力方面的真實情況。錢幣牌也代表我們所處的外部環境，以及我們如何從外部視角來創造、形塑和擴展我們的生活。

在這一天

今天是西班牙北部小鎮莫西亞的神祕「跳嬰兒節」(baby-jumping festival of El Colacho)。這個節日的歷史可追溯到西元 1620 年。每年的這一天，鎮上所有未滿十二個月的嬰孩都會被放在小床墊裡，一個一個排在街道上。一位打扮成魔鬼的男人會從嬰兒身上一一跳過去，圍觀群眾跟著歡呼鼓譟。跳嬰儀式的目的，據說是為了洗淨嬰兒的原罪，確保他們一生平安。

牌陣概述

這個牌陣的靈感來自錢幣牌組，它代表有形物質世界中的任何一樣東西——包括人、金錢、物品和各種事物。塞在床墊裡的小嬰兒都是代表錢幣牌。

擺出陣型

將紙牌擺成錢幣的形狀。

1. 顯化：我正在使什麼變現成真？
2. 實現：我所實現的東西是真實的嗎？
3. 繁榮：什麼能為我帶來成功？
4. 健康：我如何保持最佳健康狀態？
5. 理財：如何吸引財富？
6. 你：我是誰？

瑜伽體式原型牌陣
Yoga Asana Archetype Spread

在這一天

1893年的今天，斯瓦米·維瓦南達（Swami Vivananda）從印度出發前往美國。在芝加哥世界博覽會上發表演說，這是瑜伽首次被盛大介紹給美國人。

牌陣概述

這個牌陣的問題是根據基礎瑜伽體式而設計的，旨在探索這些體式背後的含義和隱喻。無論你是否熟悉這些瑜伽體式，這個牌陣都對你有幫助。如果你個人有做瑜伽的習慣，可以在練習體式時思考這些問題。

擺出陣型

將紙牌排成下犬式的體式，這是一種能夠讓人恢復精神活力的全方位伸展姿勢。

1. 下犬式：什麼能幫助我轉向內在？
2. 樹式：為什麼強壯又靈活很重要？
3. 頭倒立式：什麼能幫助我從不同角度看世界？
4. 鷹式：我能明白什麼才是生命中真正重要的事物嗎？
5. 眼鏡蛇式：我能超越有形物質世界，窺探未知嗎？
6. 嬰孩式：如何培養年輕的心態？
7. 大休息：如何放下一切？

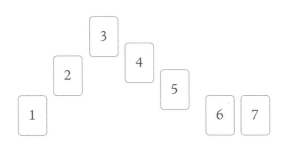

印度教和西藏哲學中都有所謂的「唵字咒」（om mantra）。據說它是宇宙的原始聲音，與第三隻眼（心識）脈輪相應。

像瑜伽士一樣，吊人的倒立姿勢讓他可以從全新的角度看世界。吊人牌通常也代表藝術家、預言家和神祕主義者。這張牌代表一個人來到抉擇的十字路口，有時也象徵一種暫時的停頓，以尋求更深智慧和預知力量。

站在北極，所有的方向都會指向南方。北極實際位置在北極海，這裡全年都覆蓋在浮冰之下，浮冰會在冰冷的海水中不斷移動。

不同占卜師對於小牌牌組的方位對應各有不同看法，但一般認為錢幣牌代表北方。

錢幣（土）＝北

權杖（火）＝南

聖杯（水）＝東

寶劍（風）＝西

在這一天

1831年的今天，人類第一次發現了地磁北極（Magnetic north）的存在。北極有兩個：「地磁北極」會因地球磁場改變而移動，而「地理北極」（真北極）則是地球表面最北的點。真北極位於地球自轉軸的頂部，也就是自轉點。地磁北極位置會移動，而真北極位置是固定的。

牌陣概述

你要往哪裡去？找到真北極對於正確導航非常重要。我們在人生旅途中航行，有時會發現自己偏離了軌道，讓我們無法確定自己的立場。這個牌陣可以幫助你找到適合自己的正確道路。

擺出陣型

月亮牌裡面有一隻即將踏上旅途的小螯蝦。請用紙牌擺出牠的路徑形狀。

1. 我現在走在什麼道路上？
2. 我應該走哪一條道路？
3. 如何調整我的行動路線？
4. 哪些跡象在為我指出正確方向？
5. 我在路上遇到誰？
6. 什麼讓我分心？
7. 路上遇到什麼挑戰？
8. 我應該把注意力放在哪裡？

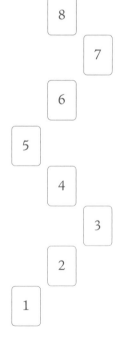

馬戲團牌陣
Circus Spread

在這一天

1871年的今天，傳奇商人巴納姆（P. T. Barnum）帶著他的馬戲團開始在全美巡迴演出，團名叫作「P‧T‧巴納姆的大巡演博物館、動物園、大篷車和競技場」。

牌陣概述

大帳篷和人群的喧囂聲是否讓你想起孩子般的驚奇和興奮？這個牌陣是使用經典的馬戲團元素來檢視你的人生。

擺出陣型

把牌擺成三環馬戲團的形狀。

1. 團長：我現在掌管什麼？
2. 小丑：我對哪一件事情沒有認真以對？
3. 雜技演員：我生活中哪些方面需要更有彈性？
4. 走鋼索：怎樣才能達到更平衡的狀態？
5. 惡魔突擊：什麼事情值得冒一切風險去做？
6. 手技雜耍：如果我不要凡事耍花招，那會怎麼樣？
7. 射飛刀：我應該瞄準什麼？
8. 畸形秀：什麼讓我害怕又著迷？
9. 人肉砲彈：我準備往哪個方向去？

```
  [2]        [4]        [7]
[1]  [3]  [5]  [6]  [8]  [9]
```

巴納姆展開馬戲團事業時已經六十多歲。他還身兼作家、出版商、慈善家，甚至政治家等多種身分。他曾在康乃狄克州的法務機關任職，也擔任過康乃狄克州布里奇波特市的市長一年。

錢幣二看起來像一位馬戲團的雜耍演員在耍雜技，因為他正努力讓兩個錢幣保持平衡。這張牌談的是平衡，以及最終做出決定的必要性。無論結果如何，保持靈活彈性很重要。

6月3日

戰爭的拉丁文是「bellum」，與「belligerent」這個現代詞彙相關連，字面意思就是「發動戰爭」。

在這一天

今天是羅馬戰爭女神貝羅那（Bellona）的節慶日。她通常是以身穿盔甲、手持長矛和火炬的形象出現，代表戰爭的陰性面向。羅馬元老院所有跟對外戰爭有關的會議，都會在她的神廟舉行。儘管女性角色在古羅馬時代受到嚴重壓抑，不允許女性參戰，但在神話裡面依然存在女性參戰的事蹟。

牌陣概述

什麼事情讓你發怒？聽過這句話嗎？「地獄烈火再怎麼熱，也比不過一個被鄙棄的女人心中的怒火」。這個牌陣的問題靈感是來自貝羅那，旨在探索什麼心理元素導致你氣到抓狂。

擺出陣型

深吸一口氣，按照以下陣型布牌：

1. 讓我生氣的是什麼？
2. 如何表達我的憤怒？
3. 情緒如何讓我變強？
4. 情緒如何讓我變弱？
5. 我能原諒自己嗎？
6. 我能原諒別人嗎？
7. 我如何放下憤怒？

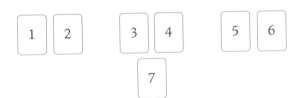

當權杖王后受到鄙棄時，她會變成戰爭女神。權杖牌對應的是火元素，這使她變得非常具有危險性、易怒而且情緒激烈。你只要想一下這個元素的絕對破壞力，就能理解，當這位王后被激怒時可能會變得多火爆。

改善性生活牌陣
Improve My Sex Life Spread

在這一天

性治療師兼媒體名人露絲‧魏斯海默博士（Ruth Westheimer），出生於1928年的今天。在1980年代，露絲博士因在廣播和電視上公開談論性愛和男女情事而聲名大譟，成為文化偶像。

牌陣概述

需要增添一點情趣嗎？這個牌陣是借用性愛大師露絲博士的智慧建議，來幫助大家提升性生活品質。

擺出陣型

1. 我的生活健康嗎？
2. 我和我的伴侶有足夠多的相處時間嗎？
3. 如何不把性愛當作例行公事？
4. 我如何有效傳達我的需求給對方？
5. 我的伴侶需要什麼？
6. 我可以嘗試一些以前沒做過的事嗎？
7. 我渴望做什麼樣的嘗試？
8. 重振性生活帶給我什麼意想不到的生活品質？

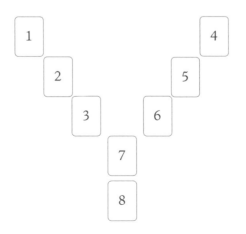

人們再也辦法拿頭痛當藉口來拒絕做愛了。科學家發現，性愛過程釋放的腦內啡（endorphins）能自然減輕頭痛症狀。

請特別留意高塔牌的陽具形象和爆炸意涵。它代表了極致的男性性高潮。星星牌接在高塔牌之後，代表了極致的女性性高潮和接受力。

6月5日

金星特質牌陣
Qualities of Venus Spread

金星掌管金牛座和天秤座。運行速度緩慢的金星，繞行太陽公轉一周需要二百四十三個地球日，金星表面平均溫度約為攝氏四六四度。難怪金星代表熱情、美麗和愛情的緩慢燃燒。

女皇牌圖案上出現的各種金星象徵符號，是在提醒我們，要將注意力集中在我們所熱愛、能夠帶來快樂的事物上。注意看女皇腳下的心形盾牌上就有一個金星符號。

在這一天

金星在 2012 年的今天出現凌日現象（solar transit）。凌日發生在非常罕見的行星排列期間。運行於地球和太陽之間的金星，在掠過太陽表面時看起來像是一個小斑點。由於金星是人類肉眼可見的行星，因此自古以來即出現在許多神話中，包括古巴比倫人也有文獻記載。金星是以羅馬神話中的愛神與美神維納斯之名（Venus）而命名。

牌陣概述

金星特質牌陣是以金星的占星對應來列出問題。思考這些對應關連，可以為你的生活帶來更多明晰。

擺出陣型

請把紙牌擺成愛心形狀：

1. 愛情：如何培養愛意？
2. 美麗：什麼讓我覺得自己美麗？
3. 激情：如何點燃激情？
4. 快樂：如何才能每天都覺得快樂？
5. 魅力：我最迷人的魅力在哪裡？
6. 人際關係：我生活中的哪些人際關係需要注意？
7. 金錢：我可以從事什麼小事業來多賺點錢？
8. 和諧：什麼樣的調整可以讓我生命更和諧？

```
      8        2
         1
  7               3

     6        4
        5
```

夏日歡樂牌陣
Summer Fun Spread

在這一天

1933年的今天，全美第一家露天汽車電影院在紐澤西州正式開張。

牌陣概述

露天汽車電影是夏日歡樂生活的代名詞。無論年紀多大，夏日的溫暖都會激起人內在的童心。這個牌陣是藉由探索夏天的各種元素，保證今年會是你這輩子最美好的夏日時光。

擺出陣型

將牌擺成露天汽車電影的銀幕形狀：

1. 我該規畫什麼旅行？
2. 我可以嘗試什麼新鮮的事物嗎？
3. 如何吸引夏日戀情？
4. 我應該開始一段新關係嗎？
5. 我應該放掉一段感情嗎？
6. 我的夏日風格主題是什麼？
7. 我應該開始做什麼新的運動或鍛鍊嗎？
8. 有沒有一直想做卻還沒做的事？
9. 我可以專注在什麼事情上，讓今年有一個最美好的夏天？

全美最大型露天汽車電影院之一，位於紐約長島的科帕格。占地二十九英畝，可停放二千五百輛汽車，頂樓設有全套桌邊服務餐廳，還有一套吊運車系統，可將兒童和成人載運到遊樂場。

聖杯三代表夏季生活的自在歡樂以及多采多姿的友誼。喜悅、成長，以及朋友社群的歡樂情趣都與聖杯三的能量有關。

6月7日 維斯塔女神的幸福家庭牌陣
Vesta's Happy Home Spread

維斯塔貞女（vestal virgins）是羅馬唯一的全職女祭司團體，主要任務是守護維斯塔神廟的爐灶，不讓聖火熄滅，因而被認為對羅馬的延續和安全具有重要地位。

錢幣王后是掌管住屋和家庭的女神。她能充分利用她所獲得的一切，也能看到一切事物的獨有價值，包括人和物品。她擁有照顧身邊周圍每一個人的特殊天賦。務實而且有智慧，鼓勵人們要照顧健康、要舉止合宜，而且要對別人仁慈友善。

在這一天

維斯塔利亞女灶神節（Vestalia）是古羅馬人為司掌房屋和家庭、爐灶和用火的女神維斯塔（Vesta）所設立的節日。維斯塔神廟的廟門只有在今天才打開，讓母親前來供奉祭品，祈求女神保佑全家幸福平安。

牌陣概述

準備做一些家務嗎？這個牌陣是以家庭幸福女神維斯塔為靈感而設計的。

擺出陣型

依照下圖擺出陣型：

1. 家中的能量狀態如何？
2. 如何建立我跟家的連結如同跟一個人建立關係？
3. 我如何讓我的家更舒適？
4. 如何拒絕不受歡迎的客人，以保護這個家？
5. 我跟家人的相處情況如何？
6. 我為什麼很愛我的家人？
7. 是什麼讓我的家庭得以穩固扎根？
8. 我可以做什麼事來讓我的家成為家人的避難所？

```
                              8

          6         1         7

                2         3

                4         5
```

捉鬼牌陣
Ghost-Hunting Spread

在這一天

喜劇電影《魔鬼剋星》（Ghostbusters）於1984年的今天上映，立刻就成為經典。電影是講述紐約市三位超心理學家開設了一家捉鬼公司的故事。

牌陣概述

當你計畫為自己進行一次獵鬼探險時，請試試這個牌陣。

擺出陣型

想三個你想造訪和進行調查的捉鬼地點。按以下方式布牌：

1. 第一個地點。
2. 第二個地點。
3. 第三個地點。
4. 誰是完美的捉鬼搭檔？
5. 我需要什麼特殊設備嗎？
6. 我會讓自己陷入險境嗎？
7. 我會發現什麼？
8. 會很恐怖嗎？
9. 我能保持冷靜客觀嗎？
10. 我會成為優秀的魔鬼剋星嗎？

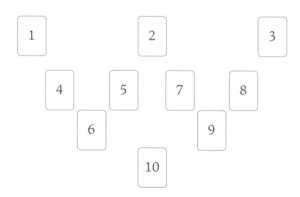

丹‧艾克洛德（Dan Aykroyd）是電影《魔鬼剋星》最早的背後推手，因為他的家人對死後世界極感興趣。他的祖父曾經自己組裝了一台特殊收音機，想要跟鬼魂世界溝通。

聖杯七代表如鬼魅般的行動，因為這些聖杯像幽靈鬼怪一樣徘徊在半空中。它們會和寶物一起消失無踪，還是會顯化為現實？只有時間能給出答案。

克勞利一直在為他的塔羅創作計畫尋找畫家，還請他的朋友克利福德‧巴克斯（Clifford Bax）幫他找人。巴克斯原本要介紹一位畫家給克勞利，但最後沒有成功，後來才轉而邀請哈利斯夫人。接下來就是你熟知的塔羅歷史了。

聖杯二是夥伴牌，可代表浪漫愛情、柏拉圖式友情或是商業夥伴關係。這會是一段平衡且和諧的關係。圖案中的赫密士雙蛇杖代表關係中存在的療癒元素。

在這一天

1937 年的今天，克勞利和哈里斯夫人經人介紹而認識。兩人後來一起創作了托特塔羅牌。這項計畫原本預定花六個月完成，沒想到拖了五年多。可惜的是，他們兩人在世時都沒能看到這套牌出版。

牌陣概述

這個牌陣的主題是要讓你思考夥伴關係，以及如何讓這段合作關係保持和諧。無論是愛情、事業或是柏拉圖式友情的夥伴關係都適用。

擺出陣型

思考一下目前的合作夥伴關係，擺出陣型來檢視。

1. 這張牌代表我。
2. 這張牌代表我的夥伴。
3. 我的期望是什麼？
4. 對方的期望是什麼？
5. 我為這段關係帶來什麼。
6. 對方為這段關係帶來什麼。
7. 是什麼原因讓我們在一起？
8. 為什麼我支持他們。
9. 為什麼他們支持我。

在這一天

同工同酬法於 1963 年的今天通過。它規定男女必須同工同酬。

牌陣概述

對工作感到不滿意嗎？以下這些問題能幫你檢視原因。問題釐清之後，解決方法就會自己出現。

擺出陣型

當你小時候在夢想未來時，你對自己的想像是什麼？以前的夢想跟你現在的狀態吻合嗎？如果不吻合，請用這個牌陣，讓你更靠近你的夢想一些。

1. 我目前的工作狀況。
2. 我喜歡它什麼？
3. 我不喜歡它的哪個部分？
4. 我是否安於目前的低就工作？
5. 我喜歡跟我一起工作的人嗎？
6. 我受到讚賞和重視嗎？
7. 我覺得這份工作有成就感嗎？
8. 我得到的報酬與我值得拿到的酬勞相符嗎？
9. 我對這個領域或行業感興趣嗎？
10. 這份工作符合我未來的目標嗎？
11. 我應該採取什麼行動？

```
    1           4           7
2       3   5       6   8       9
            10
            11
```

一般員工一輩子花在工作的時間超過九萬小時。

錢幣八代表一個人全心全意投入工作，並帶著驕傲和秉持精湛技藝在工作。

《伊利亞德》和《奧德賽》一開始都只是口述的傳統故事，經過好幾個世紀之後才被謄寫下來。

在這一天

西元前 1184 年的今天，特洛伊被攻陷並焚毀。詩人維吉爾（Virgil）的著名史詩《埃涅阿斯紀》（Aeneid）當中描述，經歷十年戰役後，希臘人如何重新制定新的戰略。他們建造了一匹大型木馬，把人藏在木馬裡面，假裝撤軍，只留下那匹馬。特洛伊人以為這是戰爭勝利的戰利品，就把木馬拉進城門內。夜幕低垂時分，希臘人從木馬裡面爬出來，打開城門，希臘軍隊攻陷特洛伊，終結了這場戰爭。

牌陣概述

你的生活中有特洛伊木馬嗎？只要有人用詭計將敵人帶入內部，都可以用上這個比喻。這個牌陣是為了幫你檢視那些進入你生活中的元素，這些元素可能跟你的福祉背道而馳。如果你發現自己有類似情況，而且很想改掉這些習慣，這個牌陣會很有用。偷偷躲在門後的敵人，往往都是我們自己。

吸引力和能量與權杖牌組相關連。權杖牌對應的土元素，為我們的身體帶來生命活力，為我們的行動帶來意圖，也為我們的工作帶來熱情。如果我們讓它們照亮我們的道路，權杖牌可以改變我們的世界。

擺出陣型

請帶著戰士的決心擺出這個牌陣。

1. 我把什麼錯誤信念當作真理來接受？
2. 我的這個信念導致了什麼負面情緒？
3. 為什麼我必須停止這樣做？
4. 我可以用什麼方法來擺脫它？
5. 我的生活因此發生什麼變化？
6. 我可以用什麼新的信念來填補這個空間？
7. 什麼能幫助我輕鬆處理這件事？

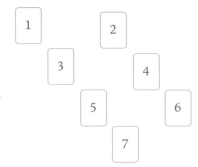

魔術師牌牌陣
Magician Card Spread

在這一天

今天是世界魔術節。無論你是喜歡哈利波特的神奇曲折魔法、大衛布萊恩等現代魔術師的壯觀魔術，還是儀式魔法師創造的神聖世界，你都可以用這個魔術師牌陣來慶祝這一天。

牌陣概述

魔術師牌陣是根據魔術師牌圖案中的符號來設計的，可以幫助你檢視你跟自身力量的關係。

擺出陣型

這個牌陣可以回答任何一種問題。你可以在擺設牌陣之前先列出問題，也可以單純根據抽到的牌來回答問題。先將魔術師這張牌從整副牌中取出，放在牌陣正中央，然後按照下圖把抽到的牌擺在四周。

1. 權杖：我從哪裡獲得力量？
2. 手指方向：我把我的力量引導到哪裡？
3. 倒 8 無限符號：我如何保持積極的能量流動？
4. 桌上的物品：我可以使用哪些工具？
5. 玫瑰：什麼正在顯化？
6. 百合：什麼正在轉化？
7. 銜尾蛇腰帶：什麼東西重生？
8. 黃色背景：我的想像力如何為我服務？

魔術師在古代塔羅牌中通常被描繪成騙子或是喜歡耍花招的術士。直到與神祕學連結的套牌出現，神祕學家才掌握魔術師牌的含義，將他提升到魔法師的層次。

魔術師代表純粹的意志；他可以隨心所欲施展魔法。他也代表讓事物顯化成真的能力，提醒我們每一個人都擁有內在力量、毅力、專長以及領袖魅力。

帕普斯的塔羅探索牌陣
Papus's Tarot Discovery Spread

帕普斯（Papus）完成繁複的塔羅專書《吉普賽人的塔羅：世上最古老的書》（Tarot of the Gypsies: The Most Ancient Book in the World）時才二十四歲，這本書也被稱為《波希米亞人的塔羅牌》（Tarot of the Bohemians）。

聖杯八這張牌跟旅程有關，無論是塔羅學習之路還是其他方面的旅程。在山中行走的這個人就是隱士，他正走在開悟啟蒙的路途上。他將一切俗世財產拋在身後，頭也不回往前走，這是一種隱喻，要追求更多東西之前，必先捨棄所有。

在這一天

化名為帕普斯（Papus）的法國醫生傑哈德‧恩考斯（Gérard Encausse）出生於1865年的今天。他沒有改變塔羅牌的歷史演進路線，但確實因為他的貢獻，使得塔羅牌和卡巴拉這兩個最大的西方魔法傳統有了更深的關連。

牌陣概述

帕普斯的塔羅探索牌陣可以讓你檢視個人的塔羅旅程。塔羅牌在實務上有很多形式；這個牌陣可以幫你找出最適合你個人的道路。

擺出陣型

1. 塔羅牌對我的意義是什麼？
2. 塔羅會在我的生活中解鎖什麼魔法？
3. 我如何從塔羅牌中蒐集到最多訊息？
4. 如果我出現害怕情緒，那怎麼辦？
5. 我準備好要幫別人占卜解牌了嗎？
6. 這套牌適合我嗎？
7. 怎樣才能發現真正的我？
8. 我如何以自己獨特的方式來使用塔羅牌？
9. 今天塔羅給我的訊息是什麼？

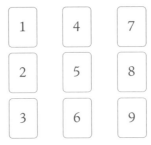

生命的六道輪迴牌陣
Six Realms of Existence Spread

在這一天

今天是西藏扎什倫布寺的三日慶典節日，這是一世達賴喇嘛創建的大型寺院。它的標誌是懸掛著一幅巨型唐卡（thangka，一種在絲綢或其他布料上創作的刺繡畫）。

牌陣概述

《西藏度亡經》（The Tibetan Book of the Dead）是一部喪葬度亡經文，內容描述人死後到下一次轉世之間的中陰身過度階段，心識靈魂所經歷的各種境界。這個牌陣的靈感是依據靈魂在每一個意識境界的經歷而設計的。

擺出陣型

把牌陣擺出來，展開西藏度亡之路。

1. 地獄道（酷刑）：我受什麼折磨？
2. 餓鬼道（貪欲）：我貪求什麼？
3. 畜生道（陰沉）：什麼事情讓我鬱悶？
4. 人道（平衡）：我如何老實活在這個身體裡面？
5. 阿修羅道（嫉妒和羨慕）：我羨慕別人擁有的什麼東西？
6. 天道（歡喜與無盡喜樂）：什麼能帶給我最大快樂？

能在靈界進出的關鍵，是明白它們實際上是空。它們是人類心識意念的產物；這就是為什麼死亡的瞬間就是一種解脫。它讓我們學到，如何在生死輪迴的流轉中過生活。

生命輪迴圖上描繪了六道輪迴的景象，對應了塔羅的命運之輪這張牌。

早期的降靈會經常會用一些誇張、戲劇化的方式來召喚鬼魂。現今的降靈會則是透過靈媒,收到的訊息仍然非常深刻且能啟發人心。現代通靈術無論在儀式或服務內容上,都跟其他宗教非常相似。

聖杯侍者是屬於靈媒、通靈和直覺的牌。她的高敏感度提醒人們,小孩子具有開放的本性,還有為什麼家中最先感知鬼魂存在的通常都是小孩。從侍者杯子裡蹦出來的魚,代表一個通靈心像或直覺畫面閃現。

在這一天

　　1873年的今天,唯靈論教會在紐約州北部選中一片小樹林,在那裡建造了一座唯靈論者和靈媒之城「百合谷靈修中心」(Lily Dale Assembly)。居民人口數大約是每年二百七十五人上下,但平均每年有二萬二千人前來參加研討會、講座,以及進行私人通靈。推理小說《福爾摩斯》的作者亞瑟·柯南·道爾也是唯靈論教會的早期信徒之一。

牌陣概述

　　你想和死去的人說話嗎?通靈術是十九世紀開始的一種宗教活動,透過跟靈界接觸來確認人死後的生活。男性和女性教士都是經過認證的靈媒,降靈會通常在教堂禮拜後進行。這個牌陣是依據通靈過程會提出的問題來設計的。

擺出陣型

　　以紙牌排成一條筆直線。

1. 來到這裡的是誰?
2. 你現在是什麼模樣?
3. 為什麼你今天要過來?
4. 我需要知道什麼事情?
5. 為什麼這件事很重要?
6. 你要告訴我的訊息是什麼?
7. 如果我聽從你的建議會發生什麼事?

1	2	3	4	5	6	7

夏日戀情牌陣
Summer Lovin' Spread

在這一天

充滿歡樂氣氛的音樂舞台劇《火爆浪子》（Grease）後來被拍成電影，1978年的今天在紐約市首映。

牌陣概述

你準備好迎接夏日戀情了嗎？電影中的主角桑迪和丹尼就是在暑假期間相戀的。片中令人難忘的一幕是「夏夜」（Summer Nights）這首歌出現的橋段，這個牌陣的靈感就是來自這首歌。

擺出陣型

當空氣逐漸變暖，適合在傍晚時分到海邊散步，來試試這個夏日戀情牌陣吧！感受海風輕撫你的皮膚，將腳趾塞進沙子裡，然後擺出以下陣型：

1. 代表我的夏日戀情的牌。
2. 我們是怎麼認識的？
3. 對方長什麼樣子？
4. 對方是什麼樣的個性？
5. 對方讓我感覺如何？
6. 我們一起做了什麼有趣的事？
7. 暑假過後我們還會繼續聯絡嗎？
8. 這段戀情能發展成長期關係嗎？

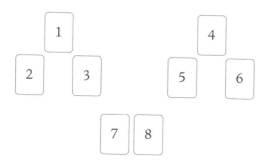

某些心理學家說，如果你有尚未解決的童年問題，長大就會愛上跟你父母很像的人。人似乎不知不覺會在成年後想辦法解決這種童年衝突。

權杖六代表勝利的慶典，描述人墜入愛河後的高張情緒。權杖牌代表新戀情的火熱、激情和興奮，而遊行通常也是在炎熱的夏季舉行。

突破界限牌陣
Pushing Boundaries Spread

史特拉汶斯基和時尚名人香奈兒有過一段戀情。他總是想盡辦法宣傳自己的作品，以應付他在瑞士、巴黎、法國南部、好萊塢和紐約的奢華生活。

在這一天

史特拉汶斯基（IgorStravinsky）出生於1882年的今天，他被公認是二十世紀最重要和最具影響力的作曲家。作為一名音樂革命者，他不斷突破界限，畫家畢卡索、現代藝術創作大師尚·考克多（JeanCocteau）以及美國現代芭蕾之父巴蘭欽（GeorgeBalanchine）都曾跟他合作過。

牌陣概述

你準備好離開你的舒適圈了嗎？偉大的藝術家總是提醒著我們，生命和藝術的無限可能。這個牌陣以史特拉汶斯基為靈感，思考如何在工作、人際關係和生活中突破界限，讓自己能夠進化和成長。

擺出陣型

1. 我的個人界限為我帶來什麼阻礙？
2. 我要往哪裡去？
3. 什麼必須摧毀？
4. 我最害怕的是什麼？
5. 什麼能幫助我承擔情緒風險？
6. 如何改變我生活中一成不變的習慣？
7. 跨過界限的時機是什麼時候？
8. 最壞的情況是什麼？
9. 我現在應該採取什麼行動，跨出自己的界限？

權杖五代表突破界限。五位正在進行拳鬥的年輕人製造出的活力和興奮氛圍，象徵著迎接新挑戰所需的充沛能量。他們開心地比武打鬥，也提醒了人們，踏出舒適圈所得到的快樂。

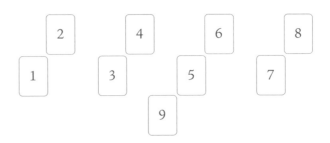

在這一天

今天是國際野餐日。與家人和朋友一起在戶外野宴，是夏天最讓人開心的一件事。維多利亞時代的人非常講究野餐的藝術美感。在大自然風光最明媚的時刻到戶外野餐，精緻餐點是絕對少不了的。

牌陣概述

這個牌陣是以歷史悠久的野餐傳統為靈感設計出來的。

擺出陣型

在暖和夏日即將到來之時，不妨準備一場豪華野餐，然後把這個牌陣擺出來。

1. 毯子：什麼保護了我？
2. 螞蟻：我在煩惱什麼？
3. 陽光：什麼讓我內心充滿喜樂？
4. 三明治：什麼支撐著我的肉體生命？
5. 杯子蛋糕：我可以期待什麼甜蜜的事情？
6. 檸檬汽水：什麼能讓我重振精神？
7. 酒：什麼令我陶醉其中？

我們現代人喜歡偶爾去戶外野餐，但對我們的祖先來說，在戶外吃飯卻是必要的事。從中世紀期間，人們流行在野外慢慢享用一頓優雅的晚餐，而農夫卻得在收割時期在田裡吃晚飯。

聖杯十代表家庭幸福美滿，圖案上的彩虹代表親近大自然美景，家人之間的歡樂相處則代表愉快的人際交往。這張牌完美呈現出家人和朋友之間快樂時光與美好感情。

領帶是世界各地父親節最傳統的一種禮物。

在這一天

全世界第一個屬於父親的慶祝節日出現於1910年的今天。美國華盛頓州斯波坎市的索諾拉・杜德（SonoraDodd）認為，既然已經有母親節，那麼也應該有一個節日來感恩父親的偉大。為了紀念在美國內戰期間照顧六個孩子的寡居父親，她開始推動父親節的設立。

牌陣概述

這個牌陣是要檢視你跟父親的關係，愈了解你們之間的關係，你就愈能了解自己。

擺出陣型

1. 我和父親關係如何？
2. 父親給我最大的禮物是什麼？
3. 父親給我最大的挑戰是什麼？
4. 我和父親有什麼相似之處？
5. 我和父親的不同在哪裡？
6. 以父親為對照，我如何定義自己？
7. 我如何對我們的關係致上最大崇敬？

皇帝牌代表父親原型形象，而小牌的四張國王牌則代表你平常會遇到的父親類型。

仲夏節牌陣
Litha Midsummer Solstice Spread

在這一天

仲夏節（Litha）最初是為了配合夏至而訂定的節日，在現代日曆上，它通常落在六月二十日至二十四日之間。這是一個火與水共存的日子，它標誌著太陽和月亮的匯聚，因此被認為是摘採魔法藥草最理想的時刻。

牌陣概述

這個牌陣是根據七個神聖方位而設計的。趁仲夏的魔法實現力進行反思冥想，效果最為強大。

擺出陣型

依照以下陣型擺設牌陣。完成後，到戶外摘取幾朵鮮花或一束藥草，將夏日的光輝能量帶入室內。

1. 東（風）：我知道什麼？
2. 南（火）：我的潛力是什麼？
3. 西（水）：我了解什麼？
4. 北（土）：我該培育什麼？
5. 天：什麼神聖智慧是屬於我的？
6. 地：我繼承了什麼？
7. 中：我如何與內在事物連結？

```
              [4]
    [3]   [7]   [1]

          [2]

          [5]

          [6]
```

根據俄羅斯巫術的說法，療效最強大的草藥是在仲夏夜晚安儀式收成的。像蕨類種子這類特殊植物，只有在這一天晚上才提供隱身效果。想要占卜、尋找真愛、調情取樂的人，好好把握這個神奇時刻。

太陽牌與此盛夏之日相呼應。在智性層面，太陽代表有效溝通，在物理層面上，它代表勝利、成功、認可和榮耀。

巨蟹座特質牌陣
Qualities of Cancer Spread

巨蟹座的守護星是月亮，代表色是銀色，幸運日是星期五，最容易成功的地點在水邊或水上。巨蟹座掌管黃道十二宮的第四宮，這個宮位與家園、家庭以及養育的影響力有關。

在這一天

今天是巨蟹座開始的第一天。

牌陣概述

這個牌陣是依據巨蟹座的星座特質設計出來的，包括：情緒感受力、多情、善於交際、衝動、善於選擇、直覺力強。

擺出陣型

1. 情緒成熟度對我有何幫助？
2. 為什麼我應該擁抱（接納）自己的多情性格？
3. 生活中哪一方面需要我發揮更多交際長才？
4. 什麼情況下我可以衝動一點沒關係？
5. 為什麼善於選擇很重要？
6. 我在哪一方面直覺力最強？

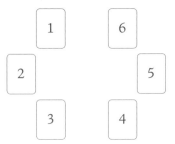

戰車牌代表規畫路線並擔任駕馭角色。布滿星星的篷幕代表天界恩典與十二星座，可以幫助你取得勝利。一黑一白的司芬克斯意謂著對立面的結合，因此需要精密的掌控。

優雅分手牌陣
Sensitive Breakup Spread

在這一天

亨利八世告訴他的第一任妻子阿拉貢的凱薩琳，他們將在1527年的這一天分居。國王對凱薩琳生不出男性繼承人感到不滿，因而與安妮‧博林發生婚外情。凱瑟琳最後被逐出王室並被迫遷居別處。直到生命結束前，她都認為自己是亨利國王唯一的合法妻子，也是英格蘭唯一合法的女王。

牌陣概述

你準備跟對方提分手嗎？分手對雙方來說都不是一件容易的事。這個牌陣可以幫助你評估目前情況、找出所有選項，然後儘可能用最優雅最禮貌的方式分手。

擺出陣型

將抽到的牌分為三組。第一組檢視分手的方式、時間和地點。第二組代表情緒反應，以及如何好好處理分手。第三組代表未來後果。

1. 什麼時候適合分手？
2. 該選在什麼地點？
3. 如何既誠實又顧慮對方感受？
4. 對方會有什麼反應？
5. 我該如何對他們的反應保持冷靜？
6. 我們還會是朋友嗎？
7. 幾個禮拜後我會有什麼感受？
8. 如果我們不在一起，我會比較快樂嗎？

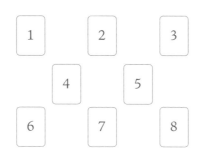

亨利八世結過六次婚，其中兩任妻子被他送上斷頭台。凱薩琳‧霍華德（Catherine Howard）遭斬首時才十八歲。

塔羅牌裡面有三張牌具體反映了分手時的情緒和情況。當兩人關係惡化，高塔牌代表情況出現令人震驚的變化，而且已經失控。寶劍三和寶劍五則是反映出兩人感情已經破裂，特別是有第三者出現的情況。

印第安納瓊斯的冒險牌陣
Indiana Jones Life's Adventure Spread

靈魂之井橋段中使用的蛇大多數不是蛇，而是無腿蜥蜴。但沒想到這卻給劇組帶來麻煩，因為蜥蜴不怕火，反而很想靠近火焰取暖。

四張騎士牌完全體現了印第安納瓊斯的冒險精神。權杖騎士呼應印第的熱情，寶劍騎士呼應他的敏捷思維，錢幣騎士呼應他對古物的熱愛，聖杯騎士則是呼應他對瑪麗安的浪漫情懷。

在這一天

史詩級電影《法櫃奇兵》（Raiders of the Lost Ark）於1980年的今天開拍。電影上映後立刻成為經典，擄獲數百萬人的心，觀眾希望自己也能像印第（Indy，譯注：印第安納瓊斯的暱稱）一樣，到處冒險而且足智多謀。

牌陣概述

想要尋找刺激嗎？你可能不是環遊世界的考古學家，但可以從《法櫃奇兵》的場景和主題中汲取靈感，在你自家後院進行探險。

擺出陣型

將牌擺成印第那頂具有標誌性的帽子形狀：

1. 巨石：什麼東西在後面追我？
2. 鞭子：我的祕密武器是什麼？
3. 帽子：我的象徵物是什麼？
4. 空中旅行：我必須去哪裡？
5. 浪漫情懷：我應該吻誰？
6. 蛇：什麼讓我害怕？
7. 潛艇：我願意潛到多深？
8. 法櫃：我內在藏著什麼力量或魔法？

在這一天

今天是夏至,也就是整個夏季最中間這一天。魔法、女巫、仙子、舞蹈、儀式,都與這夏天最長的一日以及仲夏節夜晚有關。有訂定仲夏節的國家和族群,會以點篝火和算命占卜等活動來慶祝這個節日。

牌陣概述

想問問你的真愛是誰嗎?在義大利,年輕女孩會蒐集石蓮花(houseleek,或稱屋頂長生草)的花苞來做占卜,一個花苞代表一位追求者。最後花苞有打開的就是她未來的丈夫。這個夏至愛情魔法牌陣的靈感就是來自這種愛情占卜。

擺出陣型

在燭光的舞動中,讓紙牌揭露你的真愛:

1. 我愛的對象是誰?
2. 對方愛我嗎?
3. 我們是靈魂伴侶嗎?
4. 是什麼讓我們在一起?
5. 是什麼讓我們分開?
6. 為什麼我會被這個人吸引?
7. 我的什麼吸引了他們?
8. 我的戀愛史是什麼?
9. 對方的戀愛史是什麼?
10. 可能的結果是什麼?
11. 我應該把焦點放在什麼事情?

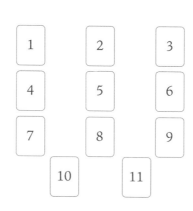

想要知道你未來丈夫名字的第一個字母嗎?請用蘋果削出一條連續不斷的長條蘋果皮。然後把這果皮從你的左肩往後拋;果皮掉在地上時就會出現那個字母的形狀。

世界牌象徵著生命活力以及經驗到全然的愛,無論是精神面、情感面、神聖面還是世俗面。世界牌圖案中,繞在舞者身上的勝利彩帶就是成功的象徵。

6月25日 雅克庫斯托的冒險牌陣
Jacques Cousteau's Adventure Spread

庫斯托觀察了海豚在地中海的活動行為後發現，海豚是使用聲納來導航。同樣也是他和他的團隊，在希臘海岸發現了鐵達尼號的姊妹船布列塔尼號的殘骸。

聖杯國王安坐於波濤洶湧的海上寶座，像庫斯托一樣堅定。他已經到達一種成熟度，可以展現真實本性和自信。聖杯國王是一位非常有創意的嚮導和導師，正如庫斯托將令他著迷的海洋奇觀教導給其他人一樣。對於從事創意藝術的人來說，這是一張很棒的牌。

在這一天

雅克‧庫斯托（Jacques Cousteau）是一名潛水員、作家、環保主義者和影片製作人，他在1997年的今天離開了地球。無論經歷多少世代，他的名字依然是驚險刺激的海底探險的代名詞。

牌陣概述

有什麼神祕謎團在等著你嗎？每天的日常生活提供了無數機會可以讓我們一瞥從未探索過的世界，無論是人、地方還是各種事物。你唯一需要做的就是讓自己全心投入到冒險中。

擺出陣型

把紙牌排成一條把你帶入未知深處的道路：

1. 我準備好要冒險了嗎？
2. 什麼東西等著我去冒險？
3. 此刻我要採取什麼行動來展開我的冒險？
4. 什麼必須被探索？
5. 我應該去哪裡旅行？
6. 什麼讓我害怕？
7. 什麼讓我興奮？
8. 什麼挑戰了我？
9. 什麼改變了我？

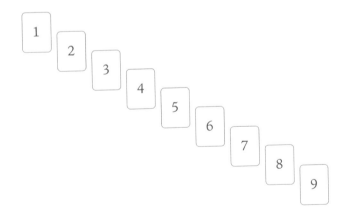

屬於你個人的象徵符號牌陣
Your Personal Symbol Spread

在這一天

賓士汽車公司在 1903 年的今天註冊了他們的商標。大家所熟悉的三芒星標誌，代表他們在陸地、海洋和空中的主導地位。

牌陣概述

創造或發現屬於你個人的象徵符號，可以大大提升你的個人力量。個人專屬符號可以將能量提升到概念的層次，以更高層次的意念來作為你的個人識別標誌，同時提醒你是有力量的人。確定你的力量符號後，將這個符號帶在身邊——比如鑲在一件珠寶上、刺青紋身，或藏在其他人看不到的地方，依照你覺得適合的方式來使用它。

擺出陣型

這個牌陣提出的問題，可以讓你思考什麼是適合你個人的符號。請用抽到的牌作為提示，回答以下問題。

1. 我的個人座右銘是……
2. 對我最有影響力的元素是……
3. 我的幸運顏色是……
4. 我的靈魂動物是……
5. 我的力量數字是……
6. 我最堅定的信念是……
7. 我感覺自己充滿力量的時候是……

符號直接與我們的潛意識溝通。它以單一、直接、有力的形象，傳達關於人類生命的深刻想法和信念。

整副塔羅牌都在符號的力量下運作。符號，就像詩歌或面部表情一樣，能傳達無法以語言表述的內容。符號是通向嶄新的、崇高的、無法言喻的事物之門戶。

6月27日

某些學者認為吸血鬼（vampire）一詞是源自希臘語「nosophoros」，意思是「瘟疫攜帶者」。各個不同文化當中都有關於吸血鬼的詞彙，這代表吸血鬼神話或原型深深植根於人類意識中。

任何一種形式的親吻，無論是吸血鬼還是其他，都是來自權杖牌組的能量，代表激情和原始本能。權杖牌是在你體內跳動的生命之火，你血管中流動的血液能維持體表溫度，讓你臉頰紅潤。

在這一天

《黑影家族》（Dark Shadows）於 1966 年的今天首播。這部美國哥德式電視連續劇，讓青少年有理由在放學後立刻跑回家看吸血鬼巴納巴斯·柯林斯，還有狼人、鬼魂、殭屍、女巫和男巫。

牌陣概述

你準備好要擁抱黑暗，與超自然力量相依相偎了嗎？這個牌陣的靈感是來自世界知名的吸血鬼肥皂劇，以吸血鬼之吻的強烈誘惑力來設計問題。

擺出陣型

當你棲居於陰影之中，選一個沒有月光的夜晚來進行這個牌陣。你是否有足夠勇氣迎接陰暗欲望，去發現是誰或什麼東西在等著你？

1. 我應該讓什麼來控制我？
2. 如果我放棄理性思考，會發生什麼事？
3. 誰想要親吻我？
4. 我如何擁抱自己的黑暗面？
5. 在黑暗中成長茁壯的是什麼？
6. 什麼讓我感到驚悚？
7. 什麼能使人永生不朽？
8. 什麼東西永遠長存？
9. 我需要採取什麼行動？

1	2	3
4	5	6
7	8	9

我該接受這份工作嗎牌陣
Should I Take This Job Spread

在這一天

勞動節在 1894 年的今天成為美國的聯邦假期。現在則被當作是夏季正式結束、購物的藉口，以及最後一天穿白色衣服的日子。美國的勞動節最初是為了感念工人對經濟和社會各方面的貢獻。

牌陣概述

你正在考慮某個工作機會嗎？這個牌陣是以勞動節為靈感，來思考可能的就業機會。

擺出陣型

1. 這是一次職場的生涯變動？
2. 我正朝著我自己期待的方向前進嗎？
3. 這個職位對我的心智能力是一項挑戰嗎？
4. 我能勝任這份工作嗎？
5. 我是否完全了解公司對這個工作角色的期待？
6. 薪水合理嗎？
7. 我是否為這家公司的品牌、產品或服務驕傲？
8. 同事會很好相處嗎？
9. 這份工作會讓我覺得有成就感嗎？
10. 這份工作能滿足我對未來生活方式的期待嗎？
11. 未來有晉升機會嗎？
12. 我需要注意哪些潛在陷阱？
13. 結論。

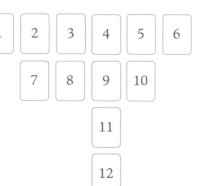

十九世紀第一次發起的勞動節遊行，是為了爭取八小時工作制。在那之前，每天工作十二小時都算是常態。

權杖牌是代表事業的牌組，而錢幣牌則代表工作賺到的錢。

6月29日

跨性別牌陣
Gender-Bending Spread

比提夫婦訴請離婚，卻引來一場法律大戰。法院質疑這段婚姻的有效性，並對於變性人的生育權和依法維持其法定性別的能力等問題有所爭議。

在這一天

湯瑪斯‧比提（Thomas Beatie）是全世界第一個懷孕的男人，他在2008年的今天生下了一名女嬰。比提是一位女變男的變性人，在與無法懷孕的妻子南希結婚後，被法律承認為男人。湯瑪斯透過人工授精懷孕，最後一共生下三個孩子。

牌陣概述

我們頭腦中對性別問題的根深見解，可能比我們意識到的還要深。這個牌陣提出了關於男性和女性身分界定的深刻思考。這些問題也能幫助你更了解塔羅小牌的男性牌組（寶劍和權杖）和女性牌組（聖杯和錢幣）。

擺出陣型

1.「女性」對我來說意謂著什麼？

2.「男性」對我來說意謂著什麼？

3. 我的女性特質有多強？

4. 我的男性特質有多強？

5. 性別的界限是什麼？

6. 我如何擁抱這兩種性別？

7. 如果我出生時不是現在這個性別，我的人生會有什麼不同？

8. 什麼樣的個性特質是不分性別的？

許多紙牌占卜師和神祕學家都將世界牌當中的人物視為雌雄同體的中性人，一個男女同等存在的形象，代表對立面的調和以及陰陽合一的經驗。

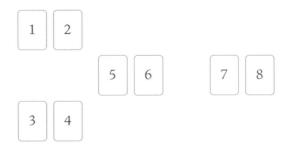

滿月牌陣
Full Moon Spread

在這一天

今天是世界滿月節，請留點時間來欣賞月亮的美麗和優雅的說服力。沒有其他星體能創造出這樣的魔力、神祕和遐想。

牌陣概述

月亮對於生命的影響力是一種微妙但極為重要的牽引力量。這個滿月牌陣是以月亮的內在特質來設計問題。

擺出陣型

將紙牌排成像滿月一樣的圓圈。

1. 月亮映照出什麼奧祕？
2. 誰看著月亮然後想到我？
3. 月光照亮了什麼被隱藏的真相？
4. 我樂於成為別人光芒的反射體嗎？
5. 我的存在如何影響世界？
6. 什麼在我的真實本心之中？
7. 我正在經歷什麼樣的週期？
8. 我要過渡到什麼地方？
9. 暗影之中藏匿著什麼奇妙事物？

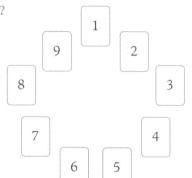

如果從月球上看地球，那麼地球應該也有自己的圓缺週期，而且會跟月相完全相反。新月時，我們看到的是一個完整的地球；當我們抬頭看見滿月的明亮月光撒在我們身上，地球則像是眉毛一樣細。

月亮牌象徵一段穿越未知的旅程或路途。月亮週期真實反映了我們內在不斷變化的狀態，這個被鎖定在地球引力中的天體，將所有凝視著它，並對著它思考驚嘆感嘆和許願的人，全部都相連在一起。

7月1日

超級大風暴可能在土星上肆虐數個月，甚至數年。土星掌管摩羯座，英文的「Saturday」（星期六）就是以土星來命名。

在這一天

卡西尼號太空探測器於2004年的今天進入土星軌道。為了研究土星的完整四季變化，探測器的任務一直持續到2017年。土星是以羅馬神祇薩圖恩（Saturn）的名字來命名，也就是希臘神話中的時間之神克洛諾斯（Cronus）。

牌陣概述

土星特質牌陣是以土星的占星對應來列出問題。思考這些對應關連，可以為你的生活帶來更多明晰。

擺出陣型

將牌排成土星和土星環的形狀。

1. 結構：為什麼結構對我有好處？
2. 局限：我最大的局限是什麼？
3. 權威：我如何與權威搏鬥？
4. 紀律：我生活中哪些方面需要更多紀律？
5. 專注：我需要專注於什麼？
6. 奮鬥：我的目標是什麼？
7. 責任：我應該站出來承擔什麼責任？
8. 教導：我能教給別人什麼？

世界牌為我們帶來成功、欣快感受、旅行機會以及圓滿。認識到自己的局限性、保持紀律且能擁抱結構的人，便能捕捉到這張牌的光芒。

一年中間點牌陣
Halfway There Spread

在這一天

當今天中午的鐘聲敲響，就來到一年的中間點時刻，也是陽曆的第一百八十三天。這天是一年的正中央，因為在它前面有一百八十二天，在它之後也有一百八十二天。

牌陣概述

這個牌陣可以幫你把過去六個月做個整理，並提前為未來六個月做好計畫。重新回想和檢視，新年鐘響的那一刻你為自己許了什麼願望。你那時設定的目標是什麼？是否下定決心要完成它？

擺出陣型

將牌圍成一個半圓：

1. 新年以來我有什麼成長？
2. 是什麼幫助我實現了今年的目標？
3. 什麼事情讓我覺得自豪？
4. 我克服了什麼挑戰？
5. 未來六個月我應該把心力集中在什麼事情？
6. 有什麼意想不到的驚喜在等著我？

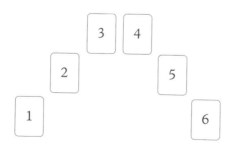

法國著名預言家諾查丹瑪斯（Nostradamus）在 1566 年的今天天去世。諾查丹瑪斯結過兩次婚，有好幾個孩子，據說他會整晚都在書房裡，進入深沉冥想。他宣稱自己能從上帝那裡獲得超自然知識。

小牌的正中間是五號牌。塔羅所有五號牌都代表挑戰、悲傷、失落和戲劇性。卡巴拉生命樹上的第五個輝耀是葛夫拉（Geburah 審判），這是一個會動搖到前四輝耀所帶來的穩定性的位置。當你覺得悲傷或面臨挑戰時，請讓五號牌來提醒你，挑戰能推動我們前進、刺激我們成長並定義我們是誰。

1819年，培根的價格是一磅十六美分（譯注：一美元等於一百美分）；茶葉每磅一美元，鞋子每雙二美元。有經驗的員工每天薪水一美元，勞力工作者是每天七十五美分，家裡請的傭人每週薪水二美元並供應食宿。

在這一天

1819年的今天，全美第一家儲蓄型銀行「紐約市儲蓄銀行」（Bank of Savings）在曼哈頓開設。這家銀行的設立宗旨是為了讓經濟上有困難的人能持有銀行戶頭。

牌陣概述

你的理財哲學是什麼？這個牌陣可以幫你檢視財務概念——為什麼要存錢以及用什麼方法儲蓄。

擺出陣型

來幫你的錢錢變魔術。在一美元紙鈔上的金字塔上放一個倒三角形，會出現六芒星圖案喔！就用這個形狀來布牌。

1. 我目前對金錢的主要心態。
2. 我對金錢的負面看法。
3. 我對金錢的正面看法。
4. 怎樣才能增加銀行裡的存款？
5. 採用新的金融投資和儲蓄會如何？
6. 我人生中重要的理財功課是什麼？

錢幣七代表財富的積累以及對於下一步計畫的思考過程。要實現一個目標，仍然需要努力和責任，而且要做的事情還很多呢！

```
            1

    6               2


      5    4    3
```

你的獨立宣言牌陣
Declare Your Independence Spread

月日

在這一天

今天是美國脫離英國的獨立紀念日。這一天通常會舉辦煙火表演、愛國遊行、夏日野餐和喧鬧派對等慶祝活動。

牌陣概述

在我們生活中，總有一些事情我們想脫離它而獨立——比如一種習慣、一段關係、一種成癮行為，或是一種思維方式。進行這個牌陣之前，要先想好你想要或需要脫離什麼東西。當你決定了要放棄的東西，就等於你的獨立之日就此展開。

擺出陣型

將牌陣擺成煙火的形狀，第九張牌是正中央的爆炸點。

1. 為什麼現在宣布我的獨立很重要？
2. 我的舊模式或習慣帶來什麼負面影響？
3. 它讓我學到哪些教訓，以致我現在要脫離它？
4. 我的獨立會帶來什麼正面影響？
5. 怎樣才能養成新的習慣或常規？
6. 誰支持我這樣做？
7. 我如何為這種改變獎勵自己？
8. 在開拓新方向時，我應該把焦點放在什麼事情上？
9. 獨立後最讓我感到興奮激動的成果是什麼？

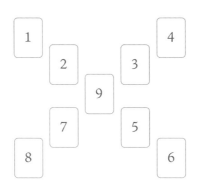

和約翰·亞當斯一起簽署《獨立宣言》、曾任美國總統的湯瑪斯·傑佛遜，在1826年的今天逝世。這一天正好是《獨立宣言》發表滿五十週年的日子。

權杖八代表能量充沛的動態動向。當中如果有變化因素介入（比如取得獨立自主權），就會改變這股能量的路線，將它送到嶄新和令人興奮的地方。

牛頓所寫的點金石原理和配方,是 2010 年在美國化學遺產基金會的一系列舊化學書籍中意外發現的。

數字七與塔羅牌的所有七號牌(包括戰車)有神祕學含義上的重要關連。一個禮拜有七天,人類肉眼可見的行星有七顆,西洋音階有七音;賭徒的幸運號碼是七號。真的既神祕又奇妙。

在這一天

世界最具影響力的科學家之一牛頓,於 1687 年的今天出版了《自然哲學的數學原理》(Principia)一書。書中所闡述的三大運動定律,推動了工業革命的發展。牛頓其實也是一名煉金術士,他曾試圖找出數學算式並製作了「點金石」的筆記手稿(點金石:philosopher's stone,是一種可將鐵、錫和鉛等賤金屬轉化成黃金的物質,亦稱「賢者之石」)。

牌陣概述

運用煉金術來釐清你的人生。煉金術最古老的支派認為他們是想要創造一座人間天堂。試圖將宇宙和地球融合,煉金術在行星影響力和地球金屬之間建立了對應關係。這個牌陣的靈感來自地球上發現的七種行星金屬。

擺出陣型

請將紙牌排成一個的太陽系。

1. 金(太陽):我的權威性有多高?
2. 銀(月亮):我的直覺力有多強?
3. 銅(金星):我如何去愛人?
4. 鐵(火星):什麼給我意志力?
5. 錫(木星):什麼帶給我成就?
6. 水銀(水星):什麼幫助我學習?
7. 鉛(土星):什麼讓我務實接地?

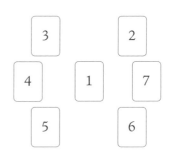

抱我、顫動我、親吻我、殺了我牌陣
Hold Me, Thrill Me, Kiss Me, Kill Me Spread

在這一天

今天是英國、美國和加拿大的全國接吻日。

牌陣概述

嘟起你嘴唇！親吻能傳遞訊息和親密感。無論是跟愛人熱吻、向孩子道晚安，還是輕觸朋友的臉頰，親吻都是在傳達愛和感情。這個牌陣使用了各種跟接吻有關的英語老梗，來幫你辨識生活和愛情中的情色訊息。

擺出陣型

舔舔性感的嘴唇，把牌陣擺出來。

1. 猶大之吻（Judas Kiss）：什麼事情我不能信賴？

2. 親吻廚師（Kiss the Cook）：我正在創造什麼？

3. 送飛吻（Blowing a Kiss）：有人現在需要我給他額外的愛嗎？

4. 洩露祕密（Kiss and Tell）：誰在談論我？

5. 死亡之吻（Kiss of Death）：什麼正在轉變？

6. 你這大爛人（Kiss My Derrière）：我該如何反抗？

7. 抱歉永別了（Kiss Your *%$ Goodbye）：我應該避開什麼？

8. 法式熱吻（French Kiss）：誰在暗戀我？

9. 巧克力之吻（Chocolate Kiss）：有沒有我現在應該親吻的人？

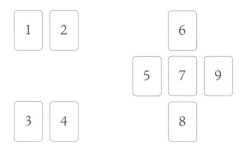

為什麼接吻這麼有趣？因為我們的嘴唇布滿了敏感的神經末梢。用最輕型的刷子一刷，就會觸發一系列神經訊息傳送到我們的大腦和身體。嘴唇是我們身上最能喚起情慾的性感帶。

戀人牌代表親吻和含蓄的性感。黃金黎明給每一張大阿爾克那牌都指派了個別屬性。戀人牌被分派到「氣味」，確實沒錯。接吻會調動我們大部分的感官、味覺、觸感、祕密和情感。我們會本能地透過氣味來檢測愛人的費洛蒙。

胡迪尼是名狂熱的飛行員，也是第一位駕駛雙翼飛機在澳洲上空實現可控動力飛行的人。他製作過好幾部電影，而且在他母親死後曾試圖透過靈媒跟母親通靈，但沒有成功，後來還揭穿了那些靈媒的詐術。

偉特牌的寶劍八看起來就像胡迪尼在表演逃脫術，因為牌面這個人眼睛被蒙住，而且全身都被布條緊緊綑綁。你是否曾經自願讓自己置於這種境地？如果是，你如何讓自己掙脫？答案或許就在這個牌陣中。

在這一天

　　1912 年的今天天，哈利·胡迪尼（Harry Houdini）第一次戴著手銬從一個用釘子和繩索封死，而且沉入紐約市東河河底的木條箱子成功逃脫。當時警察曾禁止他使用碼頭，他就租了一艘拖船，還邀請媒體上船拍攝。他花了五十七秒就脫身了。

牌陣概述

　　準備要改變了嗎？對於許多忠實粉絲來說，胡迪尼的絕技並不是他在表演如何掙脫枷鎖，而是代表神奇的變身魔術。這個牌陣是依據你未來即將經歷的轉變而設計的。

擺出陣型

1. 我現在在哪裡？
2. 我想去哪裡？
3. 我該進行的第一步動作是什麼？
4. 我該進行的第二步是什麼？
5. 我該進行的第三步是什麼？
6. 我現在必須把什麼新觀念納進來？
7. 結果會如何？

幽浮牌陣
UFO Spread

在這一天

1947年的今天出現一則新聞，報導指稱，美軍在新墨西哥州羅斯威爾附近的一座農場發現墜毀的「飛盤」。這個不明飛行物的故事在三十年後出現，當時一位參與現場回收的少校表示，他相信軍方確實回收了一艘外星飛行器。

牌陣概述

我們都想知道飛碟是否存在，請藉由這個牌陣向塔羅尋求解答。

擺出陣型

請將牌擺成神祕飛盤的形狀：

1. 幽浮真的存在嗎？
2. 他們的目的何在？
3. 幽浮是從哪裡來的？
4. 幽浮長什麼樣子？
5. 為什麼人們相信幽浮？
6. 我看過幽浮嗎？

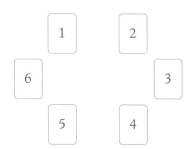

藍皮書計畫（Project Blue Book）是美國空軍對幽浮現象的官方調查計畫。創造這個名稱的人是愛德華・魯佩爾特上尉（Edward J. Ruppelt）。

一直有人認為，節制牌的背景有一架幽浮悄悄掛在半空中。一頂發光的金色王冠浮在節制牌天使左手邊的山脈上空。那麼，浮在水面上的那位大天使，會不會是來自異世界的訪客？留給你自行判斷囉！

心臟四腔室牌陣
Four Chambers of the Heart Spread

我們的心總是可以被打開來接受和付出更多的愛。永遠不要忘記：吸引力法則說，我們付出什麼就會收到什麼。

受到偉特塔羅和索拉布斯卡塔羅（Sola Busca）牌面圖案的影響，寶劍三通常被認為是一張哀傷心碎牌。這裡我們想增加一點對寶劍三的不同理解：塔羅牌中的三號牌代表創造力，而寶劍牌代表頭腦思維。因此寶劍三也可以理解為心智頭腦的極致創造力。

在這一天

1893 年的今天，丹尼爾‧威廉斯醫生（Daniel Hale Williams）對病人詹姆斯‧康尼許（James Cornish）進行了首次成功的人體開心手術——沒有使用麻醉藥劑。哎唷喂呀！

牌陣概述

請把自己交給你最有價值的器官。心臟四腔室牌陣的靈感是來自我們寶貝心臟的四個腔室。其中兩個腔室是上心房，是負責接收血液的腔室，對應聖杯牌（水）和錢幣牌（土）——也就是陰性、柔軟和接受特質的牌組。另外兩個腔室是下心室，是負責收縮、送出血液的腔室，對應寶劍牌（風）和權杖牌（火）——也就是陽剛、堅強和霸道特質的牌組。

擺出陣型

承接和接受

1. 是什麼在阻礙我接受愛？
2. 我怎樣才能主動敞開心房接受更多的愛？

送出和給與

3. 是什麼阻礙了我給出愛？
4. 我怎樣才能給與身邊之人更多的愛？

萬用牌

5. 我心裡藏著什麼驚喜？

葛黛瓦夫人牌陣
Lady Godiva Spread

在這一天

公元 1040 年的今天，葛黛瓦夫人騎在馬上，赤裸著身子穿過英格蘭考文垂市街。她這樣做是為了幫當地居民減輕不合理的稅收負擔，因為她丈夫下令對百姓徵收重稅。

牌陣概述

你準備大膽放肆一番嗎？葛黛瓦夫人的傳奇故事本質上極其感性，象徵一個人有勇氣和膽量去做正確的事情，即使這意謂著你必須走出自己的舒適圈。這個牌陣可以幫你檢視生活中是否有什麼人或事情需要幫助。

擺出陣型

大膽一點，把你的牌擺出來：

1. 1. 誰受到不公平待遇？
2. 為什麼這個問題引起我的共鳴？
3. 我可以採取什麼行動來幫助他們？
4. 我可以指望別人來幫忙嗎？
5. 我的行為會導致什麼後果？
6. 我在這個過程中學到什麼？
7. 為什麼這件事很重要？

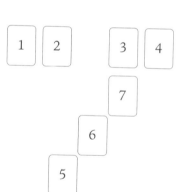

基於對葛黛瓦夫人的尊重，當時所有居民都留在家裡，在她騎馬經過時關上門窗。有一位叫湯姆的人卻打開窗戶往外看。不過他什麼都還沒看到就被擊瞎了。偷窺狂的英文「peeping Tom」就是來自這個典故。

聖杯騎士呈現了葛黛瓦夫人騎馬緩步穿越大街的景象。聖杯牌組本質上是屬於女性（陰性）能量，也代表她的神奇傳說帶來的想像。聖杯騎士前方流淌的河流象徵自在流動的慈愛本性，騎士的馬匹緩步前進代表葛黛瓦夫人正穿過城鎮迂迴前行。

7月11日

歐洲人很晚才發現大堡礁，但澳洲原住民早在四萬多年前就已經知道大堡礁的存在。

在這一天

1770年的今天，詹姆士·庫克船長（James Cook）的船擱淺了。無意中，他就這樣發現了大堡礁。大堡礁是位於澳洲海岸、由三千八百多個珊瑚礁和島嶼組成的珊瑚礁群，是地球上由生物所建造的最大物體，支撐著包括魚類、鯨魚、海豚和海龜在內的各式各樣生命。

牌陣概述

你有好好保護自己嗎？這個牌陣是以外太空也看得到的大堡礁為靈感而設計的，看看你是否有設定好自己的界限來保護自己的身心狀態。

擺出陣型

擺設牌陣時，請記得你自己有多麼珍貴。

1. 什麼幫助我變得更加自我覺知？
2. 我發現哪些界限很難設定？
3. 怎樣可以不讓這種情況發生？
4. 人們不可以問我什麼問題？
5. 為什麼我有什麼權利做這樣的要求？
6. 為什麼保護我自己的時間和能量是絕對沒關係的？
7. 誰站在我這邊支持我？
8. 我必須設定的第一個界限是什麼？

寶劍王牌隨時待命任你使喚，在沙地、在空中，甚至在你對手的肉體上劃出一條線。用它來誅殺一切障礙。為了支持一個偉大想法，這把劍會做你最強大的隊友，只要你無所畏懼地揮舞它。

超脫牌陣
Transcendental Spread

在這一天

亨利・梭羅（Henry David Thoreau）出生於1817年的今天。他是詩人、哲學家，同時也是《湖濱散記》（Walden; or, Life in the Woods）的作者；梭羅是超驗主義的先驅。

牌陣概述

你準備擁抱更崇高的境界嗎？超驗主義是一種哲學運動。它重視個人與自然本性的純粹性，蔑視組織化的宗教。它認為，當人類依賴自己的直接經驗而獨立，而非一味遵循預先被設定的教條，就會是最好的狀態。這個牌陣的靈感就是來自超驗主義的思想概念。

擺出陣型

正如標題所暗示，超脫牌陣的牌當然是向上走的。

1. 我如何超越個人認同危機走向個人本真？
2. 我如何超越不滿的危機走向努力追求幸福？
3. 我如何超越毫無意義的焦慮走向行動和目標？
4. 我如何超越孤立走向成為共同體的一員？
5. 我如何走向個人責任？
6. 我如何超越死亡焦慮走向接受死亡和自我超脫？

超覺靜坐（Transcendental meditation）是一種持咒冥想的形式，由瑪赫西大師（Maharishi Mahesh Yogi）在1960年代引入美國。這種靜坐冥想形式和超驗主義運動無關，但兩者都是為了讓人超越自身的限制。

吊人代表各種形式的超越。他願意犧牲物質享受，以全新的視角看世界，達到超越身體限制的終極臣服。

約翰·迪伊公開進行占卜、舉行降神會、招魂，並使用著名的黑色魔鏡幫人算命。這塊拋光過的黑色石頭現在可以在倫敦大英博物館看到。

每一張塔羅牌都有其占星對應。科琳·肯納（Corrine Kenner）的著作《塔羅與占星》（Tarot and Astrology）書中，就針對塔羅牌的行星對應提供了相當詳細的資訊。

在這一天

約翰·迪伊（John Dee）出生於1527年的今天。他是宮廷御用占星師兼伊莉莎白女王的好友，同時也是數學家、天文學家和神祕學家。

牌陣概述

這個牌陣的靈感來自女王的御用傳奇占星師。約翰·迪伊的星座宮位牌陣，可以讓你看到影響生活各個領域的問題。每一張牌各自對應星盤上的一個星座宮位。

擺出陣型

把牌排成巴比倫人最早創造出的十二宮星盤圖。

1. 牡羊座：外貌、性格、自我、起始。
2. 金牛座：物質世界、金錢、財產。
3. 雙子座：童年環境、溝通交流、成就。
4. 巨蟹座：祖先、遺產、根源。
5. 獅子座：消遣娛樂、愛情、性。
6. 處女座：技能、健康、幸福。
7. 天秤座：婚姻、伴侶、交際能力。
8. 天蠍座：死亡、重生、性關係、轉化。
9. 射手座：旅行、文化、知識、宗教。
10. 摩羯座：野心、事業、地位。
11. 水瓶座：友情、財富、希望。
12. 雙魚座：神祕主義、奧祕、無意識領域。
13. 結論。

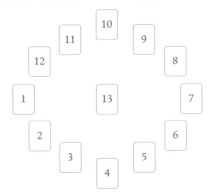

巴士底日展開革命牌陣

Bastille Day Start a Revolution Spread

在這一天

同時是法國監獄，也是君主暴政象徵的巴士底獄，在1789年的這一天遭到攻陷，這也是點燃法國大革命的導火線。接下來的十年，法國社會經歷了一場史詩般的變革。隨著民主在歐洲乃至全世界散布開來，君主專制和封建社會也受到了挑戰。

牌陣概述

為什麼不在你的生命中展開一場革命呢？你一直在拖延什麼？還在等待什麼？以法國大革命為啟示，沒有任何時刻比現在更適合衝進你自己的大門了。

擺出陣型

1. 我必須做什麼？
2. 我的力量在哪裡？
3. 誰是我的盟友？
4. 誰是我的敵人？
5. 什麼阻礙了我？
6. 我的奮鬥以什麼符號為象徵？
7. 我的勇敢行動會有什麼結果？

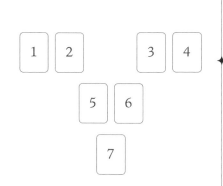

攻占巴士底獄其實是一種象徵性的行動，因為它被攻占的那天，獄中只關押了七名囚犯，其中四名是支票偽造犯。

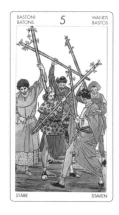

權杖五代表革命的火花。正在進行拳鬥的年輕人用他們手上的棍杖模仿戰事。衝突是艱難之事，但有其必要，這樣才能將侵略者移動到新的地域。為了回應內在和外部挑戰，行動是必要的。

托特的智慧牌陣
Wisdom of Thoth Spread

根據傳說，古埃及神祇托特（Thoth）因發明了煉金術和魔法而受到尊崇，他也是文書工作者的守護神。據說托特神同時活在好幾個不同層界，在有眾生的土地上傳授神祕魔法。

魔術師召喚了煉金術和魔法的力量，他用手指就能在生活和環境中造成改變。一個真正的魔術師能看穿虛偽現實並開啟心理上的變革，冒險進入生命的真相和現實本身。

在這一天

羅塞塔石碑（Rosetta Stone）是在1799年的今天，也就是拿破崙遠征埃及期間發現的。在此石碑被發現之前，埃及象形文字一直無法被正確解譯，只能任由人們猜測解釋。直到發現這塊石碑，埃及考古學家才破解了埃及象形文字的語言和書寫系統之謎。

牌陣概述

你想要激發自己身上的神力嗎？托特是擁有宇宙掌管大權的埃及神。這個牌陣的問題靈感，就是來自這位掌管文字書寫、溝通交流以及魔法的神。

擺出陣型

當你想要施展魔咒來釐清自己的真實處境時，請把牌陣擺出來。

1. 智慧：我知道什麼？
2. 書寫：我必須閱讀或寫下什麼？
3. 文書保存：什麼必須被記住？
4. 魔法：我擁有什麼力量？
5. 想像力：我的想像力會將我帶到何方？
6. 詭計：誰正在欺騙我？
7. 我的過去是什麼情況？
8. 我的現在是什麼情況？
9. 我的未來是什麼情況？

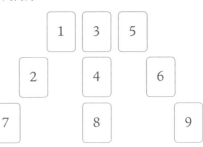

搬家牌陣
Moving Spread

在這一天

紐約市曾經是美國首都。1790 年的今天,美國國會宣布永久遷都哥倫比亞特區的華盛頓市。一國之都瞬間就變動了。

牌陣概述

你正在考慮搬家嗎?這個牌陣可以幫你決定是否要邁出這一大步,搬遷到新地點,無論是在同一個城市移動,還是搬到全新的地方。

擺出陣型

1. 住家地點變動對我是好事嗎?
2. 為什麼現在搬家是好事?
3. 我應該踏出這一步嗎?
4. 我能負擔得起搬家開支嗎?
5. 我在那裡會快樂嗎?
6. 我能期待在這裡展開新的人生嗎?
7. 怎樣才能毫無壓力地搬家?
8. 這個動作會產生什麼問題?
9. 我即將展開什麼新的冒險?
10. 有什麼事情是我需要知道但還沒發現的?

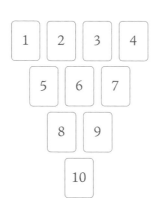

大多數搬家(占百分之四十二)是基於個人原因。跟工作有關的搬遷約占百分之四十,其中百分之十八是屬於軍隊或政府單位搬遷。

錢幣王后就是美滿幸福家庭的化身。她是物質世界的主人,帶著熱情而生活,以美學和時尚風格裝飾她的家。每一個踏進她家門的人都會對她的生活方式印象深刻。當你想要創造舒適溫馨的家時,請呼召她的能量。

約翰雅各阿斯特的理財投資牌陣
John Jacob Astor's Financial Investment Spread

約翰・雅各・阿斯特的曾孫約翰・雅各・阿斯特四世（John Jacob Astor IV）是發明家、華道夫飯店（Waldorf Astoria Hotel）的創建人，也是一部以 2000 年為背景的科幻小說的作者，後來在鐵達尼號沉沒事件中不幸去世。他的妻子當時有孕在身，乘坐救生艇逃難，四個月後他們的兒子出生。

錢幣國王掌管投資以及財富興衰。代表人物是邁達斯國王，傳說他手指碰觸到的任何東西都會立刻變成金子。他是物質領域的主人和指揮官。

在這一天

約翰・雅各・阿斯特（John Jacob Astor）出生於 1763 年的今天。在建立起龐大毛皮貿易帝國後，他成為美國第一位千萬富翁

牌陣概述

你是否正在考慮進行大筆投資？當你在考慮重大財務規畫時，請利用阿斯特的能量來幫你釐清問題。

擺出陣型

請將牌擺成美元符號的形狀。最後一張牌放在 $ 符號外面，來揭開可能結果。

1. 我目前的財務狀況。
2. 為什麼我現在選擇做這項投資？
3. 這筆錢是長期投資嗎？
4. 我能負擔得起這筆錢嗎？
5. 我的目標是什麼？
6. 這筆投資是否符合我的人生目標？
7. 我了解該投資的利弊得失嗎？
8. 如果投資失敗，我能應付嗎？
9. 我有沒有思考過好的離場策略？
10. 結果。

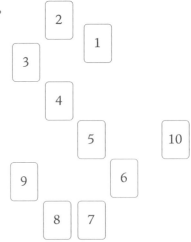

問題根源牌陣
Root of the Problem Spread

在這一天

1969年的今天，泰德‧甘迺迪（Ted Kennedy）開車經過麻薩諸塞州查帕奎迪克的一座橋，不幸墜入河中。當時與他同車的瑪麗‧科佩奇尼（Mary Jo Kopechne）被困在車中身亡。由於這一連串悲慘事件，包括他的大哥約翰‧甘迺迪總統和二哥勞勃‧甘迺迪參議員相繼遭暗殺死亡，泰德‧甘迺迪懷疑是否有什麼可怕的詛咒籠罩著他的家人。

牌陣概述

是否有需要解決的難題？雖然我們很容易將悲慘遭遇歸咎於詛咒或邪惡之眼等外部力量，不過，如果仔細檢視事件情況，通常會找到問題根源。這個牌陣就是要幫你找出問題根源所在，以便將其解決。

擺出陣型

用心把牌陣擺好。張大眼睛仔細觀察能幫你揭露事件真相，並得到行動方案：

1. 為什麼會發生這件事？
2. 我對這個情況有控制權嗎？
3. 問題的根源是什麼？
4. 我應該停止做什麼事？
5. 我應該開始做什麼事？

1999年，小約翰‧甘迺迪和他的妻子及大嫂因飛機失事不幸遇難，這讓所有人都開始懷疑，這個美國皇室家庭是否真的受到了詛咒。

寶劍二是一種冥想的姿態，當我們進行內在旅程、想要找到所有感受的根源時，經常會出現這個姿勢。靜默和退隱能使人更易觸及深層答案，讓我們有機會改變和揭露關於生命的一切。

芭蕾舞伶牌陣
Ballerina Spread

德加刻意選擇描繪芭蕾舞者最沒有防備的時刻，比如她們在後台手腳笨拙的樣子，或在練了好幾個小時舞之後筋疲力盡的模樣。

跟芭蕾舞一樣，節制牌也與平衡有關。節制天使的腳趾讓我們聯想到芭蕾舞，一隻腳浸在水中，代表無意識；一隻腳踏在陸地上，代表定根接地。平衡就存在於意識和無意識的相遇之際。

在這一天

印象派畫家愛德華・德加（Edward Degas）出生於1834年的今天。他也是一位著名雕塑家，最知名的作品是一系列芭蕾舞者畫像。

牌陣概述

芭蕾是舞蹈界的武術。芭蕾舞伶牌陣將這種藝術形式的各個元素結合在一起，看看這些特質如何為你的生活帶來影響。

擺出陣型

以芭蕾舞者的第一腳位樣態來擺設這個牌陣。

1. 優雅：我優雅嗎？
2. 身體：如何照顧自己的身體？
3. 獻身：我該將自己獻身於什麼？
4. 聚焦：我現在需要聚焦在什麼事情上？
5. 練習：我應該進行什麼日常操練？
6. 美感：我如何在生活中培養美感？
7. 故事性：我需要把注意力放在哪些故事上？
8. 藝術性：我正在創造什麼？

```
        4       5

        3       6

    1   2      7   8
```

月球的神祕一小步牌陣
Moon Mystery Small Step Spread

在這一天

1969年的今天,太空人阿姆斯壯成為第一位踏上月球的人。他的左腳踏上月球時,說了一句名言:「這是一個人的一小步,卻是人類的一大步。」

牌陣概述

這個日子提醒了我們兩個重要概念:小小的步伐也能帶來大大改變,以及月球的神祕。這個牌陣就是結合這兩個元素創造出來的。

擺出陣型

將牌擺成上弦月的形狀,幫你養成新的生活習慣。

1. 我想做什麼事。

2. 為什麼我想做這件事。

3. 是什麼在阻礙我?

4. 完成後我會有什麼改變?

5. 那一小步是什麼?

6. 我會真的去做嗎?

7. 今天我會做些什麼不同的事情?

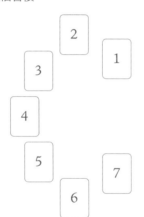

一小步一小步往前進,幾乎不會遇到什麼潛意識阻力;這就是為什麼這些小小的步伐能創造出大大的改變。微小的成就累積數天就能創造出快樂感受,然後頭腦就會要求多做一點。這根本像是你在哄騙頭腦去改變。

月亮牌裡面的那隻小螯蝦揭示了一個小步伐的故事。牠的險惡旅程才剛要開始。沿著小徑,經過野獸,穿過高塔,牠緩慢堅定地往前行,直到有一天晚上,一個尋常如同平日的夜晚,牠發現,曾經置身池底的牠,現在已經抵達山頂。每一步都很重要。

海明威曾住在巴黎,「失落的一代」這句名言就是出自這段時間他在巴黎的友人葛楚·史坦(Gertrude Stein)之口,他常與作家作家費茲傑羅(F. Scott Fitzgerald)、詹姆斯·喬伊斯(James Joyce)一起喝酒,而且結過四次婚。

死神牌跟海明威有強烈共鳴,因為這正是他作品的中心主題。海明威說,唯有坦然直視死——透過戰爭或大型獵物的狩獵——他才有辦法接受那難以忍受的生。

在這一天

美國文學巨匠海明威誕生於1899年的今天。海明威以其簡潔的散文重新定義了當時的寫作風格。基於對讀者的最大尊重,他使用「冰山理論」來寫作,他認為,寫作就像冰山,一個故事的八分之七都隱藏在表面之下。讓讀者自行填補空白、使用反覆性、節奏以及重複圖像,他的故事深深與宏大主題和複雜情感相共鳴。

牌陣概述

跟海明威的散文一樣,塔羅也讓解牌者以直覺來填補空白。這個牌陣的問題是根據海明威作品中出現的主題來設計的。

擺出陣型

將牌擺成鬥牛劍的形狀。

1. 我和男人的關係是什麼?
2. 我和女人的關係是什麼?
3. 我如何在壓力下保有尊嚴?
4. 生活教會了我什麼?
5. 死亡教會了我什麼?
6. 我如何專注於本質?
7. 我如何讓溝通更有效?
8. 我的冰山底下藏著什麼?

```
                    ┌───┐
                    │ 1 │
                    └───┘
┌───┐  ┌───┐┌───┐┌───┐┌───┐┌───┐
│ 2 │  │ 4 ││ 5 ││ 6 ││ 7 ││ 8 │
└───┘  └───┘└───┘└───┘└───┘└───┘
                    ┌───┐
                    │ 3 │
                    └───┘
```

太陽牌牌陣
Sun Card Spread

在這一天

根據現有文獻記載，史上最長的日食發生在 2009 年的今天，它的陰影籠罩了亞洲和太平洋好幾個地區。

牌陣概述

日食現象給了我們一個機會來思考和檢視太陽牌中的象徵符號，這個牌陣的問題就是以這些符號為靈感所設計的。

擺出陣型

這個牌陣可以回答任何一種問題。你可以在擺設牌陣之前先列出問題，也可以單純根據抽到的牌來回答問題。先將太陽牌從整副牌中取出，放在正中央，然後把抽到的牌擺在四周。

1. 太陽：我如何讓自己全身充滿最高層次和最好的能量？
2. 小孩：我如何保持童心？
3. 裸體：我在哪些方面可以放下警戒？
4. 紅幡旗：我要向別人表達什麼？
5. 白馬：我的人生有什麼神奇之處？
6. 石牆：我如何保持開放？
7. 向日葵：我如何找到真理？
8. 太陽光芒：我如何把溫暖傳遞給別人？

eclipse（日食）這個英文字源自希臘文「ekleipsis」，意思是「放棄、中斷、遺漏或缺陷」。神話中的日食經常是不吉利或危險之事的預兆。

太陽牌代表突破、精力充沛的成長，以及最重要的——希望。所有文化都存在著太陽崇拜，因為太陽代表生命。太陽牌當中的那匹馬正是代表生命的新方向。占卜時出現太陽牌，那是在提醒我們，每一天都是一份禮物和成長茁壯的機會。

獅子座的守護星是太陽，代表色是金黃色，幸運日是星期天，最容易成功的地點是戶外任何地方。獅子座掌管黃道十二宮的第五宮，這個宮位與創造力、生育力以及消遣娛樂有關。

在這一天

今天是獅子座開始的第一天。

牌陣概述

這個牌陣是依據獅子座的星座特質設計出來的，包括：慷慨、熱情、豪爽、技藝非凡、自信、權威、自律、吸引力、既勇敢又冷靜的風度舉止。

擺出陣型

將牌擺成獅子座符號的形狀，看起來像獅子的尾巴：

1. 我怎樣才能更慷慨厚道？
2. 我應該把溫暖和愛往哪裡延伸？
3. 我的生命正在朝什麼方向擴展？
4. 如何完全發揮我的藝術天賦？
5. 我在生活中的哪些方面需要展現更多自信？
6. 如何展現權威但是不霸道？
7. 我有變得更加自律嗎？
8. 誰正在被我吸引？
9. 我勇敢嗎？
10. 我在生活中的哪些方面需要冷靜下來？

力量牌最大的特徵就在那頭獅子身上，牠代表使用溫和說服力而非蠻力。這是一張代表極致力量和控制的牌。

三相女神牌陣
Triple Goddess Spread

在這一天

英國詩人、學者、翻譯家和歷史小說家羅伯特·格雷夫斯（Robert Graves）出生於1895年的今天。

牌陣概述

格雷夫斯透過其著作《白色女神》（The White Goddess）將三相女神的概念普及化。格雷夫斯認為，歐洲和古代中東的神話中有一個典型的三位一體女神。三相女神代表女性的三個生命階段、月相週期，以及地球冥界和天堂三個界域。這個牌陣是利用格雷夫斯作品與三相女神的溫柔之美來設計問題。

擺出陣型

少女、母親和老嫗的結構提供了人生階段的洞察。請將牌分成三組：少女（盈月）、母親（滿月）和老嫗（虧月）。

1. 什麼讓我著迷？
2. 我熱衷於什麼？
3. 開始是什麼？
4. 我知道什麼？
5. 什麼成長了？
6. 什麼在我心中騷動？
7. 我有智慧嗎？
8. 我了解什麼？
9. 結局是什麼？

格雷夫斯有時會在一種稱為「恢復性思維」（analeptic thought）的過程中寫作，這是他創造的術語，意思是，把一個人的頭腦思維丟回到過去，然後接收印象感受。

三相女神的象徵符號，也是威卡的象徵符號，就在女祭司的皇冠上。這個符號呈現了盈月、滿月和虧月三種月相同時存在的狀態，因此稱為三相女神。

薩拉喀亞的祕密牌陣
Salacia's Secrets Spread

在這個屬於薩拉喀亞女神的日子，羅馬人會將橄欖枝編成藤架，以此祈求水源豐足。

在這一天

今天是羅馬人祭拜海神涅普頓的妻子薩拉喀亞（Salacia）的日子。薩拉喀亞經常被描繪成一位美麗的女神，與丈夫涅普頓一起坐在（或駕駛著）由海豚或海馬拉動的珍珠貝殼戰車。她也代表大海平靜明亮那一面的擬人化。

牌陣概述

為什麼流水聲能讓我們放鬆，而洶湧的海浪則像火燭閃爍不定的餘燼般令我們著迷？這個牌陣是受到薩拉喀亞的啟發，藉此思考你個人與水元素及深層奧祕的關連。

擺出陣型

聖杯王后經常被描繪成美人魚王后的形象。這位溫柔恬靜的王后，也象徵海洋平靜和恢復精神活力的這一面，不像她的丈夫聖杯國王，漂浮於波濤洶湧的大海中。

將牌擺成貝殼形狀。

1. 水元素在我生命中扮演了什麼角色？
2. 培養我們與水元素的連結，最棒的方法是什麼？
3. 我的指導靈是哪一種海洋生物？
4. 我可以在哪裡、用什麼方法來為自己培植一處靠近水域的特別地方？
5. 我從水汲取到什麼力量？
6. 我如何用我的天賦激勵他人？
7. 我覺得大海感覺像什麼？
8. 如何更深刻去感受？
9. 為什麼深度很重要？

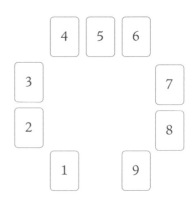

榮格的人格原型牌陣
Jungian Archetype Personality Spread

在這一天

卡爾‧古斯塔夫‧榮格出生於1875年的今天。他是心理學理論家當中最多元複雜、最重要和最具爭議性的一位，同時也是多產的作家和思想家。榮格影響了心理學、宗教研究和文學，也是心理分析學的創始人。

牌陣概述

你是什麼樣的人？這個牌陣是運用榮格的十二原型（一個人的最初動機）來尋找智慧，以及反思我們是什麼樣的人、我們的動機是什麼。

擺出陣型

將牌分為三組，分別代表自我、靈魂和自性。

自我（Ego）

1. 天真者：什麼讓我快樂？
2. 孤兒：我如何與他人連結？
3. 英雄：我如何證明自己？
4. 照顧者：我如何照顧他人？

靈魂（Soul）

5. 追尋者：我如何拓展自己？
6. 反抗者：我如何改變不正確之事？

7. 愛人者：我如何體驗親密？
8. 創造者：我的願望是什麼？

自性（Self）

9. 愚者：我如何讓自己開心？
10. 智者：我的真正實相是什麼？
11. 魔術師：如何讓夢想成真？
12. 統治者：我應該將控制力用在哪裡？

榮格的博士論文探討了神祕現象。其中他分析了一位十五歲靈媒的降靈會，而這位靈媒正好就是他的表妹。

榮格的原型理論證明了為什麼塔羅牌如此有效亦即通往機會和洞察力的門戶。正是透過象徵符號和原型，解牌者才有辦法慢慢形塑出一個人的真實情況。

小說家瑪麗・雪萊夢到《科學怪人》，羅伯特・路易斯・史蒂文森（Robert Lewis Stevenson）夢見《化身博士》（Dr. Jekyll and Mr. Hyde），保羅・麥卡尼（Paul McCartney）在睡夢中發現《昨日》（Yesterday）這首歌的旋律，畫家賈斯珀・瓊斯（Jasper Johns）夢見他的著名國旗畫，亨利・盧梭（Henri Rousseau）也夢見過他那幅標題為「夢」（The Dream）的畫作。

聖杯七是夢境牌，而寶劍四是沉睡牌。

在這一天

今天是芬蘭的瞌睡節。根據傳統，家裡最後起床的那個人，不是要被丟進湖裡或海裡，就是身上會被潑水，用這種方法來叫醒他們。在夢境中醒來，通常最能記住作夢內容。許多文學、藝術作品以及科學發現，靈感都是來自夢；元素週期表據說就是科學家德米特里‧門得列夫（Dmitri Mendeleev）在夢中看到的畫面。

牌陣概述

你最近有沒有作好夢？這個牌陣可以幫你破解為什麼你的潛意識會以特定夢境形式出現，並建議你在清醒時可採取的回應行動。

擺出陣型

分析如下：

1. 這個夢的核心主題。
2. 為什麼夢中會出現這些感覺？
3. 為什麼它會在我的潛意識裡徘徊不去？
4. 我應該採取什麼實際行動來回應夢中的訊息？
5. 我可以因這個夢而在現實物質世界中創造出什麼東西嗎？
6. 這個夢的部分內容是否帶有預言性質？
7. 我在夢中發現了自己的什麼真相？

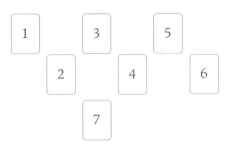

在這一天

1914年的今天，奧匈帝國做出對塞爾維亞宣戰的決定。此一行動正式拉開了第一次世界大戰的序幕，少數人的決定影響了數百萬人的生命。據估計，第一次世界大戰傷亡人數從八百萬到一千五百萬以上不等，使這場戰爭成為人類歷史上傷亡最慘重的衝突之一。

牌陣概述

你是否正在為做決定而苦惱？有時權衡了可能性和結果，結果依然不明朗。這個牌陣可以幫助你以明晰和洞察力做出艱難決定，以得到最佳結果。

擺出陣型

牌面朝下擺設牌陣。翻牌時，一張一張慢慢來。

1. 目前的問題。
2. 為什麼我正在跟這個問題搏鬥？
3. 為什麼會出現在這個時間點？
4. 為什麼這件事對我這麼重要？
5. 我的直覺怎麼說？
6. 我的理性邏輯怎麼說？
7. 我應該做什麼？
8. 我不應該做什麼？

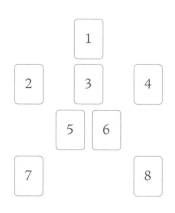

某些心理學家建議，若要做重大決定，最好是在上午，在你的能量庫存耗盡之前，這樣你才能做出最明智的抉擇。

錢幣二代表權衡決策選項。它提醒我們，在處理生活、家庭責任和決策時，要保持警覺和敏捷。

希臘人認為心是靈魂之所在，埃及人認為所有情感和智慧都源於心，而中國人認為心是幸福之地。

寶劍三呈現出一顆破碎之心的痛苦與悲傷，三把劍刺穿了這個脆弱的肉質器官。不祥的暴風烏雲密布，帶來雨水和淚水，不過，就像任何一場風暴雨一樣，所有的悲傷也都會過去。

在這一天

伊莉莎白·泰勒和李察·波頓這對分分合合的夫妻，在1976年的今天第二次離婚，這也是最後一次了。

牌陣概述

你感受到心碎的痛苦嗎？每個人都很害怕心碎，但也都有過心碎和被拒絕的慘痛經驗。就算付出了所有努力，有些關係還是無法繼續走下去。這個牌陣提出了重要且撫慰人心的問題，幫你度過愛情的舐傷期。

擺出陣型

將牌擺成代表和平的符號，以幫助你找到平靜。

1. 我可以允許自己感覺痛嗎？
2. 我是否能夠堅定心意不要再跟他們見面？
3. 什麼能幫助我療傷？
4. 什麼活動能讓我開心？
5. 我可以嘗試展開新關係嗎？
6. 我可以獨自一人好好過生活？
7. 我有強大的朋友支持系統嗎？
8. 這段關係讓我學到什麼功課？
9. 我可以如何照顧自己？
10. 我何時會準備好再次去愛？

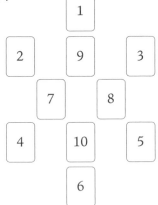

創業牌陣
Starting a Business Spread

在這一天

1953年的今天，美國聯邦政府中小企業管理局（Small Business Administration）成立，開始為小型企業提供諮詢、貸款、合約簽訂以及其他形式的協助。

牌陣概述

想要創業嗎？這個牌陣提供你幾個創業之前應思考的問題。

擺出陣型

用紙牌擺出金字塔形狀，也就是一元美鈔上的標誌圖案。

1. 我為什麼要創業？
2. 誰是我的顧客群？
3. 我提供什麼產品？
4. 我準備把時間和金錢都投注在這項事業上嗎？
5. 是什麼讓我的公司跟其他公司不一樣？
6. 我需要貸款嗎？
7. 多久開始能有盈收？
8. 誰是我的競爭對手？
9. 我會如何宣傳產品？
10. 我的生意會成功嗎？

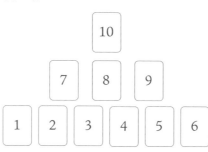

根據統計，人們平均創業年齡是在四十歲。

權杖二，就像初創事業的企業家，一手掌握著世界。權杖賦予了這張牌熱火、能量和興奮期待的情緒。這張牌也建議你組成合夥關係並確保財務穩定。對於即將把理想付諸實現的人，這是一張好牌。

失敗與想像牌陣
Failure and Imagination Spread

從曼徹斯特到倫敦的火車上，羅琳萌生了創作哈利波特系列的想法。在第一部《哈利波特》書籍出版之前，羅琳一直過著貧困的生活。

聖杯五是一張失敗與想像力牌。打翻的杯子代表無法實現的希望和夢想。背景中隱約可見一座橋，出口指向救贖與重建。聖杯五這張牌提醒我們，不要在悲傷中沉溺過久。兩個直立沒倒的杯子，代表你並沒有失去所有東西。

在這一天

英國小說家、哈利波特系列作者 J·K·羅琳，出生於 1965 年的今天。

牌陣概述

你害怕失敗嗎？這可能正是激發你前進的動力。這個牌陣的靈感來自 J·K·羅琳 2008 年在哈佛大學畢業典禮的演說文。演講中她提到，將失敗當作一項學習工具的重要性。羅琳說，失敗能推動我們改變、激發創造力，也激起我們的決心。

擺出陣型

將牌分成兩組，外加單獨一張結論牌。

1. 如何藉由失敗去除掉不必要的東西？
2. 如何讓最低點成為向上建設的堅實基礎？
3. 我的想像力如何改變我？
4. 我的優勢是什麼？
5. 我如何透過想像力來了解別人的生命？
6. 我如何透過我的單純存在來碰觸他人的生命？
7. 我如何使那些感到無力的人擁有力量？
8. 我可以想像一幅更好的願景嗎？
9. 結論。

豐收節藥草園牌陣
Lammas/Lughnasa Herb Garden Spread

在這一天

今天是古代凱爾特人慶祝農耕豐收的節日，稱為豐收節（Lughnasa），同時也是麵包節（Lammas）。為期一個月的慶祝活動在今天達到最高潮，收穫節前三天則是特別適合淨化的神聖日子。

牌陣概述

充滿浪漫元素的豐收節，是祈福和植物豐收的日子。盛夏的高溫也將植物帶到活力的頂峰。這個時節過後，能量就會開始衰退。在這一天晚上採摘藥草，可以獲得好運和強大魔法力量。這個牌陣的靈感來自跟藥草園有關的魔法。

擺出陣型

像在花園裡播種一樣，把牌陣擺出來：

1. 羅勒：我如何驅除生活中的負面情緒？
2. 洋甘菊：什麼能讓我平靜？
3. 西洋蓍草：如何提升我的靈通力？
4. 歐芹：什麼能保護我？
5. 鼠尾草：我知道什麼真理？
6. 薄荷：什麼能吸引金錢財富？
7. 蒔蘿：什麼會激起情慾？
8. 百里香：我該採取什麼療癒行動？

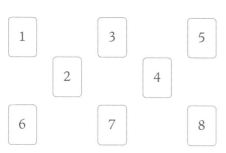

魯格納薩（Lughnasa）這個字的意思是「盧訶（光）的聚集」（the marriage of Lugh，盧訶是凱爾特的一位重要神祇，譯注：太陽神、光明之神）。至少有十四個歐洲城市以盧訶的名字命名，而且有人說，歐洲許多為大天使麥可建造的教堂，都是建在過去獻給盧訶的建築舊址上。

錢幣七是一張收穫牌。牌面人物停下手上的工作靜靜沉思。他的農作物大豐收，但有件事情讓他必須重新評估形勢。這張牌反映出一個概念，在你天生擅長的事情上你有非常豐碩的成果。對你來說極其容易的事情，對其他人來說可能挑戰性相當大。

名人經常因為合約中的離譜附加條款而受到嘲笑。雖然幽浮一族樂團（Foo Fighters）在附加條款當中要求著色書和喜劇 DVD，但完成簽約後，發現他們的合約上規定，所有食物剩菜剩飯都要送到當地遊民收容所或施食處。

溫柔的聖杯騎士經常代表法律文件與合約的簽署。他穩健、緩慢的前進速度提醒我們，永遠不要倉促處理任何法律問題，一定要確保你有受到保護，而且完全了解自己的權利。

在這一天

雖然七月四日是美國獨立紀念日，但實際簽署文件的日期是在 1776 年的今天。

牌陣概述

快要簽約了？人生中的重要時刻，像是購屋、結婚、入學等，往往都要簽署法律文件。這個牌陣提醒你在簽訂合約前一些必須思考的問題，以確保你的利益有被照顧到。

擺出陣型

1. 目前要簽約的是什麼事情？
2. 是否能保障到我的最大利益？
3. 合約是否有明確說明我可以得到什麼？
4. 合約是否有明確說明我要提供什麼？
5. 我是不是放棄太多自己的權利？
6. 合約中有沒有我不了解的地方？
7. 這是我真正想做的事嗎？
8. 最後結果是什麼？

水神查爾奇烏特利奎的新生牌陣
Chalchiuhtlicue's Regeneration Spread

8月**3**日

在這一天

查爾奇烏特利奎（Chalchiuhtlicue）是阿茲特克人的水神、河流之神、海洋之神、風暴和暴風雨女神。這位年輕貌美而且充滿熱情的女神，與阿茲特克曆法中任何包含數字三的日子都有關連。

牌陣概述

你準備迎接更新之泉了嗎？由於查爾奇烏特利奎女神與水關連密切，因此也跟生育和分娩有關。阿茲特克的助產士在剪斷嬰兒臍帶、為新生兒洗澡的同時，口裡會習慣唸出「查爾奇烏特利奎」這句問候語。流動的水，喚起新生與更新，是這個牌陣的靈感來源。

擺出陣型

在你最喜歡的水療中心或游泳池，把牌陣擺成剛滴出的水滴形狀。

1. 什麼需要被洗掉？

2. 我如何放下它？

3. 為什麼我緊緊抓住它不放？

4. 什麼可以填補它的位置？

5. 如何讓自己恢復活力？

6. 我必須做出什麼行動？

7. 結果是什麼？

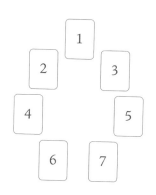

在查爾奇烏特利奎女神的節慶之日，會有祭司潛入湖中並模仿青蛙的動作和叫聲，祈求帶來雨水。

女祭司是整副塔羅牌中第一張出現流水的牌。一條河流從女祭司的簾幕後面流淌而出；據說塔羅牌圖案中所有出現的流水（河流、溪流和瀑布），都源自於女祭司。她噴湧而出的水是智慧和情感的源泉。

為自己乾杯牌陣
Toast Yourself Spread

法國香檳區（Champagne）是專門生產葡萄酒的特定區域，只有這裡生產的葡萄酒才能合法稱為香檳。

在這一天

根據傳說，香檳釀造法是在 1693 年的今天由法國本篤教會修士唐貝里儂（Dom Perignon）發明的。相傳當時貝里儂正在釀酒，但苦於無法去除酒裡的氣泡。他隨意嚐了一口，突然大叫：「快來啊！我喝到星星啦！」

牌陣概述

需要來個慶祝儀式嗎？請為自己乾一杯。香檳的發明，雖然很可能只是傳說而非史實，但它確實啟發了這個牌陣，值得我們為自己乾一千杯。

擺出陣型

將你的牌排成香檳酒杯的形狀。當泡泡往上升，為自己許一個願。

1. 為什麼我該為自己感到自豪？
2. 我可以接受自己的哪些方面？
3. 我喜歡自己什麼？
4. 別人為我慶祝的理由是什麼？
5. 為什麼我該為自己慶祝？
6. 我可以允許自己每天都慶祝一下嗎？
7. 我該和誰一起慶祝？
8. 什麼願望即將實現？

錢幣九讓人想起葡萄園、葡萄酒和香檳。一位女士站在豐收的葡萄叢中。背景裡的城堡象徵在她之前的好幾代釀酒師。城堡代表家族和文化遺產傳承到你手上；這是你與生俱來的權利。

薩盧斯女神的療癒牌陣
Salus's Healing Spread

在這一天

今天是古羅馬健康女神薩盧斯（Salus）的節慶之日。她是代表公共安全、健康和福利的女神，她的父親是醫療之神埃斯庫拉庇烏斯（Aesculapius），其象徵符號是一根權杖上面盤繞著一條蛇，後來也被用來作為現代醫學和醫療的象徵符號。薩盧斯的工作就是負責看顧這條聖蛇。這根蛇杖跟墨丘利的商神蛇杖很像，但墨丘利蛇杖有兩條蛇，而且頂部還有一對翅膀。

牌陣概述

你有健康方面的問題嗎？這個牌陣是來自古人的啟發，可以幫你找到療癒病痛的方法。

擺出陣型

觀想你現在非常健康，然後擺出陣型。

1. 我的不舒服是什麼原因引起的？
2. 我如何減輕痛苦？
3. 療癒的第一步。
4. 療癒的第二步。
5. 療癒的第三步。
6. 我可以透過哪些方法讓自己將來更健康？

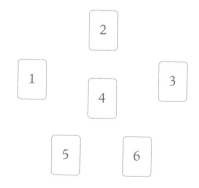

研究顯示，安全的性行為是最有益健康的事情之一。一次約會平均會燃燒掉大概兩百卡路里的熱量，此外還能增強免疫系統，讓人們活得更長壽、更幸福。

星星牌代表精神最高層次和身體層面的療癒、暴風雨後的寧靜、心靈的開放，以及自由的情感流動——是心智思想、身體和精神的完整融合。星星牌呈現的是身體健康和心靈幸福的圓滿畫面，因為靈魂能將力量引導到更高層次，促進所有人的更高福祉。

8月6日

西元前 1500 年寫成的四部梵文《吠陀》經典，是第一部提及人類接吻的古籍。

戀人牌代表墜入愛河、肉體吸引和一見鍾情，是一張帶有情感和性欲成分的牌。牌面描繪了兩個人的結合，以及情慾、抉擇和隨心所欲的後果。

在這一天

銀幕上出現最多次接吻畫面的電影《唐璜》，於 1926 年的今天上映。男主角約翰・巴里摩（John Barrymore）在這部愛情電影中一共跟一百九十一位不同的女性接吻。

牌陣概述

你想跟你的伴侶更親近嗎？接吻未必一定是親密關係的承諾，但它確實是一種實體的踏腳石，能幫助人們交換氣味、味道、觸感、祕密和情感。這個牌陣是根據真正親密關係的重點而設計的，可以幫助男女雙方促進親密感，或是在分手或情感枯竭期之後重新挽回感情。把這個牌陣當作一種提醒或跳板，讓自己再次躍入最令人愉悅的藝術形式之中吧！

擺出陣型

1. 什麼能幫助我放掉不切實際的期待？
2. 我如何滋養自己？
3. 如何把我的注意力集中在我的伴侶身上？
4. 什麼有助於我更願意跟對方分享和交流？
5. 我可以自在地表達自己的愛意嗎？
6. 我可以為我的伴侶做點什麼簡單、甜蜜的事情？
7. 什麼能幫助我承認自己的真實面貌？
8. 我如何專心付出愛？

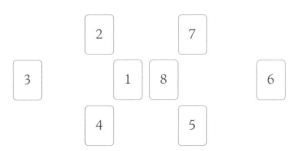

佛羅倫斯魔法牌陣
Florentine Magic Spread

在這一天

1420年的今天，佛羅倫斯聖母百花大教堂的穹頂開始動工。大教堂位於市中心，被許多人譽為歐洲最美的景色。

牌陣概述

來感受一下義大利的魔法。這裡是文藝復興的發源地，詩人但丁、物理學家伽利略、時裝設計師羅伯托‧卡沃利（Roberto Cavalli）以及麥地奇家族（Medici）的故鄉，這座神奇的城市，也是這個牌陣的靈感來源，問題是根據佛羅倫斯的著名景點來設計的。

擺出陣型

像為一盤新鮮義大利麵削上新鮮黑松露一樣，擺出這個牌陣。

1. 文藝復興：我正在經歷什麼樣的甦醒？
2. 波波里花園：什麼正在開花？
3. 烏菲茲美術館：我的創意豐富嗎？
4. 彼提宮：我如何把自己當作貴族一般看待？
5. 老橋：什麼能協助我到達目的地？
6. 大衛雕像：什麼能幫助我鍛鍊身體肌肉？
7. 美食：我如何把健康食物變得令人垂涎欲滴？

佛羅倫斯的街道，經常從街頭到街尾各有不同的街名，讓人想到人生旅程似乎也是如此。有時你從一個地方開始，它卻帶你走上另一條路，把你帶到你最意想不到的地方。

根據歷史學家所能追溯到的資料，義大利是塔羅牌的發源地。最初是皇室宮廷和貴族在玩的遊戲；後來迅速傳開，變成大眾喜愛的紙牌數字遊戲。早在占卜流行之前就被用於賭博，當時大概沒人料想得到現代塔羅牌的演變吧！

我該放棄這份工作嗎牌陣
Should I Quit This Job Spread

離開一份工作時通常需要特別注意情緒問題。只要做好工作交接、提供足夠工作須知、向同事表達感謝、跟工作敵手和解，就可以抱著愉快心情離開。

在這一天

美國總統尼克森（Richard Nixon）於1974年的今天宣布他將辭去總統職務。他在橢圓形辦公室發表現場辭職演說，讓全國為之震驚。

牌陣概述

是該辭掉工作的時候了嗎？很少有人會像尼克森總統一樣，因水門事件醜聞纏身而戲劇化辭職，我們很難知道什麼時候該認輸。這個牌陣可以幫你檢視，什麼時候該大膽一躍，切斷現在的工作束縛。

擺出陣型

生涯職業是決定你的生活方式、性格以及社交狀況的重要元素。沒有什麼東西比時間更寶貴。憑著一顆真誠的心與問心無愧的良心，做出最好的選擇。

寶劍七做出了停損。這張牌代表離開某種情境走向未來，身上只帶了必要的東西。他離開安全營地，踏出已知的舒適圈，獨自進入未知。這是個有點可怕但非常勇敢的決定。

1. 我喜歡我的工作嗎？
2. 我的工作對我很有挑戰性嗎？
3. 我覺得壓力很大嗎？
4. 我跟管理階層的關係如何？
5. 我跟同事的關係如何？
6. 我身邊有其他好的工作機會嗎？
7. 留下來會是什麼結果？
8. 離開會是什麼結果？
9. 我該辭去這份工作嗎？

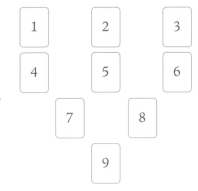

我是不是被騙了牌陣
Am I Being Lied To Spread

在這一天

巨星歌手蕾哈娜（Rihanna）和饒舌歌手阿姆（Eminem）於2010年的今天合力發表了單曲〈愛你說謊的樣子〉（Love the Way You Lie），當年紅極一時。

牌陣概述

你覺得自己被騙了嗎？當你的直覺大聲尖叫要你注意某些事情已經不對勁時，不妨試試這個牌陣，幫你檢視一下目前狀況，找出核心問題。

擺出陣型

1. 我是否確實聽從自己的直覺？
2. 我有沒有可能是白擔心？
3. 我的懷疑有道理嗎？
4. 我如何查明事情的真相？
5. 我真的被騙了嗎？
6. 我願意原諒然後繼續往前走嗎？
7. 必須做出什麼樣的改變？

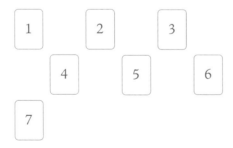

〈愛你說謊的樣子〉歌詞觸及家暴議題，這也是兩位藝人都曾努力想要解決的問題。

寶劍牌代表實相的揭露，因為它們能照亮我們的心智、理智和理性。寶劍牌經常會帶來衝突，這是謊言和片面事實的必然結果。寶劍王牌能夠辨別真相，因此這把劍也出現在正義牌上。道德選擇以及道德困境都得靠這把劍來解決。

8月10日

流星雨牌陣
Meteor Shower Spread

英仙座流星雨（Perseid）以希臘神祇柏休斯 Perseus 來命名，柏修斯在殺死可怕的蛇髮女妖梅杜莎之後，成為著名的英雄人物。有些天主教徒將英仙座流星雨稱為「聖勞倫斯的眼淚」，因為八月十日是這位聖徒殉道的日子。

權杖八快迅速劃過天空，有如充滿能量、帶有火山特性的流星一樣。權杖八不會在大氣中燃燒，而是將它的能量帶到地面。這些權杖會在哪裡著陸呢？你會是其中一位駕馭它們的人嗎？

在這一天

英仙座流星雨大約在今天達到高峰。已被觀察了超過兩千年的英仙座流星雨，只有在北半球才能看到。如果在凌晨最佳觀看時間點來觀測，可看到每小時出現多達六十顆流星。

牌陣概述

誰是第一個向星星許願的人？在英仙座流星雨期間，看起來就像星星在回應人的願望。這個牌陣的靈感就是來自夏季的這場流星雨。

擺出陣型

假設流星雨能提供天界的訊息，然後將牌擺成流星的形狀。

1. 什麼驚喜機會正在朝我降落？
2. 我如何做好準備來迎接它？
3. 如果我擁抱（接受）它，那會發生什麼事？
4. 如果我忽略它，那會發生什麼事？
5. 什麼長久未解的老問題必須被燒掉？
6. 火元素要教導我什麼？
7. 我的願望會實現嗎？

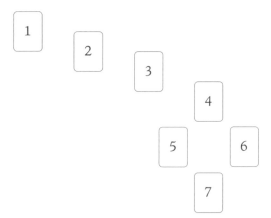

監禁牌陣
Imprisonment Spread

在這一天

1934年的今天，上午九點四十分，第一批囚犯被帶到惡魔島監獄（Alcatraz Island Penitentiary）。這座名聲極差的監獄主要是關押在其他監獄惹麻煩的囚犯，因而成了美國最惡名昭彰的銀行搶劫犯與殺人犯的家。

牌陣概述

你被什麼東西俘虜住嗎？監獄圍籬並不是將人關押起來的唯一設施。破壞性的想法、社會期待、限制性的信念，甚至其他人，都會令人動彈不得。這個牌陣主要在探索是什麼束縛了一個人，了解之後，他們才有力量去擺脫那個束縛。

擺出陣型

擺設這個牌陣，像潮濕牢房裡那些被祈求拆除的窗條一般。

1. 什麼束縛了我？
2. 什麼榨乾了我的快樂？
3. 我但願自己從來不知道什麼？
4. 為什麼我會是自己最大的敵人？
5. 我最害怕什麼？
6. 什麼東西比死亡還要可怕？
7. 我如何逃脫？
8. 我帶給自己的功課是什麼？
9. 外面有些什麼東西？

```
┌───┐   ┌───┐   ┌───┐
│ 1 │   │ 4 │   │ 7 │
└───┘   └───┘   └───┘
┌───┐   ┌───┐   ┌───┐
│ 2 │   │ 5 │   │ 8 │
└───┘   └───┘   └───┘
┌───┐   ┌───┐   ┌───┐
│ 3 │   │ 6 │   │ 9 │
└───┘   └───┘   └───┘
```

惡魔島監獄運作了二十九年，從來沒有囚犯成功越獄。後來由於運營成本太高而關閉，它現在是一個旅遊景點，也是流行文化電影、電視節目和文學作品的靈感來源。

寶劍八裡面那個全身被綁住的人，身後的懸崖上隱約可見一座類似惡魔島監獄的城堡。它幾乎要消失於背景當中，這也象徵著過往一切消失，以及這個人有能力掙脫束縛。這個人彷彿漂浮在水面上，代表了此人（這張牌）帶有超自然力量。心中的高牆和枷鎖，只要一個念頭就能摧毀。

有些學者將女祭司與聖瓊安（Pope Joan，教皇瓊安）的形象相連結，另一些學者則認為她是以曼福得修女（Sister Manfreda）為原型。曼福得修女是維斯孔蒂家族的親戚，被異端的古列爾米教派選為女教皇，後來被燒死在火刑台上。

女祭司是一切知識的看管者。她是神性之陰性（女性）面向的全然展現，體現了對於靈性奧祕的完整理解，並象徵著我們自身就是個人知識的泉井。

在這一天

海倫娜·布拉瓦茨基（Helena Blavatsky）出生於1831年的今天。這位俄羅斯唯靈論者兼作家是神智學協會（Theosophical Society）的創始人之一。神智學是一種結合東西方教義的深奧哲學，對十九世紀的神祕學家產生了巨大影響。

牌陣概述

想要檢視你的內在隱密知識了嗎？布拉瓦茨基的歷史足跡、書籍和遺產讓她完全夠格當神祕學界的女祭司。這個牌陣是以女祭司牌的象徵符號來設計問題。在古代某些塔羅套牌中，女祭司的標題是女教皇（Popess）。

擺出陣型

這個牌陣可以回答任何一種問題。你可以在擺設牌陣之前先列出問題，也可以單純根據抽到的牌來回答問題。先將女祭司牌從整副牌中取出，放在正中央，然後把抽到的牌擺在四周。

1. 三相皇冠：什麼正在改變？
2. 書籍／卷軸：我知道什麼？
3. 長袍：我的魔法是什麼？
4. 十字架：實相的本質是什麼？
5. 面紗：什麼被隱藏起來？
6. 石榴：什麼正在成長？
7. 水：什麼延續不斷？
8. 月亮：什麼是幻覺？

月亮牌牌陣
Moon Card Spread

在這一天

古羅馬人在這一天慶祝火炬節（Nemoralia）。這是獻給羅馬狩獵女神、月亮女神和生育女神戴安娜（Diana）的節日。天主教會後來將此一節日定為聖母升天節（Feast of the Assumption），信徒手持火把前往內米湖的漆黑水域，火炬光與月光在這裡交相輝映。

牌陣概述

戴安娜女神與月亮的連結，使得這一天成為最適合探索塔羅月亮牌的日子。這個牌陣就是根據月亮牌的象徵符所設計的。

擺出陣型

這個牌陣可以回答任何一種問題。你可以在擺設牌陣之前先列出問題，也可以單純根據抽到的牌來回答問題。先將月亮牌從整副牌中取出，放在正中央，然後把抽到的牌擺在四周。

1. 兩座塔：我建造了哪些虛幻的高塔？
2. 小狗：該以忠誠、負責的態度來做什麼事情？
3. 狼：我內在有什麼原始衝動在嘶嚎？
4. 月亮：我的直覺力告訴了我什麼？
5. 太陽：目前存在著什麼嚴酷的現實？
6. 池塘：我的潛意識裡面有什麼東西？
7. 小螯蝦：什麼正在從我的靈魂深處湧現？
8. 小徑：這個全新的覺知照見會把我帶到哪裡？

在這一天，獻給戴安娜女神的供品包括：將祈願訊息寫在絲帶上然後繫在祭壇或樹上；將需要治療的身體部位做成小型的烤黏土或烤麵包雕像；母親和孩子的黏土雕像；雄鹿的小雕像；唱歌和舞蹈；還有水果。

月亮牌象徵著變化和轉變。無論是狼人的變身還是海洋的潮汐引力，沒有什麼是固定不變的。

有些蜥蜴會用斷尾蠕動的方式來混淆敵人。這種防禦方法幫蜥蜴爭取到逃跑的時間。

在這一天

今天是世界蜥蜴日，世界各地的爬行動物愛好者、環保主義者和教育工作者一起在這一天慶讚爬行動物的無窮魅力。

牌陣概述

你準備好擺脫不需要的東西了嗎？有些蜥蜴可以用斷尾的方式來躲避敵人的致命攻擊，不過，尾巴只能長回來一次。這個牌陣就是受到這種奇特動作的啟發。要放棄一個人認為珍貴的東西，需要非常大的勇氣。願意鬆開緊握的手，相信曾經來過的仍會再次到來，這樣的信念當中就蘊含著生命改變的力量。

擺出陣型

一邊擺牌，一邊思考你需要拋棄什麼東西。

1. 什麼擾亂了我的平靜？
2. 我在對抗什麼？
3. 為什麼會發生這件事？
4. 我必須採取什麼行動？
5. 什麼會被拋下？
6. 什麼會重新長回來？

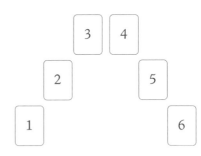

聖杯八將所有杯子留在山下，獨自往山上走去。這張牌喚起我們內在深層的情感轉化，決定走向一條新的道路。

茱莉亞・柴爾德的永不嫌遲牌陣
Julia Child's Never Too Late Spread

在這一天

茱莉亞・柴爾德出生於1942年的今天。她大膽創新的食譜令她聲名大噪，早在烹飪節目流行之前她就已經是電視偶像，但其實茱莉亞・柴爾德直到三十七歲才開始學習烹飪。

牌陣概述

你正在尋找新的人生方向嗎？重新立定道路、改變生活不求安逸，永遠不嫌老。茱莉亞・柴爾德就是最佳證明，追逐自己的夢想、開展新事業，永不嫌晚。

擺出陣型

從紙牌當中，你只會看到無限可能性。

1. 我擁有什麼獨特才能？
2. 我熱愛的東西是什麼？
3. 我因為什麼原因而壓制自己的才能？
4. 我可以做哪些微小而具體的改變？
5. 我如何在前進過程中做出更好的選擇？
6. 我的努力會得到什麼結果？
7. 如果我重新開始，最壞的情況會是什麼？
8. 如果我重新開始，最好的情況會是什麼？
9. 有哪些支持系統可以協助我改變？
10. 我的人生發生了什麼樣的變化？
11. 哪些美好的品質是我應該每天回想和推崇的？

二戰期間，茱莉亞在華盛頓戰略服務處擔任研究助理。在當時機密文件的交換中扮演關鍵角色，也是在這裡，她遇到了後來的丈夫——外交官保羅・柴爾德。

權杖三暗示新事業的開展。生意和投資夥伴很快就能找到，想法靈感也會大爆發。

愛馬人牌陣
Horse Lovers Spread

羅馬人將馬與憤怒和戰爭之神瑪爾斯連結在一起。凱爾特神話則將馬視為好運的預兆，白色馬匹尤其神聖。民間智慧則說，如果看到許多匹馬聚集在一起，那表示暴風雨要來了。

四張騎士牌和死神牌裡面都有馬匹。如果想檢視你目前的能量狀況和前進方向，請仔細觀察牌陣中出現了哪些馬。他們會告訴你，你目前的前進方向、速度以及能量狀況。

在這一天

今天是義大利錫耶納城（Sienna）最著名的瘋狂賽馬節（Il Palio）。這一天早上，參賽的馬匹會被帶到當地教堂接受祝福。如果馬兒留下糞便，就是好運的預兆。

牌陣概述

人類虧欠馬兒非常多的感謝之情。從被馴化的那一刻起，馬就一直是人類文明最大的貢獻者之一。這個牌陣是使用馬的象徵意義來設計問題。

擺出陣型

把牌擺成馬蹄鐵的形狀，從裡面抓取你的好運：

1. 我的生命動力是什麼？
2. 我如何駕馭自己的能量來推動我向前走？
3. 我願意為了什麼事情竭盡心力？
4. 什麼能給我自由？
5. 如何讓自己變得更堅強？
6. 我是高貴的人嗎？
7. 我是優雅的人嗎？
8. 我是自由的人嗎？

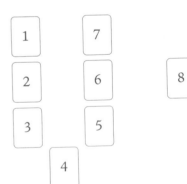

瑞秋・波拉克的神祕阿波羅博士牌陣

Rachel Pollack's Mysterious Dr. Apollo Spread

在這一天

瑞秋・波拉克出生於 1945 年的今天。她的著作《78度的智慧》（Seventy-Eight Degrees of Wisdom）被公認是現代塔羅經典著作，至今已出版十二本塔羅書籍、六本小說、三十多本短篇故事和數十本漫畫。

牌陣概述

神祕的阿波羅博士在瑞秋五歲生日時送給她這個塔羅牌陣。她人真的超好，允許我在這裡跟大家分享這個牌陣。

擺出陣型

仔細把牌擺好——這個牌陣可以改變一個生命，只要你確實將建議的行動付諸實行。

1. 已知！
2. 未知！
3. 危險！
4. 機會！
5. 行動！

瑞秋第一次接觸塔羅是 1970 年，在紐約普拉茨堡的一個寒冷冬日。一位老師為瑞秋做了塔羅占卜，以換取搭便車回家。

跟瑞秋・波拉克一樣，教皇是一位受人尊敬的老師，樂於傳授智慧和建言。富有同情心且知識淵博的教皇，傳遞神祕和靈性訊息，並與大眾分享想法。

追念祖先牌陣
Honor Your Ancestors Spread

追念家族祖先提醒了我們，人生旅途上我們並不孤單。當你開始悼念祖先，就會發生有趣的共時現象。留意你的夢境，注意在你意想不到的地方出現的訊息。

在這一天

今天是盂蘭盆節節慶活動（Bon Festival）的最高潮，這是日本人悼念祖先靈魂的佛教儀式慶典。節慶期間人們回到老家舊址與家族親友團聚，相信過世的祖先會在此時返回家中所設的祭壇（精靈棚）；還有放水燈的儀式，將燈籠、蠟燭和燈具放入河川順流而下，幫祖先靈魂找到返回陰間的路。

牌陣概述

緬懷祖先可以讓我們在精神上有非常豐盛的收穫。當我們承認生命之網的存在，就等於跟比我們更廣大的整體有了聯繫。這個牌陣的靈感就是來自那些走在你前面的人。

擺出陣型

為你想要追念的祖先各抽一張牌，要抽幾張由你自己決定。以這個牌陣為例，有三位祖先被召請回來。將這三位祖先的牌（1、4、7）牌面朝上發牌，其餘的牌牌面朝下，解牌時一次只翻開一張。

1. 祖先牌。
2. 你的訊息是什麼？
3. 我如何追悼你？
4. 祖先牌。
5. 你的訊息是什麼？
6. 我如何追悼你？
7. 祖先牌。
8. 你的訊息是什麼？
9. 我如何追悼你？
10. 我們家族代代傳承的傳統（遺產）是什麼？
11. 我如何使它增光？

錢幣十代表家族的世代循環、代代之間的聯繫，以及老人的智慧知識與年輕人的熱情明亮之結合。

1		4		7
2	3	5	6	8	9

10

11

可可香奈兒的改造衣櫥牌陣
Coco Chanel's Revamping My Wardrobe Spread

8月19日

在這一天

可可·香奈兒（Coco Chanel）誕生於1883年的今天。她將女人從緊身胸衣的束縛中解放出來，推出著名的小黑裙、芭蕾平底鞋、香奈兒套裝、菱格紋錢包，以及至今流行不墜的香奈兒5號主力香水，徹底改變了時尚界。

牌陣概述

想要改變風格嗎？使用這個牌陣來找出你的個人風格品味吧！它可以幫你確立新的方向，並思考哪些有趣的東西值得探索。

擺出陣型

將牌擺成直立的8字形，跟女人的身形相同。

1. 我的風格是什麼？
2. 我想納入什麼新元素？
3. 我穿衣打扮是為了表達我的內在自我嗎？
4. 如何改變我的購物習慣？
5. 怎樣的穿著讓我覺得最舒服？
6. 什麼樣的衣服讓我感覺自己很有力量？
7. 什麼讓我覺得性感？
8. 我會強調我身上傲人的部分嗎？
9. 近期我想完成什麼事？
10. 我相信自己對風格品味的直覺嗎？
11. 改造後的衣櫥會讓我感覺如何？

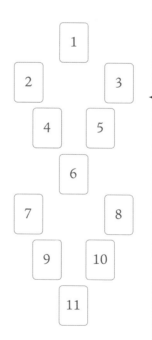

這是香奈兒小姐的忠告：「女人哪裡想被親吻，就把香水擦在那個地方。」

錢幣九這張牌也代表風格品味和瀟灑派頭。這位女士顯然很有錢，她只為讓自己開心而穿衣打扮。她也完全知道自己是誰，因此能舒服自在做自己，而且從她完美修過的腳趾就能知道她是什麼樣的人。

對洛夫克拉夫特影響最大的是愛倫·坡；他曾說，愛倫·坡是他的「小說之神」。兩人皆自幼喪父，熱愛詩歌，文風古樸典雅，這些風格都與當時文風背道而馳；他們創造了屬於自己的奇幻世界。

寶劍牌也代表思想念頭的接合，這種心理過程是我們用情緒、感官反應，以及頭腦感知之實況所感應到的現實——當你仔細檢驗這個現實，會發現它永遠不像我們想像的那麼穩固紮實。

在這一天

H·P·洛夫克拉夫特（H. P. Lovecraft）是美國恐怖小說、科幻、奇幻小說以及散文作家，他出生於1890年的今天。

牌陣概述

洛夫克拉夫特開啟了一種叫作「洛夫克拉夫特恐怖」（Lovecraftian horror）的文學體裁。他著重於因「未可知」（unknown）而產生的「宇宙恐懼」（cosmic horror），而不是靠血腥和嚇人的典型符號元素來製造恐怖感。他寫的是人類之前的、超自然的以及異種生物等這些東西，他們都在一層薄薄的現實外殼之下運作著，一旦這些被暴露，就會重重損壞一般普通人的理智。這個牌陣就是根據這些主題所設計的。

擺出陣型

回答以下問題，風險自負。

1. 現實世界的皮有多薄？
2. 過往歷史教導了我什麼？
3. 什麼時刻我最感到孤獨？
4. 如何克服無助感？
5. 我如何接受沒有答案的問題？

6. 我離精神錯亂邊緣還有多遠？
7. 我和父母之間的關係有什麼奇怪的地方？
8. 真正在我現實世界底層的東西是什麼？

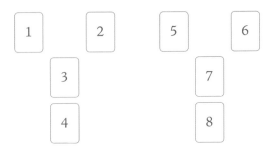

拓展事業牌陣
Grow Your Business Spread

在這一天

今天是古羅馬的康蘇斯節（Consualia），這是獻給收穫與穀物保護之神康蘇斯（Consus）的節日。所有收穫的穀物都會儲放在地窖裡，跟康蘇斯神殿一樣。常年被遮蓋在地下的康蘇斯神殿，只有在這一天會打開供信徒朝拜。

牌陣概述

準備要拓展新業務嗎？八月下旬正是收穫季節，也是感恩收成的時節。此刻亦是展望未來的時候，希望我們的目標可以在天氣轉涼之前全部實現。這個牌陣的靈感來自古代穀物，以你已經取得的成就為基礎，繼續往上拓展。

擺出陣型

1. 我目前的事業。
2. 我應該拓展這項事業嗎？
3. 我現在用的方法是什麼？
4. 我最大的困難挑戰是什麼？
5. 我如何迎接挑戰？
6. 我應該和別人合作嗎？
7. 我可以接受多元化經營嗎？
8. 如何開拓新市場？
9. 我最大的優勢是什麼？
10. 明年的成長潛力如何？

在這個羅馬慶典期間，所有馬匹和騾子都不需勞動。人們會為這些動物戴上花環，牽著牠們在街上行走。

聖杯三代表慶祝、友誼和收穫。田間碩果累累，在此豐收季節，是和最能觸動你的人一起慶祝的時刻。更重要的是，這是一張友情牌，表徵人間友情、兄弟姊妹情誼和團結的價值。

8月22日

盜走美人名畫牌陣
Stealing Beauty Spread

羅浮宮的員工佩魯加（Vincenzo Peruggia）將名畫〈蒙娜麗莎〉先藏在掃帚櫃裡，隨後將它藏在大衣裡帶出羅浮宮。後來佩魯加試圖將畫賣給佛羅倫斯的烏菲茲美術館館長，結果遭逮，在此之前，這幅畫被他藏在箱子裡藏了兩年之久。

女皇是美的化身。美的概念是從純粹的創造力中迸發出來的。宇宙透過女皇來表達自己，她就像一朵盛開的花，出現於藝術家的畫布上。在女皇眼中看來，展現自我即是一種美。

在這一天

1911 年的今天，據報，羅浮宮裡的〈蒙娜麗莎〉不見了。調查進行期間，盧浮宮關閉了一週。連畢卡索（Pablo Picasso）也被帶去接受訊問。

牌陣概述

美的概念如何影響你的生活？這個牌陣是利用佩魯加盜走美人名畫為靈感，來思考想要長期擁有感官享受的觀念和心態。

擺出陣型

將牌擺成閃亮鑽石的形狀。

1. 美的概念對我來說意謂著什麼？
2. 我認為什麼是美？
3. 在我認識的人當中，誰最美？
4. 我去過的地方當中，哪裡最美？
5. 我認為自己美麗嗎？
6. 我是否曾經被美麗欺騙？
7. 美是否曾啟發我的靈感？
8. 情人眼中出西施，是真的嗎？

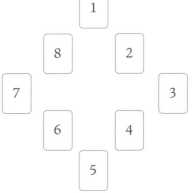

在這一天

今天是處女座開始的第一天。

牌陣概述

這個牌陣是依據處女座的星座特質設計出來的，包括：體貼、擅長觀察、內省、害羞、心思細密、要求精準、聰明。

擺出陣型

將牌擺成 V 字形。

1. 我可以怎樣更體貼別人？

2. 此刻我該仔細留意什麼事情？

3. 我需要認真反思什麼問題？

4. 我可以把什麼發洩出來？

5. 我最該把細密的心思用在哪裡？

6. 誰需要精準知道我的感受？

7. 我的聰明用在哪一方面會最有成效？

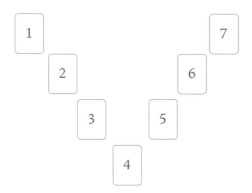

處女座的守護星是水星，代表色是藍色，幸運日是星期三，最容易成功的地點在小型城市。處女座掌管黃道十二宮的第六宮，這個宮位與工作和服務他人有關。

處女座的內省特質與隱士相吻合，隱士是人類知識和智慧的持有者。童貞或純潔的特質也和離群索居的隱士相關連。隱士的課題是不能完全退出俗世人間，以免阻礙成長。隱士必須回到塵世與他人分享他的知識。

亡靈女神牌陣
Goddess of the Dead Spread

在此節慶期間，羅馬的「鬼石」（冥界的蓋子）會被拿開，這樣鬼魂就可以輕易遊走於陰陽兩界。

在這一天

今天是羅馬人的瑪尼亞節（festival of Mania）。在羅馬和伊特拉斯坎（Etruscan）神話中，瑪尼亞（Mania）是亡靈女神。在希臘神話中，瑪尼亞是精神錯亂、瘋狂和狂熱的化身女神。

牌陣概述

你準備好要打開地獄了嗎？請做好心理準備，冥府的洞穴暗影、低階意識的蟲洞還有恐懼之河即將一一現身。這個牌陣就是根據亡靈女神的特徵，以及地獄冥府的陰暗面向設計出來的。

擺出陣型

將牌擺成三角形。

1. 鬼魂：我一直緊緊握住而必須放掉的是什麼？
2. 中陰亡靈：遊走於我們當中的是什麼？
3. 精靈：誰在看顧我？
4. 祖先：我的祖先對我的期待是什麼？
5. 精神錯亂：什麼讓我抓狂？
6. 瘋狂：我在瘋狂中發現什麼？
7. 黑暗：黑暗中藏著什麼創造力？

寶劍六與亡魂度過冥河相關連。在希臘神話中，卡戎（Charon）是冥王黑帝斯的船夫。寶劍六船上的那些劍，象徵過去的痛苦仍與你同在。不過這張牌也向我們保證，美好的時刻就在前方，同時暗示這是一趟悄然變革的旅程。

海王星特質牌陣
Qualities of Neptune Spread

在這一天

航海家2號在1989年的今天最接近海王星。海王星是以羅馬神話中的海神涅普頓（Neptune）來命名，等同希臘神話中的海神波賽頓（Poseidon）。

牌陣概述

海王星特質牌陣是以海王星的占星對應來列出問題。思考這些對應關連，可以為你的生活帶來更多明晰。

擺出陣型

把牌擺成海神波賽頓的三叉戟形狀：

1. 靈性：什麼正在呼召我的靈魂？
2. 夢想：什麼夢想會顯化成真？
3. 想像力：我應該留意什麼事物，以激發我的想像力？
4. 靈感：是什麼啟發我的靈感？
5. 妄想：我應該打破什麼樣的虛假幻想？
6. 唯心主義：我的最高目標和最高尚原則是什麼？
7. 神祕主義：什麼活動最能培養我的神祕主義素質？
8. 心像幻想：我可以將哪些舞動的心像幻想變為真實？

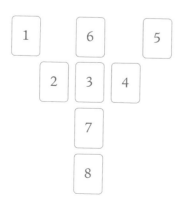

海王星掌管雙魚座和視覺溝通，例如繪畫、寫作、舞蹈、攝影、電影。它是我們太陽系中距離太陽最遠的行星。

吊人迷失在他的夢和心像幻想中，透過超然意識來觀看世界。他的臉部表情看起來並不痛苦，這個狀態代表暫停，而非死亡。他的絞架是 T 形十字架的形狀；他的頭上有象徵開悟的光環。A・E・偉特認為，這張牌反映了神性當中與宇宙有關的面向。

養狗的人血壓較低,而且壽命比較長。也許是因為狗主人比較有機會運動,因此整體健康和幸福感都跟著比較高。

戰車牌代表忠誠、信念和動力。如果牌陣中出現這張忠誠不渝的牌,那表示有一個人或一隻狗狗會永遠陪在你身邊。它也代表著你自身內在的忠誠和奉獻之心。

在這一天

今天是國際狗狗日,這一天可以多給你的狗狗和其他狗狗朋友多點愛和親親喔!

牌陣概述

今天來檢視一下你和寵物之間的關係。狗狗情緒生活的開發程度比其他生物都要來得高。這個牌陣就是以這個觀念為基礎發展出來的。無論是對你的狗狗或其他寵物,都可以使用這個牌陣。

擺出陣型

這個牌陣可以針對特定的狗狗,也可適用於你生活中表現出極大忠誠度、一直陪伴在你身邊的人來進行。請將牌擺成骨頭的形狀。

1. 代表這位忠心耿耿的朋友。
2. 代表我。
3. 我們的相處方式。
4. 我如何向他們表達愛?
5. 我們在一起最開心的事情是什麼?
6. 他們無條件愛我,我感覺如何?
7. 這如何幫助我向別人敞開心扉?
8. 怎樣才能像狗狗一樣快樂無憂?
9. 我生活中的(所有)狗狗應該得到什麼樣的對待?

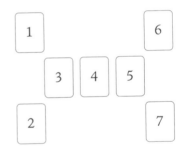

在這一天

1982年的這一天，史蒂芬・金（Stephen King）出版了四部中篇小說集合集，書名叫《四季奇譚》（Different Seasons）。史蒂芬・金是傑出且多產的恐怖小說作家，他就是我們這個時代的狄更斯。

牌陣概述

被驚嚇不是很好玩嗎？邊驚叫邊踢打、既興奮又害怕，史蒂芬・金的聲音把我們硬拉進有史以來最黑暗的文學風景裡。儘管他是故事王，但大多數人一聽到他的名字，就自動聯想到「恐怖」。令人毛骨悚然的爬蟲是這個牌陣的靈感來源。警告：此牌陣不適合膽小的人。

擺出陣型

老讀者，別害怕，他知道路——他以前去過那裡。請按以陣型布牌：

1. 我最害怕什麼？
2. 可能發生的最壞情況是什麼？
3. 誰在盯著我？
4. 我的衣櫥裡藏著什麼？
5. 我的床底下藏著什麼？
6. 誰要吞噬我？
7. 什麼保護我？

```
[1]  [2]  [3]

[4]  [5]  [6]

          [7]
```

《四季奇譚》的四個故事當中，有三部被拍成了電影：《站在我身邊》（Stand By Me）、《誰在跟我玩遊戲？》（Apt Pupil），以及《刺激1995》（The Shawshank Redemption），其中《刺激1995》還榮獲奧斯卡最佳影片提名。

寶劍二代表拒絕直視可怕的情況，認為只要我們看不到它就不存在——自欺欺人地認定事實絕非如此；也可能代表相反含義，這或許是必要的隱修和冥想靜思。關鍵在於是為了什麼要戴上眼罩。

北極光發生在地球上空超過三十五英里高處，用肉眼即可看到。

在這一天

　　這一天，一場磁暴導致北極光異常明亮，以致在美國、歐洲甚至日本都能看到。維京人的靈魂舞者、愛斯基摩人的靈性動物、希臘人的戰爭預兆，還有阿爾袞琴族人（Algonquin）的造物主之火的反射，當北極光第一次在人類眼前跳舞，就成了跨文化的神話靈感來源。

牌陣概述

　　你喜歡早晨時光嗎？北極光（Aurora Borealis）是以羅馬黎明女神奧羅拉（Aurora）和希臘北風之神玻瑞阿斯（Boreas）來命名的。這個牌陣的靈感來自極光，極光每天早晨都會自我更新，然後飛過天際宣布陽光的到來。

擺出陣型

1. 什麼事物每天被更新？
2. 為什麼早晨擁有特殊魔法？
3. 明天我會表現得更好嗎？
4. 明天我能完成的最重要事情是什麼？
5. 明天我可以嘗試什麼新東西？
6. 可以培養什麼特別的晨間儀式？
7. 什麼事情該讓它隨著我晚上睡覺一起沉睡？

愚人牌告訴我們，每一天都是一個重新開始的機會。愚人代表各種自由——自由的愛、自由的旅行和自由的思考。他是純粹潛能。

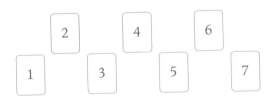

歡樂滿人間牌陣
Mary Poppins Spread

在這一天

電影版《歡樂滿人間》（Mary Poppins）於1964年的今天上映。一位擁有魔法的仙女下凡到人間，在一個情感疏離的銀行家裡擔任保姆，讓這個不幸福的家庭變得充滿歡樂。這個故事隨著精采歌舞進入了百萬人的心靈和記憶之中。

牌陣概述

這個仙女保姆瑪麗的故事裡有許多非常棒的教導和生活建議。這個牌陣的靈感是來自一匙甜糖、愛的守則，以及史上最有名的保姆榜樣。

擺出陣型

把牌擺成魔法雨傘的形狀。

1. 那些地方需要我設定界限？
2. 如何讓不愉快的工作變得有趣？
3. 我如何活在當下？
4. 我如何真誠待人？
5. 什麼有助於培養我的個人見解？
6. 我有信守諾言嗎？
7. 如何保持靈活彈性？
8. 我如何為別人的生活帶來一點改變？
9. 我如何與家人更親近？

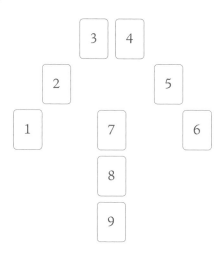

這部電影最初有一個場景：托兒所裡的玩具全部都活了過來。後來發現這會嚇到小孩子，因此被刪掉了。不過，百老匯音樂劇還是繼續使用這個神奇裝置。

聖杯三象徵著歡樂、舞蹈和歌唱，任何音樂劇的創作都帶有聖杯三的能量。盡情展現自我是音樂劇的核心，這正是牌面上三位女性歡樂慶祝的原因。

一個潮濕多雨的夏天，與拜倫勳爵以及她未來的丈夫珀西·雪萊一起在日內湖畔度假時，瑪麗·雪萊開始構思《科學怪人》這部小說。因受惡劣天氣的限制，他們只好閱讀德國鬼故事自娛自樂，並在拜倫勳爵的建議下，每人都要寫出一個靈異故事。

由於他的權威和嚴格、控制、無可動搖等特質，皇帝牌帶有科學怪人的陰暗面性格。

在這一天

作家瑪麗·雪萊於1797年的今天出生在英國倫敦。十八歲那年，雪萊開始撰寫這部黑暗陰鬱的典型哥德式小說《科學怪人》（Frankenstein）。

牌陣概述

《科學怪人》講述了一個關於人造怪物追求認同與接納的經典故事。這個故事具有警示意味當人類做出類似普羅米修斯式的錯誤行為，想要控制生與死的本質時，就會發生悲劇。這個牌陣是借用故事中主題和符號，來釐清你的生活。

擺出陣型

把牌擺成兩道閃電的形狀：

1. 叛逆：我的行為是否經常違反常理？
2. 生命創造力：我在生活中創造了什麼嗎？
3. 塑造命運：我該活出什麼樣的天命？
4. 疏離：什麼原因讓我覺得自己像個局外人？
5. 怪物：什麼讓我感到害怕？
6. 瘋狂：什麼讓我瘋狂？
7. 保密：我壓抑了什麼不讓別人知道？
8. 罪惡感：罪惡感會影響我的行為嗎？
9. 渴望：我最想要得到的是什麼？
10. 神祕知識：神祕知識如何幫助我了解現實？
11. 危險知識：我但願自己從來不曾知道什麼事情？

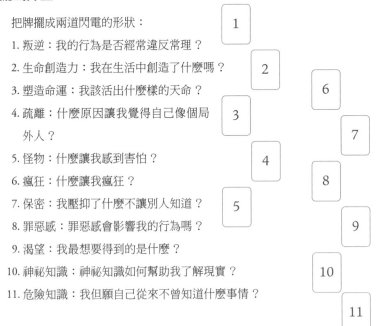

權杖的智慧牌陣
Wisdom of Wands Spread

在這一天

薩爾瓦多中西部小鎮內哈帕(Nejapa)在今天舉行一年一度的「火球節」慶典。男人打扮成骷髏，分成兩隊，互相向對方投擲沾滿汽油的破布火球。這是為紀念1922年的一次火山噴發，當地教會稱那是聖傑羅姆用火球擊退了魔鬼，這個習俗因此流傳下來。

牌陣概述

你準備要開始行動了嗎？這個火球之夜連結的是代表熊熊魔法火焰的權杖牌。權杖代表欲望、精神面、行動以及靈感的激發。這個牌陣的靈感就是來自權杖牌組。

擺出陣型

施展魔法時，首先會用到的工具就是權杖。請把牌擺成巫師權杖的形狀：

1. 移動：我要去哪裡？
2. 行動：我應該做什麼？
3. 自發：我應該採取什麼立場？
4. 性格：我性格中的亮點是什麼？
5. 抱負：我想要什麼？
6. 精神：我的最高福祉是什麼？
7. 決心：是什麼原因，沒有任何事情能阻止我？
8. 表達：什麼需要被表達出來

火是事相(event)而不是一種物體。將木材或燃料加熱會釋放易揮發的氣體，這些氣體很容易跟氧氣一起燃燒，而熾熱的氣體又進一步讓燃料溫度升高，就這樣反覆循環。

權杖牌講的，是什麼形成我們的個性和行為，為什麼我們要在早上強迫自己從棉被裡爬出來，以及為什麼我們會做某些事。在精神層面，權杖牌代表對你來說最重要的事情，也就是你生命的核心——你的激情和欲望。

娜塔莉·波曼在拍攝《黑天鵝》期間，結識了她後來的丈夫，也是當時合作共事的編舞家班傑明·米爾派德（Benjamin Millepied）。

惡魔牌連結的是我們人格中陰暗、壓抑的部分。他代表激情、本能和享樂主義，也代表被壓抑的欲望以有害方式呈現之後產生的扭曲。

在這一天

娜塔莉·波曼主演的黑暗心理驚悚片《黑天鵝》（Black Swan），於2010年的今天拉開了威尼斯電影節的序幕。劇情圍繞著芭蕾舞者妮娜而展開，她在〈天鵝湖〉舞劇中擔任主角。

牌陣概述

你一直在隱藏什麼？什麼東西在你的陰暗面成長茁壯？〈天鵝湖〉舞劇中，妮娜既要體現白天鵝的純潔，又要體現黑天鵝的陰暗。當白天鵝的純真甜美安穩坐在她的舒適圈，妮娜逐漸失去理智，同時發現了她內心黑暗且性感的黑天鵝。這個牌陣是借用電影中的主題，將蓋住你內心黑天鵝的那張簾幕拉開。

擺出陣型

把你的牌擺成天鵝的形狀：

1. 我害怕別人看到我內在的哪一部分？
2. 我害怕看到自己的哪一部分？
3. 我是如何應對這種恐懼？
4. 我築起了哪些牆？
5. 我覺得自己的哪一部分很危險？
6. 我能支配我的性驅力嗎？
7. 我可以對心靈中的黑暗部分表達愛嗎？
8. 我可以接受並保護我的黑暗面不讓它傷害別人嗎？
9. 誰是我的分身？

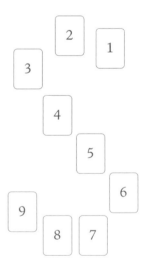

尼姬女神的成功牌陣
Nike's Success Spread

在這一天

今天是希臘人獻給帶翼女神尼姬（Nike）的節慶日，她是象徵速度、力量和勝利的女神。在希臘的藝術作品中，她經常被描繪成駕馭戰車的形象，飛翔於各種戰場上，以名譽和榮耀獎勵勝利者。

牌陣概述

你準備好在哪一件事情上爭取勝利嗎？這個牌陣的靈感來自女神尼姬，能幫你釐清目前的狀況。

擺出陣型

將牌擺成尼姬女神的翅膀形狀：

1. 什麼對我有利？
2. 什麼對我形成阻力？
3. 什麼能保證我成功？
4. 什麼會破壞它？
5. 我是否因為成功就變了一個人？
6. 我如何保持不變？
7. 我必須放棄什麼？
8. 報償是什麼？

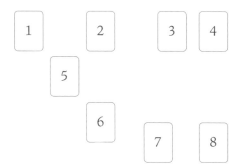

希臘女神尼姬在羅馬神話中對應的是女神維多利亞（Victoria，譯注：勝利之意），這就是「NIKE」這個字代表勝利的由來。

戰車牌跟尼姬女神一樣，都擁有迅速、求勝、征服和雄心的特質。戰車代表一個人因自己的努力和聰明才智而獲得成功。帶有一種以行動取勝的感覺——手握韁繩掌控生命力量，一切都在他的控制之中。

每年火人祭都會特地建造一座臨時活動場所，活動結束後再將它拆掉。

吊人和火人都拒絕小我（ego）。將自身利益擺在一邊是吊人牌的關鍵含義。把他人的需求放在第一位、將自己獻身於更高層次的理想和事業，這張牌的其中一個面向就是自我犧牲。

在這一天

自1986年以來，火人祭都在九月三日這一天前後舉辦。這個節日由內華達州沙漠中的臨時實驗社區發起，致力於推動積極展現自我和澈底自力更生。儀式中使用的巨大人形木像最後都會被燒掉。

牌陣概述

火人祭的創辦人拉里・哈維（Larry Harvey）在2004年寫下火人祭的十大原則，具體闡釋了這個活動的文化和精神。這十大原則就是火人祭牌陣的靈感來源。

擺出陣型

將牌擺成火人的形狀：

1. 積極包容：我如何包容和尊重不認識的人？
2. 無私餽贈：我如何做到無條件付出？
3. 去商品化：我如何降低「物品」的商業交易價值？
4. 自力更生：我如何發現和仰賴自己的內在資源？
5. 展現自我：我如何展現我的獨特天賦？
6. 社區精神：我如何與他人合作？
7. 公民責任：我如何成為更好的社區成員？
8. 不留痕跡：如何減少碳足跡？
9. 積極參與：我如何透過「做」（doing）來達成「是」（being）？
10. 活在當下：我如何藉由真實生命經驗來打破真實自我與內在自我認知之間的障礙？

```
                    10

    4    5    9    7    6

              8

              3

         1         2
```

天使之城牌陣
City of Angels Spread

在這一天

來自西班牙的定居者於1781年的今天在加州建立了洛杉磯城（Los Angeles，譯注：西班牙語的「天使」之意），那時他們絕對沒有想到，這塊被他國包圍的土地，後來會崛起成為世界娛樂產業之都。洛杉磯是僅次於紐約市的美國第二大城市，每年都產出數百部電影和唱片。

牌陣概述

你發現自己在作加州夢嗎？這個牌陣以洛杉磯這座城市為主題靈感，透過問題來探索這些主題跟你生活的關連。

擺出陣型

將牌擺成好萊塢星光大道上的星星：

1. 潛力明星：我創造了什麼劇碼？
2. 魅力：今天我可以做什麼事讓自己覺得很有魅力？
3. 紅地毯：我以什麼形象展現在世人眼前？
4. 浮華：我可以如何放縱自己？
5. 海灘：我跟水元素有什麼樣的連結？
6. 陽光：什麼讓我感覺很健康？
7. 搖滾樂：什麼讓我想跳舞？
8. 電影場景：什麼幻想即將成真？

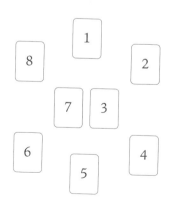

在洛杉磯郡，每年約有十萬名女性隆胸，平均有六十五人將法定姓名更改為耶穌基督（Jesus Christ），平均每位市民每年吃掉二百五十個墨西哥玉米餅。

聖杯七跟洛杉磯一樣，與電影和想像力有著密切關連。這張牌看起來就像是有一個人的剪影在投影機前，七個杯子好似在銀幕上，在他面前打轉，代表尚未展開的可能性。

9月5日

我該展開這項計畫嗎牌陣
Should I Start This Project Spread

溫徹斯特夫人對十三這個數字相當迷戀，房子裡無處不存在著十三。編號十三的浴室有十三扇窗戶，廚房水槽有十三個排水孔，她甚至將一座可點十二盞燈的大型煤氣吊燈硬是改裝成十三盞燈。

錢幣四牌面上有一個人緊緊抱著他的錢，同時身後有一座正在建造的城市。他緊緊抓住有形之物，好像這樣就能讓他免於死亡的命運。然而，從來沒有人能逃脫那等待著我們的死期——即使是擁有龐大財富又不停改建大豪邸的莎拉·溫徹斯特也沒辦法。

在這一天

莎拉·溫徹斯特（Sarah Winchester）是著名的溫徹斯特神祕屋的所有人，也是槍支鉅賈威廉·溫徹斯特的遺孀，她於1922年的這一天去世。因為聽了一位靈媒的建議，她決定開始溫徹斯特宅邸的改建計畫，而且每天二十四小時日以繼夜不停進行改建工程，這樣持續了三十八年。這座位於加州的維多利亞式建築宅邸，以雜亂無章的大小格局、房數之多，以及缺乏總體建築規畫而聞名。

牌陣概述

你正在猶豫是否要展開某項重大計畫嗎？事情一開始可能蠻吸引人，之後就會漸漸失去樂趣和實用性。這個牌陣可以讓你檢視是否該展開一項新計畫。

擺出陣型

將牌擺成一條向上走的直線。

1. 這個計畫值得做嗎？
2. 結果會帶來長久好處嗎？
3. 過程或結果是否值得花這些時間？
4. 過程或結果是否值得花這些錢？
5. 我想要完成的核心目標是什麼？
6. 我會享受這個過程嗎？
7. 我的付出得到什麼結果？

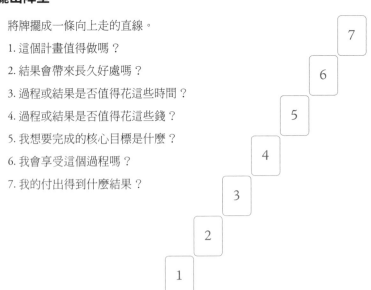

接受親人離世牌陣
Accepting Loss Spread

在這一天

1997年的今天,威爾斯王妃戴安娜‧斯賓塞(Diana Spencer)的公開葬禮在西敏寺舉行。她的遺體被安葬在斯賓塞家族莊園一個湖中小島上。當天觀看葬禮的人數超過二十億人,應該很少人會忘記,她的兒子威廉與哈利跟在她的棺材後面,走過倫敦街道的身影。

牌陣概述

你失去了摯愛的人嗎?我們永遠沒辦法做好準備,來面對所愛之人離世的事實。雖然塔羅牌陣無法解答所有問題,但它可以在你心碎時,為你帶來光明和選擇。

擺出陣型

1. 我該如何面對失去親人的痛苦?
2. 我如何將痛苦釋放出來?
3. 我可以跟誰分享?
4. 我可以領受大自然的美嗎?
5. 我如何對自己溫柔一點?
6. 我可以給自己時間來療癒嗎?
7. 我可以從事哪些身體／心靈活動讓自己找到平靜?
8. 直視這個失落,我看到了什麼?
9. 我能看到這件事情帶來的禮物和益處嗎?
10. 什麼可以推動我往前走去面對未來?

一條種植了三十六棵橡樹的小徑,一棵橡樹代表她的一年生命,直直通往安葬著戴安娜的湖泊。四隻黑天鵝悠游於湖面,旁邊是成列的睡蓮。附近還有一座由戴安娜、威廉、哈利和其他家庭成員親手栽植的植物園。

聖杯王牌是具有力量的愛之噴泉,能治癒破碎的心。

力量牌牌陣
Strength Card Spread

堅強剛毅的美德通常會以獅子或是斷掉的柱子表示。不過，維斯孔蒂—斯福爾扎塔羅（Visconti-Sforza）的力量牌卻是描繪海克力斯正在攻擊一頭獅子的情景，這很可能就是在畫斯福爾扎本人，他也是出資請人繪製這副塔羅牌的人，而且他的軍隊打了勝仗。

力量牌通常代表某個需要你克服恐懼的障礙。精力和冷靜戰勝了殘暴和武力。堅強的性格、高超的道德立場、身體耐力以及健康，全都展現在這張牌了。

在這一天

西元前 1251 年的這一天發生的日食，標誌著希臘神話英雄海克力斯（Heracles）的誕生。海克力斯展現出無比的力量、勇氣和聰明才智；他也就是羅馬神話中的赫丘利（Hercules）。

牌陣概述

維斯孔蒂—斯福爾扎塔羅套牌的力量牌畫的是海克力斯，拿著他的棍子正在攻擊涅墨亞獅子。這個牌陣的問題都是來自傳統力量牌中的符號。

擺出陣型

這個牌陣可以回答任何一種問題。你可以在擺設牌陣之前先列出問題，也可以單純根據抽到的牌來回答問題。先將力量牌從整副牌中取出，放在正中央，然後把抽到的牌擺在四周。

1. 女士：我是否夠理性？
2. 獅子：我的直覺告訴我什麼？
3. 無限符號：我如何擴展思維？
4. 手部姿勢：我如何對別人溫柔？
5. 花環腰帶：我的界線該畫在哪裡？
6. 白袍：我如何帶來和平？
7. 山脈：長期目標是什麼？
8. 黃色背景：我的聰明才智如何為我服務？

兄弟姊妹問題牌陣
Sibling Issues Spread

在這一天

心理驚悚片《死亡之鈴》（Dead Ringers）在1988年的今天上映。傑瑞米·艾朗（Jeremy Irons）飾演一對同卵雙胞胎婦科醫生。兄弟兩人利用沒人能分得清楚他們誰是誰，開始對所有人撒謊，直到兩兄弟關係因一名女性而惡化，最後導致可怕的結局。

牌陣概述

你和兄弟或姊妹不和嗎？兄弟姊妹之間的爭吵和誤解，往往讓人非常痛苦。這個牌陣讓你有機會冷靜退後一步來審視彼此的關係，找到新的方式來表達你的需求，為彼此的不和找出解決方案。

擺出陣型

1. 實際狀況。
2. 我的感受。
3. 他們的感受。
4. 我看到哪些他們看不到的東西？
5. 他們看到什麼我看不到的東西？
6. 對我們雙方來說，什麼是真正能做到的？
7. 我可以採取什麼行動來修復這段關係？

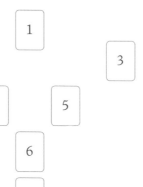

研究人員發現，小孩子花在跟兄弟姊妹相處的時間，比跟朋友、父母、老師甚至獨處的時間還要長。雖然他們彼此之間可能未必一直都相處融洽，但小孩子在十一歲之前，大約有百分之三十三的時間都是跟他們的兄弟姊妹在一起。

聖杯三代表幸福、合作以及團聚的喜悅。雖然這張牌看起來帶有很強的陰性能量，但它其實代表男女性別都有一致的情感目標，而且都有能力達成。

輪迴研究是超心理學的一個支派,研究對象是主動提及自己前世經驗的幼童。這些孩子很可能是將前世的知識帶到這一世了。

在這一天

2012 年的今天,根據大衛‧米契爾(David Mitchell)的小說改編的電影《雲圖》(Cloud Atlas)在多倫多國際電影節首映。

牌陣概述

你和你的靈魂伴侶在前世是如何認識的?《雲圖》一共有六段故事,其中五段全都是同一個靈魂在不同身體中輪迴轉世的經歷。這個牌陣就是受到輪迴和靈魂伴侶概念的啟發,試著揭開永恆愛情與牽連的神祕面紗。

擺出陣型

感受你們之間的連結,然後擺出陣型。

1. 我前世是誰?
2. 誰是我前世的靈魂伴侶?
3. 我們的關係是什麼?
4. 這段關係穩定嗎?
5. 我們有孩子嗎?
6. 我們在一起很久嗎?
7. 在前世,我們一起學到了什麼功課?
8. 我們今生在學習什麼功課?
9. 我們都在進化和前進嗎?

1		2
	3	
4	5	6
7	8	9

命運之輪是業力、演化和永恆輪轉的概念。生命的無盡循環、無常起伏以及永恆輪轉,都可以在這幅最具標誌意義且歷久不衰的圖像中看到。

瑪莉‧拉芙的巫毒牌陣
Marie Laveau's Voodoo Spread

在這一天

巫毒女王瑪莉‧拉芙出生於1794年的今天。瑪莉是美國歷史上名聲最差的巫毒教人物。她將非洲奴隸的信仰習俗轉型為社會和文化制度,她的咒術儀式成為一種公眾景觀、娛樂,甚至具有政治影響力。在紐奧良擔任美髮師期間,她也提供私人諮商並主持公開儀式,包括驅魔和祭祀靈魂。

牌陣概述

你準備將魔咒包拿出來了嗎?這個牌陣是根據紐奧良巫毒的核心元素、物品以及傳說、儀式和咒語所設計出來的。

擺出陣型

小心午夜過後的十字路口,把牌擺成以下陣型:

1. 護身符:我需要防護什麼?

2. 抉擇魔咒包:我必須做出什麼選擇?

3. 河口沼澤:我的潛意識裡潛伏著什麼?

4. 格利斯格利斯護符袋(Gris-Gris Bag):我應該專注於什麼魔法或能量並隨身攜帶?

5. 幽靈屋:什麼能量必須被擊退?

6. 黑貓符咒(Juju):我生活中哪些方面藏有好運?

7. 魔法油:我必須創造什麼?

8. 殭屍:什麼必須死?

9. 咒語:我應該把所有力量集中在生活中的哪一方面?

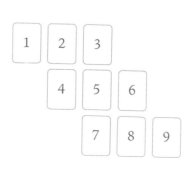

每年都有成千上萬遊客來到瑪莉‧拉芙的墓前,獻上各式各樣供品向她致意,祈求她保佑和祝福所有人。

權杖王后施展強大的魔法。坐在她腳邊的黑貓,是這位王后所施展的魔法當中經常被忽視的一面。在四張王后牌中,她最兇猛堅定,內心擁有巨大無比的能量,而且是激發變革和改變現實的速度最快的一位。

梅奧診所（The Mayo Clinic）說，放下怨恨和痛苦感，就能讓出空間給平靜、仁慈和悲憫。它還可以帶來更健康的人際關係、降低血壓，以及許多其他令人嚮往的品質。

在這一天

2001 年的今天，紐約市、阿靈頓、維吉尼亞和尚克斯維爾等地發生了一連串自殺式攻擊。將近三千人遇害，自這一天起，恐怖份子完全改變了美國的面貌、歷史和外交政策。

牌陣概述

寬恕並不會讓攻擊行為變成可以接受，但它能夠釋放人們心中暗藏的憤怒。進行這個牌陣時不妨一邊思考，報復和寬恕分別帶來的可能後果。寬恕是一種心理上的行動，有時也是靈性上的作為，讓怨恨、憤怒和憤慨的感覺劃下句點。

擺出陣型

1. 我可以表達自己的情緒而不用為這些情緒道歉嗎？
2. 我身邊有支持系統嗎？
3. 我可以把這種痛苦轉化成什麼？
4. 是什麼讓我緊抱憤怒和怨恨不放？
5. 我可以同情傷害我的人嗎？
6. 我如何消除憤怒感？
7. 我可以設定我需要的界線嗎？
8. 我可以感謝我生命中美好的一面嗎？
9. 事實上我的憤怒可能還會再次出現，我如何面對這種情況？
10. 想像一下未來的自己，如果沒有報復之心，我的人生是不是會過得更好？
11. 結語。

聖杯王牌代表情感的流動、成長以及敞開，當我們給出真正的寬恕，這些品質就會發生。

```
 ┌───┐ ┌───┐ ┌───┐
 │ 1 │ │ 2 │ │ 3 │
 └───┘ └───┘ └───┘
 ┌───┐ ┌───┐ ┌───┐        ┌───┐
 │ 4 │ │ 5 │ │ 6 │        │10 │
 └───┘ └───┘ └───┘        └───┘
       ┌───┐ ┌───┐ ┌───┐  ┌───┐
       │ 7 │ │ 8 │ │ 9 │  │11 │
       └───┘ └───┘ └───┘  └───┘
```

躲貓貓滑稽劇牌陣
Peek-a-Boo Burlesque Spread

在這一天

1866年的這一天，史上第一齣滑稽歌舞劇在紐約市演出。這齣喜劇叫作《惡騙子》(The Black Crook)，共演出了四百七十五場，為製作人賺進超過一百萬美金。

牌陣概述

你是一個愛逗趣的人嗎？現代的滑稽劇(burlesque)，通常被稱為「新滑稽歌舞劇」(neo-burlesque)，一方面讓人陶醉於脫衣舞藝術，同時又感受到海報女郎式的挑逗。脫掉一部分衣服，只留著乳頭罩和丁字內褲，給觀眾留下了一點想像空間。這種隱藏式的誘惑概念，為這個牌陣提供了靈感。

擺出陣型

每兩張牌一組，第二張牌都是代表「我隱藏的東西」，全部牌面朝下。將代表「我給外人看的東西」牌面朝上放置。這個牌陣可以幫你檢視，你是怎樣在跟周遭世界玩躲貓貓遊戲。

1. 我給外人看的。
2. 我隱藏的。
3. 我給前任看的。
4. 我隱藏的。
5. 我給愛人看的。
6. 我隱藏的。
7. 我給工作同事看的。
8. 我隱藏的。
9. 我給家人看的。
10. 我隱藏的。

1	2	3	4
		5	6
7	8	9	10

滑稽歌舞劇一詞代表為歡笑而設計的文學、戲劇或音樂作品。十七世紀後期，這種表演形式也被用在莎士比亞和喬叟的作品上。直到十九世紀，它才變成撩人的脫衣舞秀。

寶劍二代表你心靈中禁止他人進入的部分。海洋和月亮反映出情緒飽滿的元素，揭露了這張牌帶有兩個對立面和諧共存的意涵。

準備為人父母牌陣
Am I Ready for Parenthood Spread

由於每個人所處的時代環境和文化背景不同，育兒方式也會有所變動而且是可討論的。只有一個事實永遠不變：共同的根本要素是愛。

在這一天

今天是羅馬神祇朱比特、朱諾和密涅瓦的節慶日。朱比特是眾神之王，朱諾是他的妻子和妹妹；密涅瓦是朱比特的女兒，也是智慧女神。在這一天，人們會舉行盛大的儀式饗宴來侍奉這組三相神。

牌陣概述

你正在考慮成為父母嗎？這個牌陣就是以這個天界家庭為靈感，來提醒我們如何做好為人父母的準備。雖然我們沒辦法把自己完全準備好才來生小孩，而且每個人的經驗都不同，在你決定大膽跳進來當父母親之前，這個牌陣可以幫你檢視所有相關議題。

擺出陣型

小心翼翼擺設這個牌陣。

1. 我對小孩子有什麼想法？
2. 我是否已經準備好將他人的需求放在自己的需求之前？
3. 我已經準備好徹底改變我的生活了嗎？
4. 我是負責任的人嗎？
5. 我的財務狀況如何？
6. 我有支持系統嗎？
7. 嬰兒會讓我的生活多增加什麼？
8. 什麼能幫助我適應這些改變？
9. 我還需要知道哪些我現在不知道的？
10. 基於什麼理由，我可以成為了不起的父母？

太陽牌代表健康的孕期和快樂的孩子。這張牌也讓我們回想起，母親是如何養育她們子宮內的孩子，她們就像太陽，製造和提供嬰兒所需的一切養分。

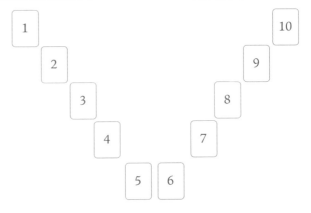

活在當下牌陣
Live in the Moment Spread

在這一天

大英帝國在1752年的今天正式採用「格里曆」（Gregorian calendar，譯注：就是我們所稱的陽曆或公曆），日期往前減了十一天。這個陽曆後來成為西方世界最廣泛被採用和使用的民用曆法。

牌陣概述

你總是匆匆忙忙過生活嗎？作為最直觀感受，也是人類安排全部生活的計量單位，時間本身的特性其實相當怪異且難以捉摸。年輕的時候覺得時間很有彈性、能伸縮而且很長，年長之後卻覺得時間走得很快，無聊的時候又感覺時間拖得很漫長，體驗「時間」的最理想狀態，是當時間從我們的感知完全消失的時候。這個牌陣的目的是為了促進你對於「活在當下」的體驗。

擺出陣型

1. 如何不在意別人對我的看法而且不會尷尬？
2. 什麼幫助我發現周遭事物的美？
3. 我如何只專注於眼前的事？
4. 我如何把自己完全交給自己的感官覺受？
5. 我可以選擇什麼可以讓自己全心投入的新活動？
6. 我能夠努力讓自己脫離科技產品嗎？
7. 活在當下帶給我什麼體驗？

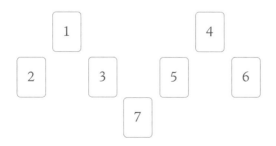

雖然格里曆是以教皇葛瑞格里十三世（Pope Gregory XIII）的名字命名，但實際上是義大利天文學家兼哲學家路易吉·利里奧（Luigi Lilio）所設計的。

世界牌圖案中的舞者，在人類的時間概念之外移動。她體現了什麼叫作活在當下。世界牌就是終極的超然存在。

在古希臘，教皇負責主持儀式，督導敬奉和祭祀活動，而且是神聖祕法和深奧法理的解釋者。他是一位祕法家，引導信眾入教和深入信仰的奧祕。

女祭司是奧祕知識的守護者，教皇是將智慧帶給大眾的傳布者。在日常生活中，他是嚮導、教師和導師。將社會認可與最高精神真理聯繫起來，他代表剛性，同時也代表寬容。

在這一天

聖博義（St. Boniface）於西元 608 年的今天就任教宗，世稱教宗聖博義四世（Pope Boniface IV），他也是負責將歷史悠久的羅馬萬神殿建築從異教徒事奉的維納斯和瑪爾斯神廟改為基督教教堂的人。

牌陣概述

古代的塔羅套牌裡面有一張教宗牌（Pope card）。這張教宗牌後來被神祕學派的塔羅牌創作者稱為教皇（Hierophant）。這個牌陣就是根據教皇牌圖案中的象徵符號設計出來的。

擺出陣型

這個牌陣可以回答任何一種問題。你可以在擺設牌陣之前先列出問題，也可以單純根據抽到的牌來回答問題。先將教皇牌從整副牌中取出，放在正中央，然後把抽到的牌擺在四周。

1. 手勢：我給別人什麼祝福？
2. 三重十字牧杖：我的命運、運勢、天命是如何相互牽連的？
3. 三層皇冠：我在哪些地方擁有權威權柄？
4. 紅袍：什麼保護了我？
5. 雙鑰匙：我的知識打開了哪些門？
6. 圓柱：什麼是真理？
7. 兩位神職人員：我可以仰賴誰的支持？
8. 露趾拖鞋：什麼使我務實接地？

嶄新人生牌陣
New Life Spread

在這一天

五月花號於 1620 年的這一天從英國普利茅斯港起航。象徵著全新生活的這艘船,自此開啟了美國聯邦的殖民史。

牌陣概述

你準備要展開新的人生嗎?無論是搬到其他城市,還是棄舊換新為自己的人生翻開新的一頁,不妨讓這個牌陣的問題來推你一把,助妳邁向人生的新方向!

擺出陣型

將牌擺成船的形狀:

1. 我希望過什麼樣的人生?

2. 我想要有什麼樣的經歷?

3. 我願意改變什麼?

4. 什麼讓我的人生經驗變得有意義?

5. 我需要吸收什麼觀念讓自己更有力量?

6. 我怎樣可以工作少一點、錢賺多一點?

7. 如果我做改變,會有什麼意想不到的結果?

記得在搬家過程中善待自己。除了親人去世和離婚,搬家是人生當中壓力第三大的事件。

寶劍六描繪了一段平靜無波的水上旅程。船隻後方的漣漪波瀾代表過去面臨的挑戰,而前方水面平靜無波,代表未來會更好。寶劍六和牌面三位人物提醒了我們,在這段深刻的感情旅程中,你並非孤單一人;你所愛的人也在身邊陪著你。

9月17日

新生命牌陣
Witchy Woman Spread

《神仙家庭》這部電視劇中，幾乎所有女巫角色的名字最後一個字母都是 A，例如：莎曼莎／Samantha、恩朵拉／Endora、伊思默瑞達／Esmerelda、克拉拉／Clara、哈佳莎／Hagatha、英荃特拉／Enchantra 和塔比莎／Tabitha。

女祭司牌也帶有巫術直覺的含義，因為她是一切女性（陰性）隱密知識的化身。她身上有汩汩流淌的古老記憶，她本身就是一座魔法寶庫，超越物質世界的知識根基。這口知識深井也存在於我們每個人身上，但我們必須自己去發現和培育這份知識。

在這一天

1964年的今天，電視劇《神仙家庭》（Bewitched）首度開播。這部喜劇講述了一位女巫試圖放棄她的法力，成為家庭主婦的故事。

牌陣概述

你是天生的女巫嗎？這個牌陣可以幫你檢視你是否有女巫體質。雖然任何人都有使用魔法和施法的能力，但這個牌陣可以幫你深入檢視你個人是否具有巫術天分和先天力量。

擺出陣型

把牌擺成掃帚形狀：

1. 什麼使我成為天生的女巫？
2. 我應該施法嗎？
3. 我發動的意圖多久會變成真實？
4. 我與大自然的連結是什麼？
5. 我的超覺知力的本質是什麼？
6. 我能看到和感應到哪些東西，是別人沒辦法看到或感應到的？
7. 我與哪些異世界的連結感最強？
8. 我如何連結神聖能量？
9. 我最大的魔法挑戰是什麼？
10. 我最大的魔法力量是什麼？

執迷與致命吸引力牌陣
Obsession and Fatal Attraction Spread

在這一天

　　心理驚悚片《致命的吸引力》（Fatal Attraction）於1987年的今天上映。在這部知名電影中，麥克·道格拉斯和占有慾極強又瘋狂的葛倫·克蘿絲發生婚外情，結果換來一隻被煮熟的兔子和一間血跡斑斑的浴室，在付出慘痛代價後悲劇收場。

牌陣概述

　　你內心有強烈的執迷嗎？每個人偶爾都有陷入執迷的時候。這個牌陣可以幫助你掌握這些執迷情緒，以免事情發生成失控的地步。

擺出陣型

　　讓自己冷靜下來，擺出以下陣型：

1. 我對誰或對什麼事物執迷？
2. 對方知道我對他們有強烈執迷嗎？
3. 他們有拒絕我的感情嗎？
4. 當中存在著什麼阻礙？
5. 什麼事情加深了我的執迷？
6. 這種劇烈的痛苦感我還要忍受多久？
7. 我的行為是否不健康？
8. 這段關係會有結果嗎？
9. 我如何恢復平靜的心？
10. 最終結果。

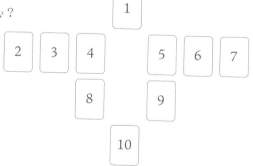

愛對身體施加的壓力和深層恐懼一樣。出現的生理反應包括：瞳孔放大、手心出汗和心跳加快。

惡魔牌不好的一面是極度執著，為了滿足自己而不擇手段。這張牌也代表束縛、成癮、性慾和物質主義，它的出現是在提醒你，這時候你該要務實一點，為自己的行為負起責任了。

9月19日

海盜的黃金時代大約從西元 1700 年持續到 1725 年，當時成千上萬的男人（和少數女人）轉而以海盜身分謀生。一般水手的工資不是太低就是被騙，經常調換職級，結果自己也成了海盜。

權杖騎士代表了真正的海盜精神——急於迎接冒險和密謀。這位騎士個性衝動、全身充滿熱情與活力，總是一股腦投入行動，幾乎沒有在考慮後果。他的座右銘是「行動第一，思考第二」。

在這一天

今天是國際海盜模仿日。這個節日是由兩個美國人發起的，他們認為如果一整天都模仿海盜的語氣講話，應該會很有趣。

牌陣概述

準備好要展開冒險了嗎？現代的「海盜與少女」節慶活動已經遍地開花，成為一群志趣相投的人聚在一起舉辦海盜趴的場所。這個牌陣是利用傳統海盜作為主題，來探索你今天正在進行的冒險——因為對海盜來說，每天都是一次探險。

擺出陣型

揚起你的船帆，聞聞大海的氣味，感受無羈的自由，然後把紙牌擺成海盜旗的形狀：

1. 什麼樣的探險旅程在呼喚我？
2. 我必須去哪裡旅行？
3. 我有像樣的海盜裝嗎？
4. 我選擇的武器是什麼？
5. 什麼樣的隱藏寶藏在等著你？
6. 什麼地方可以讓我玩得開心？
7. 我如何展現放肆的情慾？
8. 我的蘭姆酒準備得夠多嗎？
9. 我如何按照自己的規則過生活？

```
[1]  [2]  [3]

[4]  [5]  [6]

  [7]

  [8]

  [9]
```

蘇菲亞・羅蘭的性感牌陣
Sophia Loren's Sensuality Spread

在這一天

蘇菲亞・羅蘭（Sophia Loren）出生於1934年的今天。這位永遠的大美人和義大利性感女神，將豔麗誘人和歐式性感做了完美結合。

牌陣概述

你準備要被挑起情慾了嗎？蘇菲亞・羅蘭性感悶騷的眼神和居高臨下的氣勢給了這個牌陣靈感，因為性感與外表無關，而是與一個人的內心感受有關。在分析整個牌陣之前，請先具體回答每一個問題。

擺出陣型

點上幾根蠟燭，擺出以下牌陣：

1. 我如何放下內心的判斷和批評？

2. 我可以用什麼樣嶄新又有趣的方式來照顧自己？

3. 如何培養感官覺知力？

4. 我如何找到一種新的舉止動作方式？

5. 我能接受真正使我興奮的事物嗎？

6. 我可以採取哪些步驟來實現我的幻想？

7. 我必須放縱自己什麼事情？

```
                          2

            1       3  4  5  6

                          7
```

柏拉圖將厄洛斯／eros（情色之愛、愛慾）定義為「由美所喚起的激情」。然後他用這個激情作為進入超脫之境的門戶——也就是說，eros／愛慾將靈魂從肉體和性感官的愛彈射出去，進入到愛的精神面與神祕沉思。

女祭司為那些探索感官和性慾之路的人看守內在知識。正如冥想和催眠將一個人帶到其他存在層界，屬於心像、創造和超脫的形上玄奧世界，也為那些藉由理解和培養感官享受為通向神祕境界之門戶或路徑的人，敞開大門。

瑪布(Mabon)是古代的狩獵神,亦是男性生育力的化身,而且身上同時有最年輕和最年長的靈魂。他在出生三天後就被人從母親身邊偷走,據說是被囚禁在異界。跟普西芬妮一樣,他只在春天現身,因為所有作物都在此時發芽。

錢幣六描繪了天平維持的微妙平衡。牌面上的三位人物也保持在平衡位置。慈悲、正義和慷慨這些全都明白顯露在這張牌上。它也提醒我們,要讓天平保持平衡,不要為別人犧牲太多。

在這一天

今天是凱爾特人的瑪布節(Mabon,或稱豐收節),正好是秋分晝夜等長的日子。過去,食物是共同分享的,而且是透過季節收成和屠宰來維持運作。這是一個豐收與感恩的節日,因為能夠一直維持精神面和社會面的平衡非常重要。

牌陣概述

是不是感覺有點失序失衡?生活中處處都存在著平衡,無論我們是否有意識到。這個牌陣讓我們有機會檢視,自己是用什麼方式付出和接受,以及我們付出和接受了什麼。

擺出陣型

三張牌為一組,一共三組:

1. 我從地球獲得什麼?
2. 我回報什麼?
3. 我如何為它增光?
4. 我從我的感情關係獲得什麼?
5. 我回報什麼?
6. 我如何為我們這段關係增光?
7. 我從自己身上得到什麼?
8. 我回報了什麼?
9. 我如何為它增光?

在這一天

摩門教與耶穌基督後期聖徒教會領袖約瑟夫·史密斯（Joseph Smith）自述，在1823年這一天，一位天使指示他在紐約州北部他家附近樹林裡找到一盒黃金頁片，他就在那裡用一塊「先見石」翻譯了全部頁片。他把石頭放在帽底，然後用帽子整個包住自己的臉來讀那顆石頭。最後完成了摩門教經典《摩門經》（Book of Mormon）。

牌陣概述

自封為先知、有眾多追隨者的人，通常都覺得他們受到了上天的呼召。審判牌描繪的就是這種「來自天上的呼召」。這個牌陣的問題靈感是來自審判牌中的象徵符號。

擺出陣型

這個牌陣可以回答任何一種問題。你可以在擺設牌陣之前先列出問題，也可以單純根據抽到的牌來回答問題。先將審判牌從整副牌中取出，放在正中央，然後把抽到的牌擺在四周。

1. 號角：什麼讓我覺醒？
2. 天使加百列：神聖力量在哪裡給我幫助？
3. 紅色十字：誰在身邊支持我？
4. 旗子：我正在對外部世界表達什麼？
5. 棺木：什麼東西死氣沉沉？
6. 張開的雙臂：我擁抱什麼？
7. 亡者復活：我的第二次機會是什麼？
8. 水：什麼改變了？

約瑟夫·史密斯以幫人占卜維生，他使用他的「先見石」來定位人們遺失的物品和寶藏。他提倡一夫多妻制，參與了一連串的虐待事件，使用宗教教條來征服、控制和壓迫婦女。

審判牌代表不可逆轉的內在改變。

9月23日

天秤座由金星守護，代表色是粉紅色，幸運日是星期五，最容易成功的地點是社交活動。天秤座掌管第七宮，這個宮位與婚姻、合夥關係和人際關係有關。

在這一天

今天是天秤座開始的第一天。

牌陣概述

這個牌陣是依據天秤座的基本特質而設計的，包括：平衡、隨和、真實、美麗、完美和浪漫。

擺出陣型

用牌擺出天秤座符號的上半部形狀：

1. 我如何以健康的方式平衡現在發生的事情？
2. 現在我如何讓自己放鬆？
3. 為什麼真實很重要？
4. 美的本質是什麼？
5. 我可以放棄完美的想法嗎？
6. 誰愛我（愛情方面）？

正義幾乎都是用天平來描繪，天平也是天秤座的象徵符號。正義牌代表謹慎思考是與非的細微差別。

法律訴訟牌陣
Lawsuit Spread

在這一天

美國最高法院是在1789年的今天創建的，當時國會通過《司法條例》（Judiciary Act）並由喬治·華盛頓總統簽署。最高法院由六名法官組成，並在法院任職直至去世或退休。

牌陣概述

希望你永遠不需要用到這個牌陣。不過，如果你發現自己陷入官司，這些問題可以幫助你牢牢掌握形勢。

擺出陣型

把牌擺成一根官槌的形狀：

1. 有什麼辦法可以避免這場官司？

2. 案件的性質是什麼？

3. 我如何與我的代理人建立良好的工作關係？

4. 我如何控制自己的情緒？

5. 什麼對我有利？

6. 什麼對我不利？

7. 什麼可以幫助我取得勝利？

8. 最終結果。

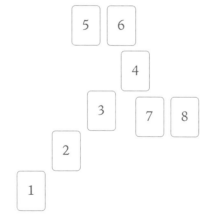

美國最高法院的第一個任期內，沒有做出任何判決。它甚至沒有法庭，而是使用國會大廈地下室的委員會會議室，直到南北戰爭爆發為止。

正義牌的天平，也出現在天秤座的星座符號中，代表平等與公義。《埃及亡靈書》（譯注：或譯《死者之書》）當中就有提到正義的天平。在稱為惡行告解的儀式中，亡者的心臟會被放在瑪亞特（Ma'at）天平上稱重。這個瑪亞特天平可能就是正義天平的最早典故來源。

希爾弗斯坦曾經是《花花公子》雜誌的主力漫畫家之一。雜誌社出資讓他到世界各地旅行,最後創作出一本旅行日記圖畫書以及一系列幽默旅行短文。

看看寶劍七牌面上的那個人是如何偷偷摸摸把劍帶走的?這張牌也代表你所做的決定,你想將什麼帶到未來,以及將什麼捨棄留在過去。列出待辦事項清單非常需要如刀劍般鋒利的敏捷頭腦和推算能力。

在這一天

深受喜愛的兒童文學作家謝爾·希爾弗斯坦(Shel Silverstein)出生於1930年的今天。他是詩人、詞曲作者、漫畫家和編劇,最為人熟知的作品包括《人行道的盡頭》(Where the Sidewalk Ends)和《愛心樹》(The Giving Tree)等。

牌陣概述

你需要完成某事嗎?作家希爾弗斯坦熱衷於製作待辦事項清單,這或許是他作品如此豐富的原因之一。這個牌陣運用了製作清單的技巧,將塔羅牌與你的願望和夢想結合起來,列出屬於你的清單,幫助你完成工作計畫和實現目標。

擺出陣型

把牌排成一條直線,讓謝爾·希爾弗斯坦來啟發你創造多產的魔法。

1. 當我把目標寫下來,會發生什麼事?
2. 我實現目標的最大障礙是什麼?
3. 我的目標實現後會有什麼收穫?
4. 我需要學習什麼?
5. 我可以找誰來協助我?
6. 什麼可以幫助我將目標視覺化?
7. 什麼可以幫助我讓事情有條理地進行?
8. 我該如何獎勵自己的小進步?

| 1 | 2 | 3 | 4 | 5 | 6 | 7 | 8 |

戀人牌牌陣
Lovers Card Spread

9_月26_日

在這一天

1957年的今天，美國音樂劇《西區故事》（West Side Story）在冬季花園劇院揭開序幕。

牌陣概述

受到《羅密歐與茱麗葉》啟發，這對歹命戀人的心碎故事代表了戀人牌當中的對立和吸引力元素。這個牌陣的靈感是來自戀人牌的象徵符號。

擺出陣型

這個牌陣可以回答任何一種問題。你可以在擺設牌陣之前先列出問題，也可以單純根據抽到的牌來回答問題。先將戀人牌從整副牌中取出，放在正中央，然後把抽到的牌擺在四周圍。

1. 裸體：我在哪些方面是自由的？
2. 太陽：什麼事物光芒四射？
3. 天使：給出了什麼訊息？
4. 蛇：我被什麼吸引？
5. 蘋果：是什麼誘惑了我？
6. 火焰：我熱愛什麼？
7. 山：我嚮往什麼？
8. 三角形：第三個未知變數是什麼？

萊德偉特牌用亞當和夏娃的象徵意涵，加上蛇和蘋果，使整張牌的含義更為完整。這張牌提醒我們，一旦有男性和女性出現，就會有分歧、有對立，而且必須做出抉擇。

除了愛、欲望以及夥伴關係這些明顯意涵之外，戀人牌也象徵自由意志。它暗示了一種成年儀式和人生磨難的開始。由於這張牌跟情感和性有強烈關連，有時也代表一見鍾情。

9月27日

星星牌是大阿爾克那牌當中天體系列牌的第一張，接下來是月亮牌、太陽牌和世界牌。這幾張牌代表天界和宇宙落實到人間，對世人示現一切可能與不可能、已知與未知。

在這一天

葛妮絲·派特洛（Gwyneth Paltrow）出生於1972年的今天。她是真正的好萊塢皇室成員，才華橫溢、美麗動人，是好萊塢明星的理想原型。

牌陣概述

星星發光的方式非常多。這個牌陣的靈感是來自星星牌的象徵符號。

擺出陣型

這個牌陣可以回答任何一種問題。你可以在擺設牌陣之前先列出問題，也可以單純根據抽到的牌來回答問題。先將星星牌從整副牌中取出，放在正中央，然後把抽到的牌擺在四周圍。

1. 姿勢：我如何保持敞開？
2. 裸體：為什麼脆弱是必要的？
3. 星星：我如何傳遞魔法？
4. 水罐：如何蒐集智慧？
5. 鳥：上天要給我什麼訊息？
6. 樹：我擁有什麼知識？
7. 山：什麼是可能的？
8. 花：什麼正在顯化成真？

星星是愛的象徵，是最純粹的美。它是照亮真理的恩典，是擦亮黑暗的微光。經歷惡魔與高塔的喧囂，星星牌是暴風雨後的寂靜，撫慰著我們的心靈。平安吉祥。

孔子的智慧牌陣
Wisdom of Confucius Spread

在這一天

今天是台灣的孔子紀念日，也稱為教師節。祭孔大典的儀式和舞蹈在清晨六點就展開，因為人們認為夜晚與早晨交接的時刻氣（能量）最強。人們相信，孔子的尊靈會在此時降臨，讓寺廟充滿活力之氣，祝福所有參加祭典的人。

牌陣概述

這個牌陣的靈感來自孔子這位受人喜愛的哲學家之名言。

擺出陣型

1.「一個人說他知道答案，那是因為他沒有被問到全部的問題。」
　　我需要知道什麼？

2.「有終生之樂，無一日之憂。」
　　我熱愛什麼？

3.「萬物皆有其美；卻非人人得見。」
　　我眼前有什麼樣的美？

4.「人生十分簡單，是我們把它弄成複雜。」
　　如何精簡我的生活？

5.「一顆有瑕疵的鑽石，比一顆沒有瑕疵的卵石好。」
　　我如何接受我自認為的缺點？

6.「君子訥於言而敏於行。」
　　我如何停止談論而開始行動？

7.「定一難，可防百難。」
　　我需要搞定什麼？

8.「道路乃為旅途而建，非為終點而有。」
　　我如何享受我的旅程？

孔子死後，他的學生將孔子的言行記錄下來。許多孔子名言的引述其實並非直接出自他本人之口，而是引用自孔子的言論彙編《論語》。

教皇牌連結的人物是孔子以及任何將知識口頭傳給受眾的哲學家。「Hierophant」這個字的字面意思就是「教導神聖事物的人」。

9月29日

一直到 1970 年代，美國意識到中國與蘇聯早就在進行 ESP（超感官直覺或超靈能）研究，才開始接受並著手進行自己的超心理學計畫（PSI program）。

雖然遙視（remote viewing, RV）往往是在科學環境和可觀察的情況下進行的，但任何一種紙牌占卜，只要能獲取遠距地點或時間的訊息，都可算是遙視的一種形式。

在這一天

1995 年的今天，美國政府正式結束「星門遙視計畫」（Stargate Remote Viewing Project）。遙視是一種從遠方透過心靈「看到」事件、位置地點或訊息的能力。從 1970 年代到 1995 年，美國針對潛在軍事力量和國內應用開展了遙視研究。

牌陣概述

想預先窺知自己未來一週的狀況嗎？此牌陣借用了這個有爭議的官方計畫（據說執行計畫耗資超過二千萬美金），讓你用遙視來看看下禮拜的你會是什麼情況。

擺出陣型

洗牌時心裡默想你的未來一週。然後抽牌，每一張牌分別代表你希望發生的事情。全部抽出之後，把牌一張一張擺上去，看你喜歡從哪一天開始擺都可以。

1. 星期一。
2. 星期二。
3. 星期三。
4. 星期四。
5. 星期五。
6. 星期六。
7. 星期天。

| 1 | 2 | 3 | 4 | 5 | 6 | 7 |

魯米的詩意生命牌陣
Rumi's Poetic Life Spread

在這一天

波斯穆斯林詩人魯米出生於1207年的今天，他同時也是一位法學家、神學家和蘇菲神祕主義者。他出生的小鎮就在現在的阿富汗境內。

牌陣概述

魯米的詩歌超越國族、種族和宗教界限。這個牌陣借用優美的魯米語錄，希望能為我們帶來光明和靈感。

擺出陣型

每一則魯米金句都跟著一個問題。請將牌擺成一直線。

1.「你正在尋找的，也在尋找你。」

我在追尋什麼？

2.「不要悲傷。你失去的會以另一種形式回到你身邊。」

我失去了什麼？

3.「傷口是光進入的地方。」

我學習到什麼？

4.「相愛的人未必最終都在某處相遇。他們始終在彼此心底。」

誰是我的真愛？

5.「大門開著，為什麼你還要待在牢裡？」

是什麼困住了我？

6.「像融化的雪那般，洗淨自己。」

我是否失去自我覺知力？

7.「正在尋找獵物的獅子最帥。」

我以什麼來餵養我的靈魂？

魯米死後，眾追隨者成了「旋轉的苦修僧」（Whirling Dervishes），也就是知名的「梅夫拉維教團」（Mevlevi Order）。據說，魯米走路的時候，會進入一種神聖喜樂的出神狀態，然後伸出他的雙臂開始轉圈。這就是「旋轉的苦修僧」（譯注：亦稱「蘇菲旋轉」）一詞的由來。

聖杯牌激發出詩歌，一種如水流動的情感活動。這個牌組將夢境、直覺和大量情感帶入書面文字裡。

10月 1日

末日殭屍牌陣
Zombie Apocalypse Spread

在羅梅羅之前，早期很多電影都是取材自巫毒神話裡的殭屍，把殭屍描繪成無辜的生物，被一位力量強大的主人復活控制。殭屍被迫服從主人命令、或成為他的苦力，其實都是這些富人大亨的廉價勞工。

在這一天

　　喬治·羅梅羅（George Romero）的黑白殭屍電影《活死人之夜》（Night of the Living Dead）於1968年的今天首映，此片後來成為邪教經典和喪屍電影的里程碑。恐懼充斥於殭屍片的場景橋段中，沒有任何東西，包括家人、愛情或法律，能夠拯救受害者免於被殭屍隨機毀滅。羅梅羅的這部電影，是第一部描寫食人殭屍依循自己直覺去尋找活體人肉的電影。

牌陣概述

　　你準備好迎接殭屍末日了嗎？你的求生技能是否合格？這個牌陣會告訴你一切。

擺出陣型

　　趁某物還沒把你大腦吃掉之前，趕快把牌陣擺好：

1. 跑給殭屍追真的是一件非常吃力的事。我的心臟夠健康嗎？
2. 我最想要選擇的武器是什麼？
3. 誰是我的逃命搭檔？
4. 我有足夠的求生經驗可以撐過去嗎？
5. 把自己藏起來躲避攻擊的最佳地點在哪裡？
6. 沒了哪一樣補給品我就沒辦法活？
7. 我媽媽被咬了而且受到感染──我該怎麼辦？
8. 我能活下來嗎？
9. 我應該不要繼續幻想、重新回到現實嗎？

審判牌描繪了死者在天使的號角聲中從棺材中起身。傳統上，審判牌表靈魂的覺醒。但它會變成沒有自己意識的食人殭屍嗎？

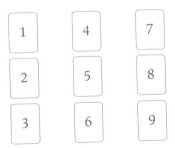

偉特的波阿斯和雅斤牌陣
A. E. Waite's Boaz & Jachin Spread

在這一天

　　亞瑟・愛德華・偉特（Arthur Edward Waite）出生於1857年的今天，他是一位神祕學家、祕術家兼作家。偉特與潘蜜拉・柯爾曼・史密斯合作，創作出有史以來流傳最廣的塔羅牌：萊德偉特塔羅牌，有時也稱為「偉特—史密斯牌」或「萊德—偉特—史密斯牌」（簡稱 RWS）。

牌陣概述

　　偉特和繪圖者潘蜜拉・史密斯夫人將所羅門神殿的傳奇柱子波阿斯（Boaz）和雅斤（Jachin）之符號放入女祭司牌當中。牌面上的英文字母 B 和 J，就是代表波阿斯和雅斤。這兩個字母一直以來都被用來闡釋兩極性的魔法概念。

擺出陣型

用牌擺出一對圓柱：

雅斤

1. 火：我的熱情在哪裡？

2. 風：我如何思考？

3. 3. 太陽：我要做什麼？

波阿斯

4. 水：我的心在哪裡？

5. 土：我如何成長？

6. 月亮：我看到什麼？

萊德—偉特—史密斯牌是英國第一套商業化生產的塔羅套牌。時至今日，它依然是世界上最暢銷的塔羅牌，為之後無數的塔羅牌樹立了標準。

卡巴拉生命樹建立在三柱上。我們可以將女祭司的牌面人物理解為中柱。中柱代表左柱與右柱的統合。教皇牌和正義牌的人物也一樣坐於卡巴拉的兩柱之間，以此將塔羅與生命樹的三柱關起來。

10月3日 保羅‧福斯‧特凱斯的神祕學校牌陣
Paul Foster Case's Mystery School Spread

希臘和羅馬祕儀在古代是被認可的公共制度。兩個最重要的西方祕儀是敬拜食物和美酒的「戴奧尼修斯祕儀」(Dionysian)，以及慶讚狄蜜特及其女兒普西芬妮的「艾盧西斯祕儀」(Eleusinian，或譯厄琉息斯祕儀)。

所有古老祕儀都是由教皇（古希臘祭司）主持，因此與這張教皇牌的含義相連結。教皇是神聖奧祕和祕術法則的詮釋者，也是崇拜和獻祭儀式的解說者。

在這一天

神祕學家兼作家保羅‧福斯特‧凱斯出生於1884年的這一天。凱斯創建了一所現代神祕學校「內殿建造者」(B.O.T.A.)，該學院至今仍在，專門提供塔羅函授課程。

牌陣概述

你準備好轉型了嗎？神祕學校的存在是為了提供非物質領域的知識。知識是透過晉級、入會和儀式獲得。他們藉由符號結構將法則編成法典並傳遞出去。所有的課程都必須親身經歷才能理解。神祕學校將入會者帶入如夢一般的隱祕世界，只能親身體會。

擺出陣型

圓形的牌陣，象徵完整、統一和無限：

1. 我如何轉化我的意識？
2. 我可以採取什麼具體行動來喚醒體內的能量？
3. 我內在潛藏著什麼能力？
4. 我需要擁有什麼樣的經驗？
5. 什麼知識在等著我去探尋？
6. 我的生命體驗因此發生了怎樣的變化？

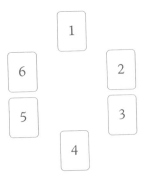

地心引力牌陣
Gravitation Spread

在這一天

1957年的今天，第一顆地球衛星由蘇聯發射升空。它以每小時近二千英里的速度每九十五分鐘繞行地球一圈，最後在三個月後墜回到地球。

牌陣概述

你被什麼吸引？就像衛星，你被生活中重複出現的某些主題吸引。這些主題在你早年可能並不明顯。隨著年齡增長，當你往回追溯，把那些軌跡一點一點連起來，就會看到主題浮現。

擺出陣型

請注意看，整個牌陣中哪個牌組最顯眼。前三張牌橫向排成一列，代表你的人生主題，後面七張牌排在前三張牌外圍繞一圈。

1. 第一個引力主題。
2. 第二個引力主題。
3. 第三個引力主題。
4. 我一次又一次回到哪些地方？
5. 我喜歡什麼樣的朋友？
6. 我喜歡什麼樣的愛情？
7. 什麼樣的模式讓我過得自在？
8. 我需要重新校準我的引力嗎？
9. 我的引力正在引導我走向真實嗎？
10. 總體結果是什麼？

木星是所有行星當中引力最強的。一個六十八公斤的人走過木星，他的重量會變成超過一百六十公斤；同樣這個人跳到冥王星，他的體重則變成不超過五公斤。

世界牌代表旋轉、引力和顯化。它提醒我們要留意我們緊抓不放的東西，這樣我們才能活得自由。

10月5日

暮光之城的三角戀情牌陣
Twilight's Love Triangle Spread

梅爾作了一個夢,一位美麗的女孩和一個閃閃發光的男孩躺在花叢中。夢醒之後,她開始提筆撰寫《暮光之城》的初稿。

寶劍三代表背叛的痛苦,就像在一段三角戀愛當中信任被摧毀一樣。錢幣三描繪了一個由各方妥善管理的工作三角關係。聖杯三代表三方都滿意的三角戀情。權杖三暗示著不穩定的激情,眼前看不到解決的辦法。

在這一天

史蒂芬妮・梅爾(Stephenie Meyer)的吸血鬼小說《暮光之城》(Twilight)於2005年的今天出版。青少年吸血鬼的愛慾情仇讓一整個世代熱血沸騰,也讓世人認識了貝拉・史旺(Bella Swan)這個角色。讀者對於誰才是貝拉的理想情人,看法出現分歧。是吸血鬼愛德華?還是狼人雅各?一段激動人心的三角戀愛於焉誕生。

牌陣概述

你是否糾結於自己和兩位可能對象的三角戀情?這個牌陣目的在於幫助你做出正確決定。抽牌,擺出陣型,你將開始反思這件事並揭開真實感受,最後會有具體建議,讓你知道下一步該怎麼走。

擺出陣型

1. 代表我自己。
2. 代表第一位人選。
3. 代表第二位人選。
4. 第一位對我的感覺如何?
5. 我對第一位的感覺如何?
6. 第二位對我的感覺如何?
7. 我對第二位的感覺如何?
8. 如果我選擇第一位的結果。
9. 如果我選擇第二位的結果。
10. 兩者都不選的結果。
11. 我該怎麼選擇?

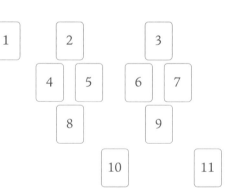

普西芬妮牌陣
Persephone's Spread

在這一天

這一天的日落時分到來，希臘的斯泰尼亞節（Stenia）也隨之展開，這是獻給地母神狄蜜特及其女兒普西芬妮的節日。普西芬妮被冥王黑帝斯綁架並帶到冥界。她的母親狄蜜特因而威脅欲令大地荒蕪不生，最後經太陽神阿波羅出面協調，普西芬妮終於得以返回母親身邊。不過，在返家之前黑帝斯騙她吃了四顆石榴籽（某些版本的說法是普西芬妮自願吃的），導致她一年當中有四個月必須返回冥界（譯注：有些版本的說法是普西芬妮吃了六顆石榴籽，因此春天到夏天六個月在陽間，秋冬六個月在冥界）。

牌陣概述

這個牌陣的問題是受到普西芬妮神話的啟發，反映她活在上層世界（陽間）與下層世界（冥府）之間的二元性生命。

擺出陣型

把牌擺出來，鋪出一條通往黑暗冥府的旅途：

1. 為什麼我與母親的關係能讓我知道我是誰？
2. 什麼是我最大的誘惑？
3. 我把什麼瞞天大謊當作真相？
4. 是什麼束縛了我？
5. 是什麼讓我自由？
6. 如何讓失去的靈魂碎片重生？
7. 我如何培養智慧？
8. 我有能力創造什麼？
9. 我願意摧毀什麼？
10. 我如何讓生命中的二元性保持平衡？

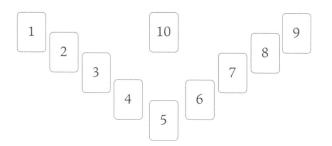

作為冥界女神，普西芬妮在冥界擁有極大權力且能與鬼魂交談。當她回到陽間時，也意味著春天已經開始。

權杖六描繪了一場慶祝遊行，讓人想起狄蜜特在普西芬妮返家時的喜悅，以及人們忍受漫長寒冬之後，歡喜慶祝春天回歸。

10月7日

一些學者認為，《紅書》把榮格陷入瘋狂的過程做了梗概描述。有人認為他受精神崩潰之折磨；另一些人則認為並非如此，他們認為他是自願並有意識地選擇擁抱他的無意識。

榮格的原型概念在現代塔羅研究中具有關鍵性地位。將塔羅大阿爾克那牌理解為跨文化的原型，讓我們看到一種可能：塔羅牌可以和任何信仰、教義或思想體系結合。這是同時了解塔羅牌及其他文化和信仰體系的一種途徑。

在這一天

卡爾·古斯塔夫·榮格備受爭議的《紅書》（Red Book），於2009年的今天出版。《紅書》闡述了榮格長達十六年的無意識之旅。記錄了從1913年開始的迷幻式書寫和繪圖，榮格這段波瀾壯闊的私人揭祕之旅，終於得以呈現在世人眼前。

牌陣概述

是什麼形成你的心理狀態？榮格提出了原型和普同想法的概念。他說，每一個人的無意識當中都有五個主要原型。這個牌陣就要來探索這些概念。

擺出陣型

1. 自性（Self）：我是誰？
2. 陰影（Shadow）：什麼在我的陰暗面（自我的對立面）當中？
3. 阿尼瑪（Anima）：我如何經驗到陰性／女性能量？
4. 阿尼姆斯（Animus）：我如何經驗到陽性／男性能量？
5. 人格面具（Persona）：我以什麼面貌展現於外？

凱路的掌紋牌陣
Cheiro's Lines of the Palm Spread

10月8日

在這一天

世界最著名的手相學家凱路（Cheiro）逝世於1936年的這一天。凱路是一名愛爾蘭人，致力於手相學的研究和實務工作將近四十年。遊歷過遠東、歐洲和美國各地，他在這門學科的知識幾臻完美純熟。

牌陣概述

準備好對你的生活進行全面分析了嗎？手相占卜一開始先檢查手掌上的紋路，然後看它的長短、形狀和紋理。這個牌陣的問題來自掌紋的線條含義。

擺出陣型

你知道你的掌中握著全世界嗎？

1. 生命線（Life Line）：我的人生主題是什麼？

2. 智慧線（Head Line）：現在我的心思頭腦在哪裡？

3. 感情線（Heart Line）：我現在的心境如何？

4. 火星線（Line of Mars）：近期可能會發生什麼事？

5. 肝臟線（Hepatic Line）：我的健康狀況如何？

6. 太陽線（Apollo Line）：我會多有名和多成功？

7. 維納斯帶（Girdle of Venus）：我的愛情關係現在是什麼狀態？

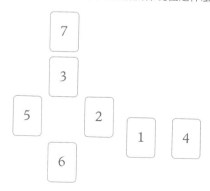

凱路曾為許多名人做手相占卜，包括馬克·吐溫、莎拉伯·恩哈特（Sarah Bernhardt）、奧斯卡·王爾德、湯瑪斯·愛迪生（Thomas Edison）、格羅弗·克里夫蘭（Grover Cleveland）以及威爾斯親王。

錢幣王牌與手相占卜相關連。從神祕的雲朵伸出一隻手，手掌上捧著一枚錢幣。祕密和知識往往就在我們的掌心之中。透過身體接觸和檢視分析，即可揭露真相。

超新星有助於新恆星的形成，因為震波當中含有主要氣體雲和重元素，這些物質只有超新星能產生。

在這一天

最近一次肉眼觀測到的超新星（恆星的劇烈爆炸），是1604年在義大利北部發現的。

牌陣概述

你人生中是否有什麼東西必須讓它離開？一次超新星爆炸就足以摧毀整顆恆星。這個牌陣的問題可以讓你看到，為了促進新的成長，你生活中的某些東西必然會遭到劇烈破壞。

擺出陣型

將牌擺成一個圓圈，從該被破壞的地方開始往外發牌。

1. 什麼事情需要結束？
2. 為什麼它會是現在這個狀態？
3. 為什麼它必須離開？
4. 我可以用什麼方式摧毀它？
5. 有什麼具體方法可以確定我已經擺脫它？
6. 什麼有助於堅定我的信念？
7. 最後結果是什麼？

死神牌呼應了銀河系超新星的課題。在地球上觀察到的生命輪迴現象，在遙遠的外太空也在重現。一顆恆星的死亡讓生命出現可能。我們的生命經由生命之物的死亡而成為可能，這種循環輪轉在整個宇宙中不斷重複著。

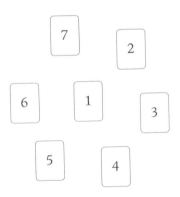

憂鬱牌陣
Depression Spread

在這一天

艾德·伍德（Ed Wood）出生於1924年的今天。他是低成本搞笑恐怖片大師，最著名的作品是《外太空九號計畫》（Plan 9 from Outer Space）。與憂鬱症奮鬥的同時，他的作品產量依然非常豐富，而且沉迷於神祕學，直到生命結束。

牌陣概述

是不是覺得人生毫無希望？憂鬱牌陣可以幫你檢視目前情緒低落的問題。如果還是無法讓自己離開憂鬱狀態，請放下紙牌，立即尋求專業協助。

擺出陣型

你知道你值得花些時間弄清楚這些事，給自己一個擁抱，然後把牌擺出來：

1. 我現在感覺如何？
2. 為什麼我會有這種感覺？
3. 我如何花更多時間跟正向的人相處？
4. 我最有成就感的事情是什麼？
5. 我想感謝什麼？
6. 我如何才能打破常規？
7. 我如何更親近自然？
8. 我喜歡什麼運動？
9. 我可以採取什麼樣的小小行動，來讓自己心情好一點？

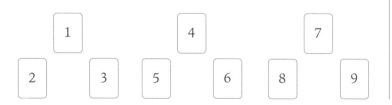

艾德·伍德拍攝過性剝削和跨性別電影，但他也寫了八十多部低俗犯罪、恐怖和性小說。

聖杯五也可以代表憂鬱。牌面人物的黑色斗篷暗示著悲傷、不信任和陰鬱的想法。翻倒的杯子是對失去之物的感知。背景那座橋象徵希望、通道以及前進的可能性。

早在女權運動展開之前，愛蓮娜‧羅斯福就已開始倡導女權。丈夫去世後很長一段時間，她仍活躍於政治舞台上，她是聯合國人權委員會的第一任主席。

在這一天

愛蓮娜‧羅斯福（Eleanor Roosevelt）出生於1884年的今天。她是第一位召開記者會、為報章雜誌撰寫專欄、在全國黨代表大會上發言的總統夫人。她在種族問題和婦女權利問題上直言不諱，使她成為備受爭議的第一夫人。

牌陣概述

你對世界的影響力比你想像的還要大。羅斯福夫人的人權工作、家族背景和成就似乎都令人望而生畏，但你也可以在你自己的領域發揮影響力。接觸一個生命，你就改變一個世界。

擺出陣型

1. 我想如何有所作為？
2. 我如何讓世界變得更美好？
3. 我可以利用自己的什麼才能或特質去幫助別人？
4. 我可以為一項志業投入多少時間？
5. 什麼是可現實的目標？
6. 我應該從哪裡開始？
7. 結果會發生什麼改變？
8. 今天我可以採取什麼行動讓世界變得更美好？

權杖王后在堅持自己的理想與正確觀念時，不害怕也不退縮。遇到挑戰，她就挺身向前。她孜孜不倦、充滿熱情，在慈善和社會領域引發巨大變革。

克勞利的輪迴轉世牌陣
Aleister Crowley's Reincarnation Spread

10月12日

在這一天

世界上最著名的儀式魔術師，也是深具影響力的神祕學家艾利斯特·克勞利（Aleister Crowley），於1875年的今天出生。

牌陣概述

克勞利相信自己是神祕學家列維（Eliphas Levi）轉世，因為他在列維死去的同一天出生。這個牌陣要深入到你前世，去發現你是誰以及過去做過什麼事。你可以隨自己喜歡，要回去前世多少次都可以。

擺出陣型

1. 我前世是誰？

2. 我住在哪裡？

3. 那時的我快樂嗎？

4. 誰是我的靈魂伴侶？

5. 跟我今生的靈魂伴侶是同一人嗎？

6. 我有孩子嗎？

7. 我靠什麼謀生？

8. 我是怎麼死的？

9. 我那一世學到的功課是什麼？

10. 我今生需要學習什麼？

克勞利在他的魔法工作中設想了一個女性對等角色——一位女祭司夥伴。他稱她為「斐紅女士」（Scarlet Woman），他認為古時候的「聖妓」（sacred prostitution）概念已經被扭曲，因而試圖將它重新恢復。

歷史把克勞利稱作「世上最邪惡的人」。惡魔的運作力沒有極限也無有克制。克勞利渴求一個不受恐懼和罪惡困擾的世界。因經常做出震驚大眾之舉，他至今依然是備受爭議的歷史人物。

埃及人稱火星為哈爾·德謝爾（Har decher），意思是「紅色之星」；巴比倫人稱它為奈爾伽爾（Nergal），意為「死亡之星」；希伯來人稱它為瑪阿丁（Ma'adim），意思是「臉紅的人」；希臘人則以戰神的名字阿瑞斯（Ares）稱呼它。

在這一天

1659年的今天，荷蘭天文學家克里斯蒂安·惠更斯（Christiaan Huygens）描述並繪製出火星上名為「大瑟提斯」（Sytris Major）的流沙區。羅馬神瑪爾斯（Mars）以性、戰爭、勇氣、熱情和力量而聞名。

牌陣概述

火星特質牌陣是以火星的占星對應來列出問題。思考這些對應關連，可以為你的生活帶來更多明晰。

擺出陣型

將牌擺成火星符號向上箭頭的形狀：

1. 性：我的性生活是什麼狀態？
2. 戰爭：我正在跟自己對抗嗎？
3. 勇氣：是什麼讓我變得勇敢？
4. 燃燒：是什麼讓我想爆炸？
5. 進步：我需要在哪些方面取得進展？
6. 能量：我如何讓我的精力資源維持在最佳狀態？
7. 自信：是什麼幫助我變得自信？
8. 膽量：我應該做什麼冒險？

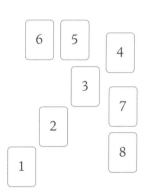

高塔牌和火星都是陽剛、性慾、精力能量、火、激情和毀滅的象徵。高塔牌通常代表動盪和戲劇性的變化。隨著高塔崩毀的隆隆聲之後而來的是重生與淨化。

瑪莉・格瑞爾的突破障礙牌陣
Mary Greer's Breaking Barriers Spread

在這一天

塔羅先驅、作家和老師瑪莉・格瑞爾出生於1947年的今天。她很熱心地提供了我們一個跟這一天有關的牌陣,因為在瑪莉出生的同年同月同日這一天,美國空軍飛行員查克・葉格(Chuck Yeager)突破了音障(sound barrier)。此次超音速飛行發生在南加州上午十點二十六分,持續了五分鐘。它標誌著航空史上的重要里程碑,因為,正如PBS電視台大眾科學節目「新星」(Nova)所說,「音速障礙終於不再是障礙」。

牌陣概述

這個牌陣可以協助你打破自己的障礙。你自己創造出來的能量往往會擋在你前面,阻礙你的能力,讓你無法去體驗更上一層的境界。

擺出陣型

1. 你的特殊障礙是什麼?
2. 你希望藉由突破障礙來發現或實現什麼?
3. 這個障礙如何阻礙你?
4. 你必須承受什麼樣的壓力或失控狀態?
5. 什麼樣的改善可以幫助你突破這個障礙?
6. 可能發生的最壞情況是什麼?
7. 你在另一個世界是不是發現了什麼?
8. 這個突破對你將來會有什麼幫助?

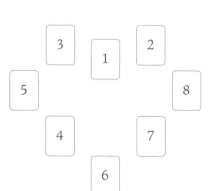

揮動長牛鞭時發出的聲音其實是一種音爆。這是人類第一個打破音速障礙的發明。

打破音障是一項重大突破,為穿越星空的太空旅行奠定了基礎。戰車和星星牌都代表人類的聰明才智、科學,以及儘管困難重重依然向前邁進的願景和意志。它們代表迎接挑戰和實現我們的最高目標。

寫計畫以及目標設定是提高時間使用效率最有效的方法。

在這一天

現今大多數國家通用的曆法系統「公曆」(格里曆／陽曆),於1582年的今天在歐洲的天主教國家被引入並採用。由於教會希望讓復活節維持在春分左右,教皇實施了公曆制。

牌陣概述

你有足夠的時間還是它似乎從你的手指間溜走?就算教皇葛瑞格里十三世能夠重新建構時間曆法,但安排日常職責可能已經夠困難了,更不用說為真正重要的事情騰出時間。時間管理牌陣可以讓你檢視關於時間的問題。

擺出陣型

1. 我怎樣才能工作少一點、報酬多一點?
2. 我想花時間做什麼?
3. 不做會後悔的事情是什麼?
4. 浪費我最多時間的是什麼事情?
5. 如何改變我的行為?
6. 我應該製作一份新的時間表嗎?
7. 什麼事情有助於我做這件事?
8. 我忽略了哪些可用的助力?
9. 什麼愉快的活動讓我忘記了時間?

命運之輪,就像白髮或臉上的皺紋一樣,提醒人們時間是一種寶貴的物品,不會為任何人停下腳步。命運之輪提醒我們,要善加利用時間的禮物。

格雷的畫像牌陣
Picture of Dorian Gray Spread

在這一天

愛爾蘭文學傳奇人物奧斯卡·王爾德於1854年的今天出生。

牌陣概述

《格雷的畫像》（The Picture of Dorian Gray）是王爾德出版的唯一一部長篇小說，講述了一名時尚青年為了永恆的青春和美麗而出賣靈魂的故事。這個故事的主題啟發了這個牌陣的問題，邀請你思考你對於藝術、美學和影響力的想法和見解。

擺出陣型

將牌擺成魔鏡的形狀：

1. 藝術的目的是什麼？

2. 為什麼美很重要？

3. 為什麼現代文化很膚淺？

4. 目前誰在影響我？

5. 我用毒品或酒精來逃避現實嗎？

6. 什麼在折磨我的意識？

7. 什麼有助於我保持幽默感？

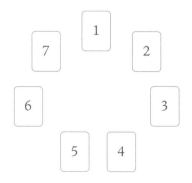

作家王爾德以其敏銳機智而聞名。據說他的遺言是：「我的壁紙和我正在進行一場生死決鬥。我們當中有一方必須離開。」

星星牌湧出的青春之泉，表現在代表水瓶座的流動之水符號。星星牌提醒你，要對靈感和藝術保持開放的態度，這樣無論你的生理年齡多少，你的心永遠年輕。

10月17日 夏特的神聖迷宮／高我牌陣

Chartres's Sacred Labyrinth / Higher Self Spread

夏特教堂迷宮的周長為一百三十一英尺，幾乎與大教堂西側玫瑰窗一樣大。它與入口的距離也跟西側玫瑰窗與地板迷宮的距離等長。如果西牆倒塌，玫瑰就會剛好躺在迷宮上。

在這一天

1260 年的今天，法國舉世聞名的夏特主教座堂（Chartres Cathedral）在聖路易國王的見證下舉行了祝聖儀式。教堂中殿中央的石頭地板上一個古代迷宮至今還在，供大眾冥想和沉思。

牌陣概述

你見過你的高我（higher self）嗎？迷宮本身創造了中心點，也保護著它，只在特定條件下允許進入。進入就是啟蒙；這是知識道途上的一步。這個牌陣的靈感是來自構成神聖迷宮的元素。

擺出陣型

將牌陣擺成一座迂迴的迷宮形狀：

1. 1. 目標：我的目標是什麼？
2. 入口：我會如何展開我的旅程？
3. 邊界：我必須通過什麼？
4. 分支：我應該如何擴展自己？
5. 死路：什麼原因讓我無處可去？
6. 分岔點：我必須做出什麼決定？
7. 房間：我會遇到什麼驚喜？
8. 結果：我的旅程最終會怎樣？

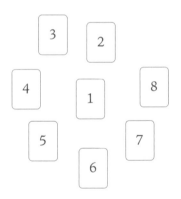

聖杯八是神聖旅途、精神之旅的開始。牌面人物拋棄一切，獨自一人往山中行去，追求開悟解脫之道。

未來情人牌陣
Future Lover Spread

在這一天

今天是英國的聖路加節（St. Luke's Day）。依據傳統，女孩可以在今天預先看見未來的婚姻景象。儀式很簡單，而且對皮膚有益。上床睡覺前，女孩會將香料、蜂蜜和醋混合在一起塗在臉上，然後念誦以下歌謠：

聖路加，聖路加，求你慈悲，

讓我真愛來我夢中讓我看見。

牌陣概述

你未來的情人是誰？這個牌陣是運用聖路加節的能量，以感官透視你的未來，看看是什麼樣的情人正在朝你走來，或是那個人早就在你身邊了。

擺出陣型

準備登上雲霄飛車，然後把陣型擺出來。

1. 我未來的情人是誰？

2. 他們已經出現在我生命中了嗎？

3. 我怎麼知道什麼時候見過他們？

4. 如何拉近跟他們的距離？

5. 我們會相處融洽嗎？

6. 他們會為我打開新的世界嗎？

7. 我們會長久在一起嗎？

聖路加是藝術家、學生、醫生、外科醫生和屠夫的守護者。

戀人牌與所有的愛情牌陣都有關連。這張牌的主題之一是選擇。在愛情當中你會做出哪些選擇？你有為自己選擇最好的對象嗎？你的選擇是基於你的需求、需求和願望，還是為了其他人？

10月19日

騎士牌陣
Knight's Spread

在古代王國，侍者會先成為騎士的護衛，然後在他們手下接受訓練。

在這一天

今天是古羅馬的阿米爾斯特里姆節（Armilstrium），這是獻給戰神瑪爾斯的節日。遊行隊伍穿過街道，戰士接受讚揚歡慶，他們的武器也會受到儀式性的淨化。

牌陣概述

騎士是塔羅牌中的戰士，每一位騎士都代表一種特定類型的追尋、追求和冒險。每一個人都以符合他們牌組屬性的速度移動。這個牌陣是透過派遣他們為你執行任務，來發揮他們各自的特質。

擺出陣型

這個牌陣不是一張牌回答一個問題；而是兩張牌一組，分別對應每一位騎士的牌組屬性來回答問題。先把四張騎士牌從整副牌中取出，放在牌陣正中央，然後把你隨機抽到的牌擺上去，牌面朝下。大聲唸出建議的問題，然後把對應號碼的牌翻開來看答案。

1. 順著我的熱情所在，什麼在我眼前？
2. 會有什麼驚喜？
3. 順著我的心，什麼在我眼前？
4. 會有什麼驚喜？
5. 順著我的感官覺受，什麼在我眼前？
6. 會有什麼驚喜？
7. 順著我的好奇心，什麼在我眼前？
8. 會有什麼驚喜？

占卜牌陣中出現騎士牌，代表立即行動、能量充沛或某位人物。他們通常帶著訊息，主題則可從他前後的牌看出。騎士會增加事件的緊迫感；當騎士牌出現，請準備好採取行動。

惡魔牌牌陣
Devil Card Spread

在這一天

貝拉‧魯戈奇（Bela Lugosi）於1882年的今天出生，他在電影《吸血鬼》（Dracula, 1931）中飾演吸血鬼德古拉伯爵。

牌陣概述

吸血鬼德古拉只是文學和流行文化中魔鬼形象的一種體現。這個牌陣是根據惡魔牌上的象徵符號來設計的。

擺出陣型

這個牌陣可以回答任何一種問題。你可以在擺設牌陣之前先列出問題，也可以單純根據抽到的牌來回答問題。先將惡魔牌從整副牌中取出，放在正中央，然後把抽到的牌擺在四周圍。

1. 倒五角星：我有什麼樣的改變？
2. 手勢：我在哪些地方被誤導了？
3. 戀人：我控制了誰？
4. 裸體：我哪些部分最脆弱？
5. 鎖鏈：什麼把我綁住？
6. 火把：我靈魂中燃燒著什麼樣的激情？
7. 蝙蝠翅膀：什麼事情出了差錯？
8. 頭上長角：我的獸性本能會把我帶到哪裡去？

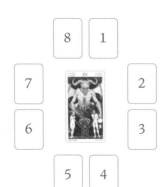

現存最古老的塔羅牌維斯孔蒂─斯福爾扎塔羅少了一張惡魔牌。沒有人知道它是被刪掉、遺失了，還是從來沒有這張牌。維斯孔蒂─斯福爾扎塔羅的大牌沒有編號；因此，這個謎團大概永遠解不開了。

惡魔代表權力和控制的問題，包括你自己內在，以及跟你身邊的人和事情之間的關係。雖然惡魔也可能是一段狂歡的美好時光，但必須用理智來調和，否則你可能會被帶走。

10月21日

節制牌牌陣
Temperance Card Spread

節制是七美德之一。節制牌上面畫的天使是大天使麥可。

節制牌談的是清醒的意識流動。這是一種必要的努力，如此才能在生活中做出各種調整，維持生命所需的平衡。世界牌代表毫不費力的流動；而節制牌則是清醒地意識到自己的能量和處境。這位調酒大師節制天使正在積極操作她的魔法，讓自己踏在真實道路。

在這一天

1925年的今天，美國財政部宣布對禁酒令期間違反飲酒規定的二萬九千六百二十人處以罰金。

牌陣概述

禁酒運動主張禁止無節制飲酒，也是節制牌的含義之一。這個牌陣是根據節制牌上的象徵符號來設計的。

擺出陣型

這個牌陣可以回答任何一種問題。你可以在擺設牌陣之前先列出問題，也可以單純根據抽到的牌來回答問題。先將節制牌從整副牌中取出，放在正中央，然後把抽到的牌擺在四周圍。

1. 天使翅膀：我真正的潛力是什麼？
2. 鳶尾花：我熱愛什麼？
3. 皇冠：我知道什麼？
4. 小徑：我必須往哪個方向走？
5. 山脈：我的挑戰是什麼？
6. 將液體混合：我如何順其自然？
7. 腳踏入水中：我是否能夠連結我的無意識？
8. 腳踏在陸地：如何讓自己腳踏實地？
9. 遠處發光的皇冠：我可達到（可獲得）的是什麼？

沙特的存在主義疑問牌陣
Jean-Paul Sartre's Existential Questions Spread

在這一天

1964年的今天，諾貝爾文學獎頒給了法國哲學家、劇作家、小說家和活動家尚─保羅・沙特。但他謝絕此項榮譽，這是史上第一次有人這樣做。沙特是眾多歐洲存在主義者當中相當傑出的人物。

牌陣概述

你是誰？「existential」（存在）這個字結合了 essence ／本質、essential ／根本的和 exist ／存在等這幾個字的含義。這個字本身是在質疑存在的本質，這個牌陣就是要來做這件事。

擺出陣型

思考哲學家千百年來不斷質疑的問題，將牌陣擺成 X 形：

1. 存在的意義是什麼？
2. 我的真實自我是什麼？
3. 什麼是死亡？
4. 是否有神格／更大的力量存在？
5. 我如何知道什麼是對或什麼是錯？
6. 什麼是意識？
7. 什麼是幸福？
8. 成為真實的人（be authentic）是什麼意思？

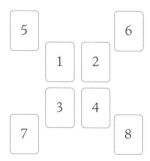

二戰期間，沙特擔任法國軍隊的氣象兵，後來被德軍俘虜，以戰俘身分度過了九個月。

吊人是屬於哲學家的牌，因為他願意讓自己頭下腳上顛倒過來，超越意識，從不同的角度審視生命。他這樣做是為了深刻沉思我們究竟是誰，以及身為人類的意義何在。

10月23日

天蠍座特質牌陣
Qualities of Scorpio Spread

天蠍座的守護星是冥王星和火星，代表色是紅色，幸運日是星期二，最容易成功的地點在水邊。天蠍座掌管黃道十二宮的第八宮，這個宮位與性、死亡、共同資源以及別人的金錢有關。

在這一天

今天是天蠍座的第一天。

牌陣概述

這個牌陣是依據天蠍座的基本特質而設計的，包括：力量強大、情感豐富、意志堅定、有吸引力、性感和忠誠。

擺出陣型

將牌擺成蠍螯的形狀：

1. 我如何將力量發揮到極致？
2. 我的情緒如何為我服務？
3. 我下定決心時，我可以完成什麼？
4. 現在我被什麼人和什麼事吸引？
5. 是什麼讓我感覺性感？
6. 作為朋友，我最好的特質是什麼？

天蠍座連結的是死神牌。死亡代表改變、情感強烈還有轉變——這正是天蠍座散發出的能量。死亡是一種清理，這樣新的機會、成長和拓展才能發生。

婚禮規畫牌陣
Wedding Planning Spread

在這一天

1441年的今天，弗朗切斯科‧斯福爾扎（Francesco Sforza）在義大利克雷莫納與比安卡‧瑪麗亞‧維斯孔蒂（Bianca Maria Visconti）舉行結婚典禮。為了祝福這場米蘭貴族的聯姻，比安卡的父親委託畫家繪製了一套維斯孔蒂—斯福爾扎塔羅牌作為結婚禮物，這套牌也是現存最古老的塔羅牌。

牌陣概述

這個牌陣以義大利貴族婚禮為靈感，問題都跟這個重要日子的規畫有關，以幫助新娘和新郎做出最明智的決定。

擺出陣型

像是撒在幸福新人身上的米粒或玫瑰花瓣一樣，把牌陣擺出來：

1. 我們婚禮的基調是什麼？
2. 我們應該聘請婚禮規畫師嗎？
3. 我們的支持系統是誰？
4. 什麼可以幫助我們平衡預算？
5. 什麼可以幫我們把所有事情搞定？
6. 當天天氣如何？
7. 我們如何處理彼此因個性產生的衝突？
8. 我們如何保持最輕鬆的狀態？
9. 我們如何確保這一整天都很愉快？
10. 我們應該特別讓自己放縱一下？

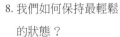

比安卡六歲時就與弗朗切斯科訂婚了。男方當時三十歲。他們的婚禮在女方十六歲那年舉行，這其實是一場政治聯姻，目的是為了把斯福爾扎家族的權勢跟米蘭公國綁在一起。

權杖四的牌面圖案是一場婚禮。棚架上垂掛著花朵和常春藤，跟傳統猶太婚禮的彩棚很類似。權杖四代表圓滿或滿足的時刻，不過它只是短暫的。未來會發生的事還多的呢！

10月25日

畢卡索的創造力牌陣
Pablo Picasso's Creativity Spread

畢卡索非常迷信。屋內不打傘（怕招邪）、不戴帽子睡覺（怕一年內會死）、絕不捐出自己的衣服（怕自己的天才被穿他衣服的人偷走）。

無論在塔羅牌中還是所有神祕學和祕術實踐當中，數字三都是代表創造力。三代表兩個對立面事物的結合而誕生出新事物。占卜牌陣中出現三號牌——包括女皇或小牌的四張三號牌——都代表該牌組對應屬性的純粹創造力。

在這一天

大概是二十世紀藝術界最知名的人物，畢卡索出生於 1881 年的今天。畢卡索在繪畫、雕塑、版畫和陶瓷作品各方面皆有決定性的創新之舉，因而聞名於世。在他之前，沒有一位畫家能在他們在世時擁有這麼多觀眾，只要一提到他的名字，就是創造力的代名詞。

牌陣概述

正在思考一條嶄新的創意路徑或一項創意計畫？這個牌陣就是為你準備的。無論是採用新的創意手法或是沿用舊的藝術形式，希望這個牌陣可以讓你的新點子不斷湧現。

擺出陣型

1. 代表我的創造力活動。
2. 如何讓我的創意成為日常？
3. 我會採取哪些特定日常行動來激發我的創意？
4. 如何放下完美主義的念頭？
5. 如何在我的作品和他人的意見之間畫出界線？
6. 我的創作道路發生了哪些有趣的變化？
7. 我學到什麼新的東西？
8. 我要創造什麼？

找到自己的聲音牌陣
Find Your Voice Spread

在這一天

《鄉村之聲》（The Village Voice）是一份波西米亞風格的週報，1955年的今天首次出版。這份週刊最初是在一間兩房公寓發起的，因其新聞報導和文化評論皆具開創性，後來成為紐約的經典報刊。

牌陣概述

你是誰？找到自己的聲音意謂著鍛鍊個人的真誠性格，發展你的個人真理，不是依照別人的期待來做事情。所有的行動都是你真正想要做的、你真實感受到的以及你想表達的。你的聲音也會隨著成長進化而有所改變，這個牌陣可以讓你看到你個人的獨特聲音是什麼，而且這個聲音只有你能發出。

擺出陣型

1. 我是誰？
2. 我為什麼在這裡？
3. 我喜歡什麼？
4. 我不喜歡什麼？
5. 我壓抑了自己的什麼？
6. 我如何停止壓抑它？
7. 我如何跟自己重新建立連結？
8. 什麼是我必須表達的？
9. 什麼是我需要做的？

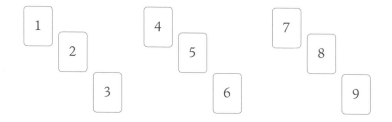

如果你有表達的欲望，但不知道實際上該怎麼做，那你可以先做一些紓解壓力的事情，什麼事情都可以。不要自己躲起來。跳舞、寫作、唱歌、運動或任何身體活動，都可以嘗試看看。

世界牌這位人物的站姿，展現出一位已經澈底自我實現、發出閃亮光芒的理想人類形象。她整個人非常自在，閃耀著滿足與自豪的光芒。從靈魂深處湧出的自我價值感，是這張世界牌給我們的最終印證。

10月27日

志願工作者能體驗到「助人的快感」，也就是一種瞬間的欣快感，長期持續則能改善我們的情緒健康。

在這一天

1979 年的今天，德蕾莎修女因其人道主義工作，特別是在難民和兒童困境方面所做的努力，而被授予諾貝爾和平獎。

牌陣概述

你正在尋找回饋社會的方法嗎？在你了解可以把時間奉獻給哪裡之前，通常會先升起想要從事志願工作的渴望。這個牌陣的靈感來源是德蕾莎修女，可以幫助你在從事志願服務時朝正確的方向前進。你也可以透過這個牌陣幫自己找到最適合的志工環境。

擺出陣型

帶著關懷和愛心來擺設這個牌陣。任何善行，無論多小，都一定會為某個人帶來影響。

1. 我想幫助哪一群人？
2. 我擅長什麼？
3. 我需要投入多少時間？
4. 我有能力做出承諾嗎？
5. 我如何提供最好的服務？
6. 我適合做哪一方面的義工？
7. 我應該跟哪個組織聯絡？

錢幣六代表財務上的慷慨大方，而聖杯六則是描繪一個靈魂對另一個靈魂的心靈禮物。牌面上的杯子裡裝滿鮮花；這些花代表愛與善行所帶來的進一步成長。

學校牌陣
School Spread

在這一天

哈佛大學在1636年的今天打開了它的神聖大門。這所新大陸第一所高等學府,到了1642年僅有九名畢業生,之前則更少。

牌陣概述

你或你認識的人正在申請學校嗎?從學前教育到大學,學校的申請和選擇可能充滿挑戰和挫敗感,因為很多因素會影響決定。學校牌陣可以幫你儘量縮小選擇範圍,挑出好的選擇,並為你指出正確選擇方向。

擺出陣型

第 1 和第 4 張牌代表可供學生選擇的學校選項;依據你的學校數目自行調整紙牌張數。翻牌之前記得要說出學校的名字。

1. 第一選擇學校(這張牌代表學校的整體風氣和適合學生的程度)。
2. 接受申請的機率。
3. 學生在那裡的整體經驗。
4. 第二選擇學校(這張牌代表學校的整體風氣和適合學生的程度)。
5. 接受申請的機率。
6. 學生在那裡的整體經歷。
7. 學生的長處。
8. 學生的挑戰。
9. 支持和愛護學生的最好方式。

```
     [1]              [4]

[2]     [3]     [5]     [6]


     [7]   [8]   [9]
```

就像霍格華茲魔法學院一樣,哈佛大學的新生也會被分到不同的學院。哈佛的十二棟住宿大樓每一棟都有自己的宿舍、健身房、餐廳和公共空間。新生可以選擇跟最多八個朋友分在一起,這樣他們就不用和陌生人同住。

所有的侍者牌都跟學習和教育有關。錢幣侍者特別跟勤奮好學以及高等教育有關連。這位侍者熱愛物質世界、天生好奇心強,而且關心實體有形的變化,這些特質使他成為一名理想的學生。

根據古老都市傳說，發明貓門的人就是萬有引力定律的發現者牛頓。

在這一天

今天是美國的全國貓咪日（National Cat Day），這個節日的訂定是為了讚揚貓科動物，同時教育大眾關於流浪貓的營救與收容，並鼓勵愛貓主人在這一天好好感謝貓星人給予的愛和陪伴。

牌陣概述

你跟貓咪很像嗎？貓的象徵意義從邪惡魔性到虔誠神性，範圍之廣泛。從被人類馴化的那一刻起，貓咪就成了最能代表人類文化中二元對立性的象徵。這個牌陣可以讓我們發現自己身上的貓科動物特質。

擺出陣型

把牌擺成貓咪耳朵的形狀：

1. 我內在的什麼已經被馴化了？
2. 我個性中最兇狠的一面是什麼？
3. 人們覺得我很冷漠嗎？
4. 此時此刻我如何定位自己？
5. 我可以完全自立自足嗎？
6. 沒人留意我的時候我如何自處？
7. 我想對誰表達愛意？
8. 我想要探索什麼？

權杖王后牌面上，有一隻黑貓坐在她嬌嫩的腳邊。這隻貓，就是這位王后全身上下流動著兇猛陰性力量的象徵——這也是一種證明，這位王后擁有權杖牌組專屬的魔法力量與實權。

偏執狂牌陣
Paranoia Spread

在這一天

1938年的這一天晚上，奧森‧威爾斯（Orson Wells）在廣播節目中播出了由 H‧G‧威爾斯的小說《世界大戰》改編的廣播劇。由於當時正處於二戰前夕緊張焦慮的氛圍中，有些聽眾以為這是真實的新聞播報，尤其很多人沒有聽到廣播劇的完整內容。人們以為地球正在被外星人入侵，結果引發了現實生活中的恐慌。

牌陣概述

你覺得自己有點瘋瘋的嗎？這個牌陣並不適合有嚴重偏執狂的人喔！人總是會有那樣的時刻，感覺自己的腦子被一些強迫想法或瘋狂念頭占據，我們深深相信最壞的情況一定會發生。這個牌陣的問題可以幫你找到方法擺脫這種情況。

擺出陣型

1. 目前的狀況。
2. 為什麼這讓我害怕？
3. 為什麼我擔心最壞的事情會發生？
4. 我對結果有什麼樣的掌控權嗎？
5. 我必須記住什麼事實？
6. 這件事情的真實情況是什麼？
7. 什麼能幫助我停止這樣想？
8. 我可以把注意力放在哪些正向事實？

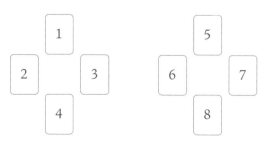

廣播劇《世界大戰》播出時，有些聽眾湧向街頭，有些趕去教堂，還有一些人跑去跟朋友和家人共度他們生命的最後時光。

寶劍九代表令人煎熬折磨的思想念頭。恐懼和焦慮是她的頭腦製造出來的，而非實際情況。她的被毯上都是星座符號，代表她頭腦外面還有無數的故事。這張牌提醒我們，雖然每個人都面臨恐懼和不確定性，但重要的是不要被它束縛住。

人們相信今天晚上鬼魂會離開陰間到世間遊走，而且對人類惡作劇。人們會提供糖果零食來安撫搞怪搗蛋的亡靈，並點上鏤空的傑克燈籠來嚇跑邪靈。後來演變成現代的萬聖節慶祝活動。

塔羅是一種可用來與其他世界溝通的媒介工具和形上學機制。無論是跟鬼魂或精靈交談，還是跟自己的心靈和內在聲音對話，整副塔羅牌都是這個美好節日以及當中滿滿超自然魔法的一種證明。

在這一天

對於許多人來說，今晚是一年當中最好玩的一夜。塔羅占卜師、女巫、鬼魂、幽靈還有各式各樣超自然生物，今天都會出來聚會。這夜，陰陽兩界之間的帷幕最薄，是最適合占卜的吉祥夜晚，把巧克力和糖果分送給別人，可以安撫搗蛋的鬼魂，每個人都有機會把自己假扮成某人或某物。

牌陣概述

接下來的十二個月會發生什麼事？古蓋爾人的薩溫節（Samhain，或稱死神節）是女巫和異教徒的新年，也標誌著收穫季節的結束以及陰暗冬季的開始。這是個非常好的時機，來盤點一下未來十二個月你有多少庫存準備。

擺出陣型

1. 你。
2. 十一月。
3. 十二月。
4. 一月。
5. 二月。
6. 三月。
7. 四月。
8. 五月。
9. 六月。
10. 七月。
11. 八月。
12. 九月。
13. 十月。
14. 我應該聚焦在什麼事情上？
15. 我應該拒絕什麼事情？
16. 什麼魔法可能成真？

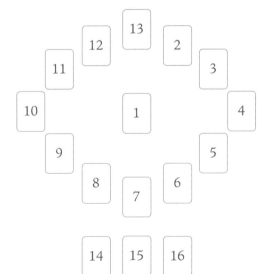

與亡靈對話牌陣
Speak to the Dead Spread

11月1日

在這一天

在墨西哥和其他拉丁文化，人們會在這一天過亡靈節（Day of the Dead），通常是在家中為死去的親人布置一座祭壇，並邀請親友來家裡作客。這個節日的儀式源自三千多年前的阿茲特克和中美洲文明。天主教文化則稱今天為萬聖節（All Saints Day）。

牌陣概述

你曾與死者交談過嗎？在這個吉祥的日子裡，用塔羅牌作為跟對方溝通的工具。隨機選一個靈魂交談，或是冥想一個你想跟他對話的特定靈魂。

擺出陣型

隨興提出你自己認為合適的問題。將抽到的牌擺成降靈圈：

1. 現在誰在我身邊？
2. 你是怎麼死的？
3. 你為什麼在這裡？
4. 死後是什麼感覺？
5. 你想要傳達什麼訊息？
6. 我需要知道什麼？

```
      2   3

   1         4

      6   5
```

墨西哥家庭會在亡靈節這一天到祖先的墓地掃墓，並用食物、蠟燭和鮮花來裝飾墓地。他們會整夜都不睡覺，一起聊死者的往事；有些還會雇請音樂家來墓地，一邊走、一邊演奏他們祖先最喜歡的歌曲。

審判牌描繪了亡者從墳墓中復活的景象。它指的是一種在最高與最深想像層次所發生的復活重生。隨之而來的必然就是改變。

很久以前，天主教徒將整個十一月都用來為煉獄中的亡靈禱告。布施（把金錢和食物捐贈給窮人）和懺悔據說可以減少靈魂待在煉獄的時間。

在這一天

羅馬天主教會將這一天獻給目前住在煉獄中的所有靈魂。所謂「煉獄」（purgatory，或稱滌罪所），是介於天堂與地獄之間的分界；靈魂在進入天堂之前需要淨化，它是暫時的居所，但經常是非常不舒服的等待之地。

牌陣概述

你覺得卡住了嗎？ 一般意義上，煉獄被理解為進入天堂前的等候處或等待室。這個牌陣的問題是依據被困在塵世邊緣的概念而設計的，旨在幫助你擺脫困境。

擺出陣型

把牌擺成一條把你拉出沉悶等待室的救生索：

1. 我在逃避什麼？
2. 停滯狀態讓我獲得什麼？
3. 我會把我目前的情況怪罪在別人身上嗎？
4. 恐懼感如何影響我的決定？
5. 我過去堅持的哪些信念現在已經不再正確？
6. 我如何突破這個困境？
7. 我應該尋求哪些具體機會？
8. 我如何向前邁出有意義的一小步？

錢幣六代表布施、幫助他人。當這張牌出現在占卜牌陣中，請看看你是哪一個角色。是布施者還是接受金幣的人？

在這一天

美國第一屆全國汽車大展於1900年的今天在麥迪遜廣場花園揭開序幕。三十一家汽車製造商展示了令人興奮的新型車款,戴著大禮帽的男士和轉著遮陽傘的女士,則在這些沒有馬的車子之間漫步閒逛。

牌陣概述

汽車和各種形式的交通工具都是戰車牌的直譯。這個牌陣是根據戰車牌的象徵符號來設計的。

擺出陣型

這個牌陣可以回答任何一種問題。你可以在擺設牌陣之前先列出問題,也可以單純根據抽到的牌來回答問題。先將戰車牌從整副牌中取出,放在正中央,然後把抽到的牌擺在四周圍。

1. 月亮鎧甲:什麼正在變化?
2. 皇冠:我可以從哪裡找到尊嚴?
3. 月桂花環:為什麼我一定會勝利?
4. 司芬克斯人面獅身像:我有什麼選擇?
5. 篷幕:我如何與更高靈魂連結?
6. 戰車上的圓柱:我的穩定性建立在哪裡?
7. 帶翼符號:我怎樣才能飛起來?
8. 城市:我建造了什麼?

仔細看偉特—史密斯牌的戰車牌,可以發現新月鎧甲剛好在戰車馭手的左右肩膀上形成他臉部輪廓的一部分。

戰車代表一個充滿動力的人,由於個人的功夫和別出心裁的創造力而取得成功。戰車正在穩穩向前移動,表示這位戰車馭手的能力和方向感都非常強,無論任何情況都能掌控局面,而且穩穩坐在他的駕駛座上。

11月4日

在汽車發明之前，基於行程安排之故，美國的選舉日是訂在星期二。以馬匹為旅行移動工具的時代，投票日訂在星期二，可以讓人們在星期天上教堂做禮拜，星期一騎馬進城，星期二投票，然後在星期三市集日之前回來。

聖杯六呈現了人們積極參與公民義務的情景。這座城鎮有堅固的城牆保護，代表整個社區有團結保護的意識。所有杯子都開滿鮮花，象徵某件事情已經顯化成真，保暖衣物為孩子提供保護，在這裡，人們自然而然地付出愛也接受愛。

在這一天

美國的公職人員普選通常訂在十一月的第一個星期二舉行，經常剛好就是這一天。十一月初是非常恰當的日子，因為適逢收穫季節結束且嚴酷寒冬尚未到來。

牌陣概述

你是活躍的社區成員嗎？公民義務是公民為了公眾服務利益而承擔起社會責任。美國的公民義務不僅僅是投票、繳稅和擔任陪審員。在兩次選舉之間採取的行動同樣重要，甚至更重要。

擺出陣型

1. 我了解政府的運作方式嗎？
2. 我如何看待政治文化？
3. 我可以參與社區服務嗎？
4. 我如何為需要幫助的人發聲？
5. 我如何讓我的社區變得更好？
6. 我如何在基層協助改善生活品質？
7. 我現在可以為我的社區做些什麼？

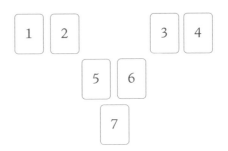

在這一天

今天是英國的蓋‧福克斯節（Guy Fawkes Day）和篝火節（Bonfire Night，譯注：或稱焰火節、煙火節）。這個節日其實源自一件火藥陰謀。西元1605年，一群天主教徒企圖炸毀英國議會並暗殺詹姆士國王。蓋‧福克斯原本要點燃三十六桶火藥引信，後因消息走漏被逮捕。

牌陣概述

你準備要引燃某個想法嗎？這個牌陣的靈感是來自一場革命行動（儘管最後失敗了）。當你準備向前邁出一大步，或是想要大大改造你的人生時，請試試這個牌陣。

擺出陣型

期待輝煌的結果，把牌陣擺出來：

1. 目前狀況。
2. 為什麼一定要改變？
3. 我想要的是什麼？
4. 什麼對我形成挑戰？
5. 什麼提供我助力？
6. 我必須採取什麼激烈行動？
7. 如果我什麼都不做會怎樣？
8. 結果會是什麼？

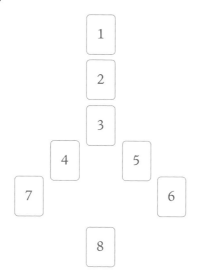

篝火節這一天，人們會燃起熊熊營火、用棍子烤棉花糖和香腸，以及在十一月的寒冷夜空天燃放煙火來慶祝。

寶劍七與密謀行動有關連。牌面上這個人從營地偷偷溜走；他是悄悄離開再也不回來，還是會再回來對現狀進行大改造？當這張牌出現在占卜牌陣中，就是預示這是向前邁步的時機，把真正需要的帶走就好。

吊人和他的上下顛倒模式是啟蒙的象徵,是一種意識狀態與另一種意識狀態之間的過渡。這種犧牲會帶來成長、進步和領悟。

在這一天

越南今天慶祝孔子誕辰。孔子以及其他哲人,因以不同於大多數人的眼光看世界而備受推崇。某些另類觀點將哲學家與帶有藝術家、神祕主義者和先知含義的「吊人牌」相連結。

牌陣概述

這個牌陣是依據吊人牌的象徵符號來設計的。

擺出陣型

這個牌陣可以回答任何一種問題。你可以在擺設牌陣之前先列出問題,也可以單純根據抽到的牌來回答問題。先將吊人牌從整副牌中取出,放在正中央,然後把抽到的牌擺在四周圍。

1. 絞架/十字架:什麼是我存在狀態的邊界?
2. 腿部姿勢:我正處在哪些十字路口?
3. 手臂:我對什麼感到無能為力?
4. 光環:我的領導魅力如何?
5. 樹葉:我正在培育什麼?
6. 平靜的表情:我需要知道什麼洞見?
7. 繩索綁住雙腳:如何才能放棄掙扎?
8. 上下顛倒:什麼問題需要重新評估?

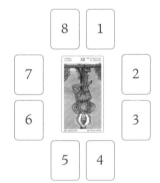

吊人牌呈現出艱難、痛苦和無力行動的時刻。但這是暫時的,他是有意識自願進入這個姿勢。那是成長和進化的必要步驟。

隱士牌牌陣
Hermit Card Spread

在這一天

法國哲學家、經典文學作品《異鄉人》（The Stranger）、《墮落》（The Fall）和《瘟疫》（The Plague）的作者卡繆，出生於1913年的今天。

牌陣概述

為自己內心深處的疑問尋求理智和哲學解答，是一段必須獨自行走的旅程。這個過程就是隱士牌的含義。這個牌陣是依據隱士牌的象徵符號來設計的。

擺出陣型

這個牌陣可以回答任何一種問題。你可以在擺設牌陣之前先列出問題，也可以單純根據抽到的牌來回答問題。先將隱士牌從整副牌中取出，放在正中央，然後把抽到的牌擺在四周圍。

1. 披風：我可以靜止不動嗎？
2. 手杖：什麼可以幫助我前進？
3. 提燈：什麼可以保護我？
4. 星星：我與別人分享什麼真理？
5. 山頂：我已經克服了什麼挑戰？
6. 山脈：我面臨什麼挑戰？
7. 鬍子：我擁有什麼智慧？
8. 老人：經驗能照亮什麼？

隱士的孤獨不是因為害怕世間。他是利用獨處來尋求開悟。他以靜默來聆聽，以知己來知人。知道事實對隱士來說是不夠的；他致力領會和內化在他眼前的一切。

隱士代表孤獨、哲思和內省。為了遠離干擾，他放下對於物質的執著，尋求更高的精神境界，並自己找到答案。他因此被尊為大師。

11月8日

吸血鬼的永生不死牌陣
Vampire's Immortality Spread

柏蘭史·杜克寫了十二部小說，其中包括《吸血鬼伯爵德古拉》，這部小說原名是《不死之身》（The Undead）。

惡魔牌代表吸血鬼最壞的一面。以破壞性、殘忍的方式控制他人的人，是這張牌的陰暗面含義。吸血鬼感性、誘人的一面與戀人牌相關連，而永生不死的概念則是呈現在聖杯王牌，那永不枯竭的青春之泉與永生不死的聖杯。

在這一天

伯蘭·史杜克（Bram Stoker），全名是亞伯拉罕·伯蘭·史杜克，1847年的今天在都柏林出生。他以史詩般的哥德式小說《吸血鬼伯爵德古拉》重新定義了吸血鬼神話，但他在世時，他更為人熟知的身分是倫敦蘭心劇院的業務經理。

牌陣概述

這個牌陣的靈感來自吸血鬼的吸血神話以及關於永生的問題。雖然永生對某些人來說很有吸引力，但對另一些人來說卻可能是人間地獄。問題是，如果你是吸血鬼，你會怎麼做？

擺出陣型

召喚所有超自然力量，感覺某個生物潛伏在陰影中，然後把牌陣擺出來：

1. 我真的想長生不死嗎？
2. 我會選擇吃人嗎？
3. 我最大的優勢是什麼？
4. 我的弱點是什麼？
5. 誰會是我永遠的吸血鬼伴侶？
6. 他們會想變成吸血鬼嗎？
7. 我會把手上所有時間拿來做什麼？
8. 我會想住在哪個城市？
9. 我應該在幾歲變成不死之身？

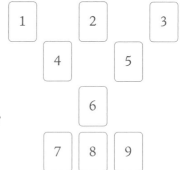

寵物牌陣
Pet Spread

在這一天

今天是美國「動物收容與救援感恩週」活動的最高潮。最初是為了推動大眾認識動物收容所的珍貴角色而發起的運動，現在則包括動物救援以及為陪伴型動物尋找溫馨的家。

牌陣概述

你和你的寵物感情很好嗎？進行這個牌陣時，心裡請想著你的寵物，看看牠們有什麼需求，讓你們之間的感情更親密。

擺出陣型

1. 寵物的過去。
2. 寵物的現在。
3. 寵物的未來。
4. 我的寵物現在健康狀況如何？
5. 我的寵物現在心情如何？
6. 我的寵物想讓我知道什麼？
7. 我的寵物需要什麼？
8. 我們的關係怎麼樣？
9. 怎樣才能給我的寵物最好的照顧？

狗狗有大約一百種面部表情，其中大部分是用耳朵做出來的。

聖杯牌組跟愛相關連，因為聖杯代表情感。紅心 Heart 的西班牙文是「Copas」，義大利文是「Coppe」，這個牌組就是源自撲克牌的紅心（紅桃）花色。所有情緒感受方面的問題以及男女情感相關的議題，都跟聖杯牌有關。

芝麻街的內在小孩牌陣
Sesame Street's Inner Child Spread

《芝麻街》是多位編劇長期討論後才決定的名稱。為了找到一個能夠朗朗上口的名字,他們決定使用「芝麻」,因為它跟「一千零一夜」這個童話故事有關,而且聽到「芝麻開門!」就讓人非常興奮!

聖杯六也代表童年、懷舊、走在難忘小路上的甜蜜感受。你可以用這張牌跟你的過去相連結。當聖杯六出現在占卜牌陣中,它意謂著令人自在和熟悉的愛正在到來。

在這一天

《芝麻街》(Sesame Street)在 1969 年的今天播出第一集,從這一天起,不只是 PBS 電視台,包括所有兒童娛樂節目都因此發生翻天覆地的變化。世人開始認識伯特和恩尼、大鳥、愛發牢騷的奧斯卡,還有整個多元文化城市家庭的所有人物角色。

牌陣概述

你最近有跟你的內在小孩說話嗎?「內在小孩」指的是你內心裡面還在成長的孩子。這個術語通常用在大眾心理學,指的是我們在青春期開始前的自己。如果你有興趣,可以把這個牌陣重複做兩次——第二次時,試著跟你內心的青少年說話。

擺出陣型

這個牌陣的目的是為了讓你跟你的內在小孩有實際對話的機會。你可以自己選擇要跟幾歲的自己說話。觀想一下你在那個年齡時候的家、臥室和平常的生活情況。

1. 你想告訴我什麼?
2. 你最喜歡的遊戲是什麼?
3. 你最喜歡做什麼?
4. 我能為你做什麼?
5. 你是否覺得被忽視或被排斥?
6. 你想要什麼但沒有得到?
7. 我現在可以用什麼方式把這樣東西給你?
8. 你最害怕什麼?
9. 我如何給你你需要的東西?

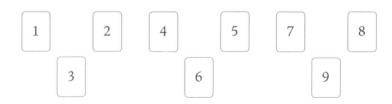

離婚牌陣
Divorce Spread

11月11日

在這一天

今天是第一次世界大戰停戰日。1918年11月11日上午11時，敵對行動正式結束。現在人們會在這一天的這個時刻靜默兩分鐘，來紀念這個日子。

牌陣概述

歷史總是無休止地重複著血腥衝突。生死懸命的時刻，最好放下你的武器，找出不需要犧牲任何人的和平解決方案。這個離婚牌陣是以停戰日為靈感，希望可以幫助人們度過人生中的艱難時刻。

擺出陣型

用溫柔的手和對自己的愛來擺設這個牌陣，你知道，所有你能做的，你都盡力了：

1. 這是最好的決定嗎？
2. 這是唯一可以解決事情的辦法嗎？
3. 有沒有什麼挽回的機會？
4. 我們能繼續維持友好關係嗎？
5. 我的財務受到什麼樣的影響？
6. 什麼能幫助我繼續保持堅強？
7. 學到的重要功課是什麼？
8. 我如何療癒自己？
9. 什麼新的道路打開了？
10. 我可以如何期待未來？

  6

7 8 9

10

離婚在古羅馬時代很普遍，尤其是上層社會。一對夫妻只要在七名證人面前聲明，他們不打算繼續一起生活，離婚就成立了。

聖杯四代表一個人因一段不愉快的感情而把自己封閉起來，不想再接受愛。從雲中伸出的神祕之手提醒了我們，愛的禮物（以杯子為象徵）一直都在，你只要打開眼睛看看它，然後接受它就可以了。

電影《回到未來》使用了一百二十一萬瓩的電力和一個電容器回到過去。儘管數世紀以來人們不斷夢想和研究，很可惜，時光旅行至今依然遙不可及。

在這一天

在《回到未來》（Back to the Future）這部超讚的時光旅行電影中，馬蒂·麥弗萊（Marty McFly）回到了 1955 年的這一天。為了挽救他自己的生命，他必須讓他的高中生父母親重新墜入愛河。

牌陣概述

你希望坐上時光機？時間旅行是非常有趣的想法，尤其是當我們思考可以做些什麼，來創造出另一種未來結果時。我們很容易忘記，我們的現在就是明天的過去。如果我們能以這種方式來看待人生，就能了解，我們現在的行為其實不斷在影響未來。

擺出陣型

用一點時間回想一下十年前的自己。然後想一下現在的自己。再想一下十年後的自己。把牌陣擺出來。

1. 是我做決定，還是我讓別人來為我做決定？
2. 我最大的遺憾是什麼？
3. 我曾經放棄什麼？
4. 如何充分發揮我的才能？
5. 我是否做出了健康的選擇？
6. 我現在應該改變什麼？
7. 我希望我的人生下一章裡面有什麼？
8. 為了更美好的明天，我現在需要做什麼？
9. 未來的我對現在的我有什麼請求？

戰車是一張可以用來時光旅行和進入不同存在空間的牌——你可以把它當作塔羅牌裡的時光機。問題是，你想去哪裡？

13 號星期五祝你好運牌陣
Be Lucky on Friday the 13th Spread

在這一天

　　已知最早關於十三號星期五的不祥記載，出現在1868年的這一天。義大利作曲家羅西尼（Gioachino Rossini）的傳記中寫道：「和多數義大利人一樣，他認為星期五是不吉利的日子，十三是不吉利的數字；在這個不尋常的日子，十一月十三日星期五，他離開了人世。」十三號星期五充滿神祕，且令人不安。

牌陣概述

　　想多點好運嗎？這個牌陣不僅可以確保你在十三號星期五平平安安，還可以提升你的整體運勢喔！

擺出陣型

　　把牌擺成數字13的形狀：

1. 我如何讓自己一整天都保持正向心態？
2. 我祈求什麼？
3. 我有冒險的勇氣嗎？
4. 我可以付出多一點、需索少一點嗎？
5. 什麼可以幫助我期待美好事情發生？
6. 我如何對機會保持開放態度？
7. 什麼可以讓我處處發現好運？
8. 為什麼我應該相信自己？

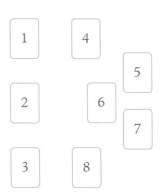

很多飯店、醫院和大型高樓層建築都會跳過十三樓的標示，機場通常也沒有十三號登機門。

死神牌是塔羅的第十三張牌。它揭示了巨大的變化、動盪和通往新世界的轉折點。人死之後，除了剩下最基本的東西，其他什麼都沒有，隨之而來的是自由。死神牌經常出現鐮刀，代表它收割了人的靈魂，只留下骷顱頭，這構成我們肉身的基本物質。

11_月14_日

莫內的無形機會牌陣
Monet's Unseen Opportunities Spread

印象派一詞源自莫內的作品《印象・日出》。但他並不是唯一一位印象派畫家，而是一群採用這種繪畫風格的藝術家之一。

在這一天

法國印象派運動創始人莫內誕生於1840年的今天。

牌陣概述

什麼東西確實存在但你卻看不見？現在，印象派是一種受到崇拜和推崇的畫風，但在興起之時，卻被認為是離經叛道。畫家用畫布記錄其他人無法看到或未能看見也未能理解的大自然印象。藝術家，可說是現代的神祕主義學家，他們往往能先看到別人看不見的東西。這個牌陣就是借用了畫家的特殊眼睛，來看看那些無形的機會。

擺出陣型

牌面朝下，擺出一張畫布的形狀。翻牌時，一個問題翻一張牌，一張一張來。

1. 我必須放下什麼先入為主的觀念？
2. 什麼能幫助我迎接新的機會？
3. 我可以怎樣相信自己的直覺？
4. 我應該尋找什麼樣的機會？
5. 什麼東西明明在我眼前但我卻看不見？
6. 如何才能看到它？
7. 如何利用它？
8. 結果是什麼？
9. 我必須記住什麼事情？

侍者牌代表能看到無形、原始的洞見以及跳出思維框架。他們以年輕、新鮮的視角，擺脫先入為主的固定觀念，帶來了自由。下次當你想追求新觀點時，不妨跟他們借一下愉快又有趣的視角，換個方式看世界。

1	2	3
6	5	4
7	8	9

復活節島之謎牌陣
Easter Island Unanswered Question Spread

在這一天

1770年的今天，兩艘西班牙船隻在復活節島登陸，發現了九百多座巨型石雕像。島民究竟是如何移動重達八十六噸的巨石？還有，為什麼島上的森林被砍光？這些謎團仍未解開。

牌陣概述

有什麼未解的問題困擾著你嗎？復活節島只是世界上眾多有趣的謎團之一。誰射殺了甘迺迪？誰是開膛手傑克？大腳怪是否存在等等，從這些著名謎團，到你自己身上的謎團，這個牌陣就是要幫你解開這些未解之謎。沒有什麼問題或未解之謎是禁區。

擺出陣型

1. 我的懸而未決問題。
2. 這件事情已知的部分是什麼？
3. 誰擁有關於這件事的其他資訊？
4. 為什麼事情會是這樣？
5. 我真的想知道答案嗎？
6. 什麼是絕對真相？

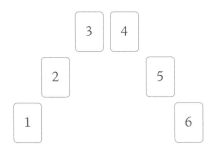

未解之謎的厲害之處在於，它讓我們不斷提出疑問，無論這謎題是理智的還是跟精神靈性有關。有提問，才有學習。要好好珍惜未解之謎，因為無論你是否能解開，它們都會讓你不斷往前進。

寶劍侍者是塔羅牌裡的超級間諜，擁有對真相敏銳的雙眼，熱愛冒險又具備年輕人的樂觀精神。這位侍者非常喜歡挖掘祕密，而且喜歡掌控一切。他也能善用精神力量，對謎團背後的真相非常感興趣。

11月16日

如果你今晚聽到狗叫，那是吉兆，因為根據傳說，女神黑卡蒂會在今晚帶著她的一群獵犬在人間遊走。

在這一天

今晚是黑卡蒂之夜（Hecate's Night），這是獻給女巫之神黑卡蒂的節日。為了紀念這位曾經擁有神殿和神龕的偉大女神，人們會將豐盛祭品和禮品放置在十字路口，以此向這位擁有魔法、巫術和招魂之術的女神致敬。

牌陣概述

你準備好要到不同世界遊歷了嗎？黑卡蒂能輕鬆遊走於生死兩界。人類從很早以前就運用最古老的靈修實踐——薩滿之法，跟黑卡蒂一樣在不同世界遊走。這個牌陣的靈感就是來自薩滿的三個世界：下部世界、中部世界以及上部世界。

擺出陣型

以三種不同形式來布牌：

下部世界（自然界的核心）

1. 我需要脫離什麼？

2. 我應該跟哪一位神靈連結？

3. 我的力量／圖騰動物要給我什麼訊息？

中部世界（我們所知道的現實）

4. 有什麼可能性是我目前沒有看到的？

5. 我在物質世界最關心的是什麼？

上部世界（精神指導、智慧和本性）

6. 什麼方法最能夠實現我的天命？

7. 我此生的目的是什麼？

8. 我如何與神性合一？

隱士和黑卡蒂都是光的持有者——黑卡蒂拿著火炬，隱士提著油燈。兩者都在為那些準備踏上自己道路的人指點明燈。

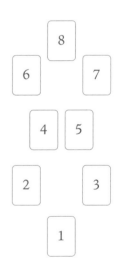

小美人魚牌陣
Little Mermaid Spread

在這一天

電影《小美人魚》在 1989 年的今天上映，一部經典由此誕生。

牌陣概述

你想探索什麼？愛麗兒是一位好奇心極強的女英雄，她渴望打破界限，探索大海之外的未知世界。這個牌陣受到愛麗兒堅韌不拔的個性啟發，可以在你即將投入冒險和浪漫旅程時助你一臂之力。

擺出陣型

1. 我需要突破什麼障礙？
2. 什麼人或什麼事擋住我的路？
3. 什麼事情讓我心跳加速？
4. 我可以嘗試什麼新事物？
5. 我一直想做的事情是什麼？
6. 我如何吸引新對象進入我的生命？
7. 我會找到真愛嗎？
8. 我的行動會帶來什麼結果？

| 1 | 2 | 3 | 4 |
| 5 | 6 | 7 | 8 |

安徒生童話版的《小美人魚》結局和電影版截然不同。在安徒生的版本中，深海女巫指示愛麗兒把王子殺掉。但愛麗兒做不到。破曉之時，陽光灑在她身上，她隨之化成泡沫。

愚人，一個追求經驗的靈魂。當你打算展開新的冒險旅程，這絕對是最能符合你目的的一張牌。凡事不符常規，自由而天真，他對任何即將到來的經歷都保持開放心態。偶爾嘗試一下，用愚人的態度行走世間，看看會發生什麼事。

拒絕牌陣
Rejection Spread

羅蘭‧梅西（R. H. Macy）在他的百貨公司成功之前，開過七家公司都失敗；歐普拉曾被電視公司解僱，說她「不適合電視」；貓王艾維斯‧普里斯萊曾被知名音樂廳大奧普里（Grand Ole Opry）的經理解僱，還說他「應該回去開卡車」。

權杖八提醒你，要好好疏導和引導你的熱情。這張牌從表面看起來就是如電流般的能量和動能。這股能量一旦爆發，溝通管道便會打開。不要氣餒。要保持耐心，把你的能量槽儲好儲滿，做好你該做的事，而且要相信，這些權杖會準確落在它們該到的地方。

在這一天

史上第一部有聲動畫電影《汽船威利號》（Steamboat Willie）在1928年的今天上映，觀眾好評如潮。這對華特‧迪士尼來說只是個開始。這位著名製片人，曾經被一位聲稱迪斯尼「缺乏想像力，沒什麼好點子」的報紙編輯解僱呢！

牌陣概述

你被拒絕的小刀刺中了嗎？華特‧迪士尼並沒有因為被拒絕就停下自己的腳步，你也應該這樣。無論是愛情方面、工作方面還是其他任何挫折，這個牌陣都可以幫你審視這些被拒絕的經驗，並告訴你如何捲土重來，做得比以前更好。

擺出陣型

1. 這件事為什麼會發生？
2. 為什麼發生這件事是好事？
3. 結果你會得到什麼成長？
4. 為什麼這是一種隱藏的祝福？
5. 我如何消弭痛苦感？
6. 我應該把目光集中在哪裡？
7. 什麼可以幫助我重新振作？
8. 為什麼我永遠都不該放棄？

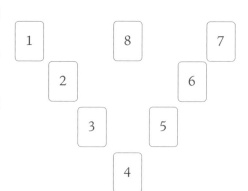

厄運沙洲牌陣
Doom Bar Spread

在這一天

1911 年的今天，位於英格蘭康瓦爾的危險移動沙洲「東霸」（Doom Bar，譯注：或稱厄運沙洲）吞噬了兩艘船。「少女之島」（Island Maid）和「天使」（Angele）在幾小時內相繼失踪。

牌陣概述

移動沙洲就像我們在生命中不斷重新學習的功課一樣。為什麼其他人一帆風順，而我們卻被卡在同樣的舊習慣、老問題當中困擾不已？這個牌陣把焦點放在我們反覆出現的問題上，希望找出一勞永逸的解決方法。

擺出陣型

1. 我反覆遇到的危險。
2. 為什麼這會出現在我生命中？
3. 我要學習的功課是什麼？
4. 為什麼它一直存在？
5. 什麼事情能使它永遠消失？
6. 如果我下次還是卡住，那會發生什麼事？
7. 如果它從我的生命中永遠清除，那會發生什麼？

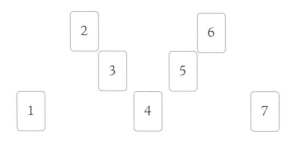

「少女之島」的殘骸仍沉在厄運沙洲附近，而且現在是一個非常受歡迎的沉船潛水地點。

權杖三通常被形容為一個等待自己的船進來的人。你也可以從相反角度來解讀，說這個人正在目送他的船出海。這張牌的編號是三，代表創意和遠見。

11月20日 與藝術品和場所對話牌陣
Conversation with Art and Places Spread

大都會博物館的館藏包括超過兩百萬件文物和藝術品。最古老的來自埃及，年代可追溯到西元前75,000 年。

在這一天

1870年的這一天，大都會博物館獲得了它的第一件收藏品：一具刻有朱比特和愛神厄洛斯雕像的羅馬石棺，成為紐約市這座最迷人也最多鬼怪故事的建築裡第一件文物。

牌陣概述

想要帶著你的紙牌出門、來點不同的解牌角度嗎？塔羅牌為我們帶來最愉快的經驗之一，是用塔羅跟一個場所或一件藝術品做感應、做連結。跟藝術品本身、跟創造它們的藝術家，甚至跟一個攜帶著智慧學問的特定場所，你都可以把塔羅牌當作工具與之溝通。

擺出陣型

你必須帶著你的紙牌走出家門，才能做這個練習。先選擇一個場所，可以是你最喜歡的美術館、你最喜歡的已故作家舊居，或是某個大自然聖地。你可以自己設計問題，或是參考下面這些問題來提問。

1. 你提供我什麼智慧？
2. 你的能量如何為我充電？
3. 你可以悄悄告訴我什麼祕密？
4. 我如何將這些知識融入生活？
5. 為什麼這個場所很重要？
6. 我需要知道什麼？

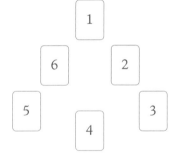

要與一個場所對話，需要敏銳的聆聽技巧。女祭司的微妙靜默和敏銳聽覺，與這項活動完美相搭。

別人如何看我威尼斯人面具牌陣
How Others See Me Venetian Mask Spread

在這一天

今天是威尼斯的聖母瑪利亞安康教堂節（Festa della Salute）。工人在威尼斯大運河上搭起一座浮橋，市民則徒步走過浮橋（像真的走在水面上一樣），前往對岸的安康聖母聖殿。進入教堂後，他們向聖母瑪利亞表達感謝，感謝聖母將他們從十六世紀襲擊這座潟湖城市的瘟疫中解救出來，並請求聖母保佑他們身體健康平安。

牌陣概述

你在外人面前展示的是什麼樣的你？威尼斯的狂歡節面具世界知名。面具能隱藏我們的真實身分，讓我們假扮成其他人或扮演其他角色。這個牌陣可以讓你檢視，你在面對外部世界時戴著什麼面具。

擺出陣型

穿過潟湖的薄霧，踮著腳尖走上鵝卵石街道，然後按以下陣型布牌：

1. 我內在的真實本性是什麼？

2. 別人如何解讀真實的我？

3. 當我獨處時，我的行為舉止會有不同嗎？

4. 當我認為人們在看著我時，我會如何表現？

5. 我認為我展現在外人面前的形象。

6. 我實際上展現在外人面前的形象。

7. 我可以安心向身邊親友透露的是什麼？

8. 我應該保護什麼？

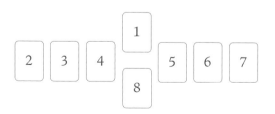

威尼斯在中世紀時經濟相當繁榮，也因此成為享樂天堂。在那個時代，上流社會、神職人員甚至僕役，在從事不道德、肆無忌憚的肉體歡愉行為時，會隱藏自己的身分，因此面具逐漸流行起來。

愚人是一張帶有「搗蛋鬼」能量的牌。在神話中，「搗蛋鬼」（trickster）代表隱藏和偽裝，是打破正常規則並表現出不符傳統行為的生物。搗蛋鬼可能很狡猾，也可能很愚蠢，或兩者皆是，跟愚人一樣。

射手座的守護星是木星，代表色是紫色，幸運日是星期四，最容易成功的地點是戶外任何地方。射手座掌管黃道十二宮的第九宮，這個宮位與高等教育、哲學和長途旅行有關。

節制牌代表元素的煉金混合，以求達到完美、平衡和長生不老。節制天使仔細權衡和測量，以發現正確的組合。同樣的，射手座無畏於旅行冒險、移動和探索世界，同時擴展他們的邊界。

在這一天

今天是射手座開始的第一天。

牌陣概述

這個牌陣是依據射手座的基本特質設計的，包括：樂觀、誠實、冒險、幽默、熱情、胸懷廣大、知識淵博。

擺出陣型

把牌擺成像射手座符號的箭：

1. 我可以樂觀看待什麼？
2. 在什麼事情上我應該對自己完全誠實？
3. 我會如何展開我的下一次偉大冒險？
4. 為什麼對自己幽默很重要？
5. 我可以期待什麼事情？
6. 我生活的哪個領域正在擴展？
7. 我真正知道的是什麼？

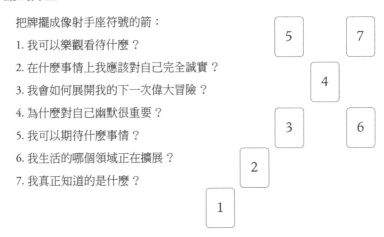

孤獨牌陣
Loneliness Spread

在這一天

1942年的這一天，一艘德國 U 型潛艇用魚雷擊中了英國商船 SS Ben Lomond。船上的二廚服務員潘濂（Poon Lim）落水，獨自一人在南大西洋漂流了一百三十三天。他抓鳥、捕魚，甚至捕鯊魚維生，最後倖存獲救。多年之後他說他希望沒有人必須去打破他以救生筏在海上停留的最長時間紀錄。

牌陣概述

你覺得自己跟別人隔絕嗎？希望你永遠不會在海上獨自漂流，但這並不表示你在生活中不會經歷孤單時刻，因為你可能覺得自己跟別人脫節、失去連結。這個牌陣可以幫你檢視，為什麼你會有這種感覺，以及你可以做些什麼來擺脫這種狀態。

擺出陣型

1. 為什麼我感覺這麼孤單？
2. 這是一種轉換改變的時刻嗎？
3. 我如何充分利用我生命中的這段時間？
4. 孤立是一件好事嗎？
5. 我應該跟誰聯繫？
6. 我可以參加什麼活動嗎？
7. 我可以交新朋友嗎？
8. 我可以跟自己去哪裡約會？
9. 我應該養寵物嗎？
10. 這種狀態什麼時候會過去？
11. 我學到什麼？

有證據顯示，我們用來感受身體疼痛的那一部分大腦，也負責處理人際隔絕。這意謂著，人際排擠所造成的傷害，與身體上的疼痛感是一樣的。難怪孤獨經驗會深深刺傷人心。

雖然塔羅牌中有好幾張牌都是在描述自我隔離，甚至是愉快的孤立狀態，但寶劍三卻是孤單、孤立和被拒絕的那種心碎。值得慶幸的是，待這張牌的風暴過去，就是寶劍四的歇息與新生。

11月24日

酒神節的慶祝活動也標誌著羅馬元老院休息的日子。在這一天占卜，可以預測該城市來年的前景。

在這一天

今天是古羅馬的酒神節（Brumalia，譯注：也有人稱為冬至節），是獻給農業之神薩圖恩（Saturn）、穀神刻瑞斯（Ceres）以及酒神巴克斯（Bacchus）的節日。這個冬季節慶是以飲酒和狂歡來慶讚漫長漆黑的冬夜。

牌陣概述

你最近感覺如何？提起酒神巴克斯，就一定得舉杯了。這個牌陣是來自聖杯牌的啟發。利用聖杯牌的屬性，比如情緒、感覺和愛來檢視你的感受。

擺出陣型

將牌陣擺成鑲著珠寶的聖杯形狀。

1. 愛：我愛誰？
2. 感情：誰對我有感情？
3. 關係：我最重要的關係是什麼？
4. 連結：我與誰的連結很深？
5. 創造力：我如何運用我的創造力？
6. 表達：我現在必須表達什麼？
7. 情緒：我現在心情如何？

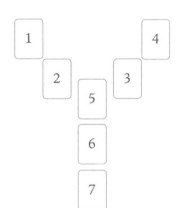

聖杯牌反映了我們的內在情感風景，代表我們當時的感覺和感受。它是浪漫主義、幻想、藝術和想像力所在的意識面。杯子具有納受性，因此帶有女性（陰性）能量特質。

西藏度亡經牌陣
Tibetan Book of the Dead Spread

在這一天

今天是紀念著名西藏宗教哲學家宗喀巴大師的追思燃燈之日。西藏人會在窗台放置點燃的酥油燈和燈籠，寺廟的屋頂也會舉行燃燈儀式，信眾抬著宗喀巴大師的畫像在街上遊行。

牌陣概述

想要開悟解脫嗎？根據《西藏度亡經》之說法，死亡來臨時刻是靈魂解脫的最佳時機。當靈魂和終極宇宙能量相會，會有五種原始表現，稱為「五方佛」（Dhyani Buddhas），也就是意識完全覺醒的五個原則。這個牌陣就是依據這五條原則來設計問題。

擺出陣型

將牌擺成神聖圓圈：

1. 北方不空成就佛：方位和時間。

   我如何讓時間變慢？

2. 東方金剛不動佛：智慧。

   我如何變得更有智慧？

3. 南方寶生佛：人世間、土地、福祿、財帛。

   我來這裡做什麼？

4. 西方無量光佛：慈悲。

   我如何幫助別人？

5. 中央大日如來佛：因果業報。

   我如何療癒自己？

1949 年中國入侵西藏後，六千多座寺院被毀。由於中國的野蠻占領至今未停，據估計，已有一百萬藏人喪生。

《西藏度亡經》和所有度亡書籍一樣，都描述了靈魂通往來世的旅程。塔羅的大阿爾克那（大祕儀）也可視為一種轉世之旅，每一張牌都代表靈魂的一項功課或挑戰。

古早時代認為死神牌代表萬物的終結——黑暗簾幕將一切生靈抹去，火焰熄滅，生命終結。現代解牌者則將死神牌解讀為轉化進入嶄新意識狀態和新事物的開端。

如果我們夠敏感並允許這件事，死神牌就是一種明顯隱喻，可以成為我們最好的老師。死亡提醒我們生命的價值，死亡教會我們如何活著。

在這一天

1476年的這一天，「穿刺者弗拉德」（Vlad the Impaler）成為瓦拉幾亞（現今羅馬尼亞的一部分）的統治者。根據傳言，他殘酷無道，酷愛以穿刺刑折磨人。過了好幾百年，小說家伯蘭·史杜克以弗拉德為原型，創造了吸血鬼德古拉這個角色。

牌陣概述

虛構的吸血鬼德古拉和真實人物弗拉德，都是死神牌的象徵人物。這個牌陣是根據死神牌的象徵符所設計的。

擺出陣型

這個牌陣可以回答任何一種問題。你可以在擺設牌陣之前先列出問題，也可以單純根據抽到的牌來回答問題。先將死神牌從整副牌中取出，放在正中央，然後把抽到的牌擺在四周。

1. 骷髏：什麼是短暫的？
2. 盔甲：什麼能保護我？
3. 馬匹：什麼讓我移動？
4. 死去的國王：什麼被推翻？
5. 祈禱的孩子：誰在聆聽？
6. 主教：宗教和教條在我的生活中扮演什麼角色？
7. 雙塔：什麼被建造出來？
8. 日出：正在等待什麼新的開始？

皇帝牌牌陣
Emperor Card Spread

在這一天

西元 176 年的今天，羅馬皇帝馬可‧奧理略（Marcus Aurelius）授予他的兒子康茂德（Commodus）羅馬軍團最高指揮官的軍銜。

牌陣概述

古羅馬皇帝是塔羅皇帝牌的理想原型。這個牌陣是根據皇帝牌的象徵符所設計的。

擺出陣型

這個牌陣可以回答任何一種問題。你可以在擺設牌陣之前先列出問題，也可以單純根據抽到的牌來回答問題。先將皇帝牌從整副牌中取出，放在正中央，然後把抽到的牌擺在四周。

1. 王座：我創造出什麼樣的穩固情勢？
2. 公牛：我是否剛愎固執？
3. 安卡符：什麼是永恆的？
4. 圓球：我可以將權力用在哪裡？
5. 皇冠：我如何與神靈聯繫？
6. 河流：我如何保持情緒恢復力？
7. 山脈：我置於腦後的是什麼？
8. 盔甲：我如何負起責任？

數世紀以來，皇帝牌的圖案幾乎沒什麼變化，而其他一些指標性的牌，比如女祭司和愚人，在象徵圖案上卻改變非常大。

皇帝代表權力、政府權威、陽剛特質的自信、創造能量、方向明確的行動、排除困難的能力。在行動中表現出創造性的潛力，有條理而且非常理性，他的權威也延伸到物質領域，然而他缺乏女皇的熱情。

11月28日

找工作牌陣
Job for Me Spread

時間和反省有助於幫你確認自己最喜歡做的事。如果你現在很自由，不妨花點時間弄清楚你心裡真正的渴望。

在這一天

電影《祕密》（The Secret）的同名書籍於 2006 年的今天發行。這本書講述了廣受歡迎的吸引力法則，出版後立即成為暢銷書。

牌陣概述

誰不想利用吸引力法則找到一份有成就感的工作？問題是，並不是每一個人都知道自己想做什麼工作。當你感到迷惘、害怕投入新工作，或是想要尋找一份新職業或你真正的人生使命時，請利用這個牌陣來尋求指引。

擺出陣型

1. 我喜歡做什麼事？
2. 為什麼我喜歡做這件事？
3. 我不喜歡做什麼事？
4. 為什麼我不喜歡做這件事？
5. 我天生擅長什麼？
6. 過去哪些工作讓我感到滿意？
7. 在職業生涯中我應該避免什麼？
8. 誰在影響我的職業選擇？
9. 誰能幫助我找工作？
10. 什麼事情讓我願意一再重複做？
11. 哪一張牌能代表我最喜歡的工作？

錢幣八代表你在工作上感到快樂和自豪。它也意謂著你願意在細節上努力，以改善你的生活。奉獻、專注和耐心都是錢幣八的特徵。

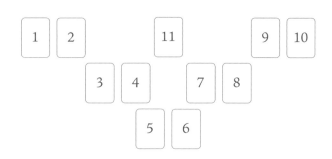

花環牌陣
Wreath Spread

在這一天

自古典時代以來，花環一直都是權勢和力量的象徵。羅馬和希臘的國王和皇帝經常佩戴月桂花環王冠，最早開始這樣做的是伊特拉斯坎人。早在文字史料記載之前，以農作物編織的花環就是代表力量的象徵。基督教則以長青植物的自然象徵來代表永生。

牌陣概述

這個牌陣是使用花環本身的原有特質來設計問題。如果你習慣在這個季節用花環來裝飾房屋，進行這個牌陣時，可以一邊注視著它，一邊思考這些特質。

擺出陣型

將牌擺成花環的形狀：

1. 力量：什麼力量可支撐我度過寒冬？
2. 堅韌：什麼事物能給予我力量？
3. 權勢：我會用我的權勢力量來做什麼？
4. 堅韌：我必須在這一季完成什麼事情？
5. 智慧：我學到什麼？
6. 希望：我發現什麼？

希臘和羅馬的國王和皇帝認為配戴月桂花環可讓他們連結太陽神阿波羅，以花環作為王冠則是尊貴價值的象徵。

權杖六、世界牌和聖杯七都有出現花環。無論在哪一張牌，花環都是代表勝利和成功的元素。

作為掌管魔法和巫術的最高女神,黑卡蒂經常被描繪成一位具有三面式形象的女神,以此將她與代表少女、母親和老嫗的三相女神連結在一起。

黑卡蒂經常手持火炬,為陰間冥府照路。火炬的光明與強大的魔法屬性,也讓她跟權杖王后這張牌的含義有所連結。這位王后的權杖和花朵,象徵她的活力與美貌,而且她毫不猶豫地用它們當作武器。她以細緻而高效率的方式,鼓勵和激發她身邊所有人的創造潛力。

在這一天

黑卡蒂,這位遠古時代的魔法、巫術、黑夜、月亮、鬼魂和招魂法術女神,有兩個羅馬節日是獻給她的。今天就是其中一個。作為陰陽兩界交會空間的看照者,黑卡蒂的神像經常被安置在十字路口、邊界和門戶出入口,也是許多女巫的守護神。

牌陣概述

黑卡蒂女神與有毒藥草和植物的關連,為這個牌陣提供了完美靈感。問題當中提到的物品,只要是有在施作魔法的人,家裡一定都會有這些東西。

擺出陣型

把紙牌擺成像魔法櫃上的罐子一樣:
1. 艾草:什麼能提升我的靈視力?
2. 顛茄:我需要小心注意什麼?
3. 香桃木:如何讓我更美麗?
4. 血根草:我被什麼欺騙了?
5. 硫磺:我應該排解掉什麼負面思想?
6. 天仙子:什麼能幫助我睡得深沉?

| 1 | 2 | 3 |
| 4 | 5 | 6 |

在這一天

　　1945年的這天晚上，羅莎‧帕克斯寫下了歷史的一頁。在阿拉巴馬州蒙哥馬利市的公共汽車上，一位身材矮小的非裔美國婦女——這位謙遜的女裁縫師，拒絕讓座給白人。她隨後被捕，但此一單純的拒絕行為卻引發了一場公車抵制行動，拉開了民權運動的序幕。

牌陣概述

　　你需要堅守你的立場嗎？當你需要捍衛自己、免受殘忍不公的對待時，這個牌陣可以幫你釐清問題。

擺出陣型

　　相信自己，然後擺出以下陣型：

1. 什麼能幫助我帶著權柄來說話？
2. 我如何在面對這個議題時保持冷靜？
3. 我已經備齊我需要的所有資訊了嗎？
4. 我是否清楚看見整個情勢？
5. 為什麼這個議題如此重要？
6. 什麼都不做，結果是什麼？
7. 如果我站出來捍衛自己的立場，結果是什麼？
8. 我在這件事情上學到的功課是什麼？

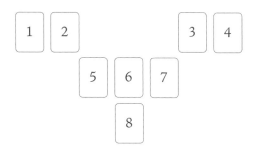

羅莎‧帕克斯無意中成為民權運動的象徵，其實做了很多犧牲。她被捕又被虐、失去工作，結果卻成為公眾人物。要麼成為眾人楷模，要麼被種族主義者不當對待和虐待，這就是她的命運。

寶劍五提醒你，一場戰鬥結束，並不代表戰役就此終了。就像曾經被抓進監獄但後來成為改革運動的催生者羅莎‧帕克斯一樣，寶劍五反映的是紛爭本身，而非最後結果。

英文的「sadis」和「sadism」（虐待狂）這兩個字，就是從薩德侯爵的名字「Sade」演變而來的。

在這一天

1814 年的這一天晚上，薩德侯爵在睡夢中去世。這位法國貴族出身的哲學家和作家，因性放蕩和書寫色情作品而聞名，一生拒絕任何道德準則。他在精神病院度過了超過三十二年的生命，最終於七十四歲時死去。

牌陣概述

受到這位淘氣的法國貴族啟發，這個牌陣可以檢視臥室裡的性愛和新觀念，尤其是在支配和服從的框架之下。

擺出陣型

進行這個牌陣時，請務必對自己誠實：

1. 我信任我的伴侶嗎？
2. 我的伴侶知道我想要在臥房裡有什麼樣的經驗感受嗎？
3. 我們在這個話題上溝通順暢嗎？
4. 對放棄控制，我感覺如何？
5. 我喜歡在臥室裡感覺自己很有力嗎？
6. 我能享受放任自然的感覺嗎？
7. 這個經驗會不會讓人感到興奮？
8. 這是我該深入探索的領域嗎？
9. 這個經驗會不會讓我們更親密？
10. 這個經驗讓我感到滿足嗎？

寶劍八通常也稱為束縛牌。牌面這位女士全身被綑綁且蒙住眼睛——不過，一旦眼罩被拿開，她就能以一雙新的眼睛看世界。

| 1 | 2 | | 3 | 4 | | 5 | 6 | | 7 | 8 |

| 9 | 10 |

仁慈女神的女性力量牌陣
Bona Dea's Female Power Spread

12_月3_日

在這一天

今天是古羅馬人祭祀波納女神（Bona Dea）的節日，她是守護女性、專司生育、治療的庇護神。在敬拜波納女神的儀式中，允許女性在今天夜晚使用葡萄酒和血祭，這在以男性為中心的羅馬傳統中通常是被禁止的。

牌陣概述

波納女神的冬季節慶通常會把男性排除在外。在家中進行儀式時，會先淨化所有跟男性有關的東西（包括雄性動物和男性肖像），用藤蔓和鮮花裝飾並準備豐盛的食物。女性全部聚集在一起，由女樂師演奏樂器，平常的慣有習俗在這一天全部暫停。對於男性來說，就算只是偷看一眼，都可能會受懲罰而變瞎。這個完全屬於女孩的夜晚，是這個牌陣的靈感來源。

擺出陣型

將牌擺成倒8字、像女人斜倚側躺的形狀：

1. 女性的本質是什麼？
2. 身為一名女性，對我來說意謂著什麼？
3. 女性之間的情感對我來說意謂著什麼？
4. 我與母親的關係如何？
5. 我可以用什麼方式支持我認識的女性？
6. 如何從我認識的堅強女性身上培養我的力量？
7. 如何滋養我跟其他女性的關係？
8. 什麼是年輕女孩需要知道的訊息？

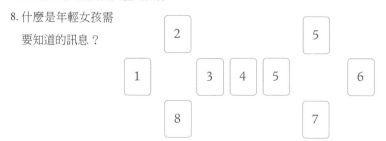

波納女神的神廟就在馬克西穆斯競技場附近，是一個非常重要的治療中心。這一區到處都可看到無毒的蛇，女性神職人員會根據需要分發給民眾貴藥草。

聖杯王后可能是整副牌當中陰性能量最強的王后，因為她具有廣闊的同情心。帶有夢幻氣質、對朋友真誠、真實、忠誠，這些都是聖杯王后最溫柔女性化的一面。

12月4日

魔法寶石牌陣
Magical Gemstones Spread

石榴石因形狀如石榴籽而得名,琥珀是硬度最軟的寶石,中世紀女性會佩戴蛋白石來保護她們的金髮。

錢幣牌組也與寶石相關連,因為寶石是從地球柔軟的內部開採出來的。錢幣騎士通常也被解釋為正在送禮物的男人,比如送訂婚戒指給他心愛的女人。

在這一天

2008年的今天,四名女裝打扮的劫匪闖入位於巴黎的海瑞溫斯頓珠寶店。他們偷走了超過一‧〇八億美元的鑽石和珠寶。2011年,遺失的珠寶在巴黎下水道被找到,二十五名嫌犯遭到逮補。

牌陣概述

寶石具有神奇的特性,數世紀以來一直被當作護身符使用,而且因其各別含義而作為禮物相贈。魔法寶石牌陣就是依據某些寶石的特性來設計的。做過這個牌陣,你對你的珠寶應該會大大改觀。

擺出陣型

把牌擺成寶石的形狀:

1. 鑽石:什麼是我生命中堅不可摧的?
2. 翡翠:如何增加財富?
3. 紅寶石:我可以如何體會和付出無條件的愛?
4. 石榴石:我如何讓我的身體更健康?
5. 紫水晶:我需要戒掉什麼上癮習慣?
6. 蛋白石:如何與我的高我及古人智慧連結?
7. 黑曜石:讓自己穩固接地和遠離
   負面能量的最好方法是什麼?
8. 青金石:如何提升通靈能力?

百慕達三角洲失物牌陣
Bermuda Triangle Lost Object Spread

在這一天

1945年的今天，五架美國魚雷轟炸機在進行飛行訓練時消失在百慕達三角洲上空，此海域發生過許多怪異和無法解釋的失蹤事件。在這個由佛羅里達州南端、波多黎各以及百慕達群島所形成的三角形海域，經常有人把它跟超自然現象連結。

牌陣概述

遺失了什麼東西嗎？沒有什麼比弄丟私人物品更惱人了。這個牌陣可以幫你把不見的物品找出來喔！

擺出陣型

這個牌陣會用到三角形和數字的魔法。神祕學家會用三角形作為召喚符號。我們就用三角形的創造力和數字九的顯化力量來進行這個牌陣吧：

1. 我最近到過哪裡？
2. 它最可能在什麼地方？
3. 我最後一次看到它是什麼時候？
4. 我最後一次使用它是什麼時候？
5. 我應該跟可能拿到它的人連絡嗎？
6. 有沒有其他人可以幫我找？
7. 這樣東西被偷了嗎？
8. 在某個時間內，它會自己出現嗎？
9. 它現在在哪裡？

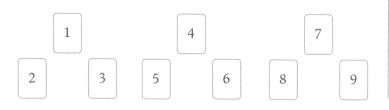

百慕達三角洲海域內有世界上最深的海溝。船隻和飛機若在這裡沉沒，可能再也找不到。這個區域也非常容易受到強烈且不可預測的天氣現象影響，比如海龍捲（海上強旋風暴）、瘋狗浪和海底地震。

百慕達三角和三角形狀的本質在節制牌上可清楚看到。天使胸前的正方形當中，還有一個代表創造力、三位一體和精神力量的三角形。正方形代表堅固和結構。節制牌意指在這兩種特質間的平衡。

自我心靈防護牌陣
Psychic Self-Defense Spread

靈媒荻恩‧佛瓊說她在與亡者交談時沒有打擾他們的靈魂,而是從更高層次來傳送智慧訊息。

在這一天

神祕學家兼多產作家荻恩‧佛瓊(Dion Fortune)出生於1890年的今天。據說,她在四歲時就看到過異象。她是黃金黎明協會的成員,後來創建自己的組織「內明社」(Society of the Inner Light)。她的小說和教科書至今依然相當受歡迎。

牌陣概述

荻恩‧佛瓊在她的名著《心靈的自我防護》(Psychic Self-Defense)一書中講述,她所就讀的學院院長如何對她發動「精神控制」(心靈攻擊)。她說,對方使用瑜伽技巧和催眠術,讓她長達三年多時間都處於絕望的情緒狀態。

這個牌陣是以荻恩的故事為靈感,目的在於驅除別人的負面和黑暗能量,這樣他們就不會破壞你自身內在的光。這也是讓自己從被動攻擊關係中解脫出來的有效牌陣。

擺出陣型

想像自己被明亮的白光包圍,然後擺出牌陣:

1. 代表負面能量的人。
2. 他們為什麼受苦?
3. 他們希望我受到傷害嗎?
4. 如何減少靠近他們的時間?
5. 我如何保護自己不吸收到他們的能量?
6. 我如何讓自己從他們的情緒劇碼中離開?
7. 如何加快問題的解決速度?
8. 我學到什麼?

寶劍二代表一種能力,可將一個人的注意力導向內在,從而形成一個防護圈;而寶劍八反映的是一個人太過內向、內縮,以至於他們的生命變得受到拘限。

木星特質牌陣
Qualities of Jupiter Spread

在這一天

1995年的今天，無人太空船伽利略號進入木星軌道。木星是幸運之星、靈感之星和正道之星。它的名字來自於羅馬眾神之王、夜空之神和雷神朱比特（Jupiter）。

牌陣概述

金星特質牌陣是以木星的占星對應來列出問題。思考這些對應關連，可以讓你的生命更清晰。

擺出陣型

把牌擺成輪子的形狀。連結命運之輪，它會將你的好運放在正中央那張牌上。

1. 好運：我的好運是什麼？
2. 身體健康：什麼可以讓我保持健康？
3. 信仰：我有什麼信仰？
4. 忠誠度：誰對我忠誠？
5. 正義：我重視公平正義嗎？
6. 信心：什麼可以增強我的信心？
7. 智慧：什麼給我智慧？
8. 哲學：我的哲學觀是什麼？

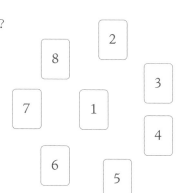

木星是太陽系中體積最大的行星，比地球大三百一十八倍，擁有六十六個繞軌道運行的衛星。它強大的磁場意謂著，如果你踏在這顆行星上，你的體重會變成在地球的兩倍半。

與木星一樣，命運之輪這張牌也始終轉動不停。這張牌出現在占卜牌陣中，代表有新的機會、可能性以及轉折點，你原本熟悉的生活會開始發生變化。

12月8日

吉姆・莫里森的上癮牌陣
Jim Morrison's Addiction Spread

「27 俱樂部」（The 27 Club），指的是一群音樂人很不尋常都在二十七歲去世，而且大多死於吸毒和酗酒。吉姆・莫里森、珍妮絲・賈普林（Janis Joplin）、吉米亨德里克（Jimi Hendrix）、寇特柯本（Kurt Cobain）、羅伯・強生（Robert Johnson）、滾石樂團的布萊恩・瓊斯（Brian Jones）和艾美・懷恩豪斯（Amy Winehouse），離世時全都是二十七歲。

聖杯五是一張成癮牌。翻倒的杯子裡裝了讓他們成癮的東西。黑色斗篷描繪的就是成癮之人的模樣。他們會把剩下的酒全部喝掉，繼續放縱成癮，還是走過那座橋，迎向自由？

在這一天

吉姆・莫里森——蜥蜴王、詩人、詞曲作家、門戶樂團主唱——出生於 1943 年的今天。由於對毒品和酒精產生嚴重依賴，最後在法國巴黎住處的浴缸中死亡，得年僅二十七歲。

牌陣概述

吉姆・莫里森吸毒和酗酒的悲慘故事是成癮的一個極端例子。有形物質、思想、模式、想法、行為等，都可能讓我們成癮。這個牌陣可以為你提供助力和洞察力來破除任何一種成癮習慣。

擺出陣型

想想你有多強大，然後把牌擺上去：

1. 為什麼我會出現成癮習慣？
2. 如何用好習慣取代壞習慣？
3. 哪裡是危險地帶，我容易陷在哪些事情的慣性中？
4. 我如何應對可怕的情緒？
5. 我的生活方式必須做什麼改變？
6. 我如何為自己建立支持系統？
7. 我如何獎勵自己的進步？
8. 克服成癮習慣後會有什麼事發生？

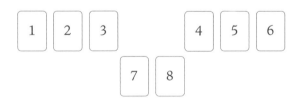

該留下還是離開牌陣
Should I Stay or Should I Go Spread

在這一天

1992 年的今天，英國首相宣布查爾斯王子和戴安娜王妃將分居。這個消息在全世界引起大震撼。

牌陣概述

你受夠了你們的關係嗎？該留下還是離開這段關係？這個牌陣是為了有這個困擾的人而設計的。

擺出陣型

對自己誠實，然後擺出牌陣：

1. 這段感情值得挽回嗎？
2. 我們在一起時我感覺如何？
3. 當我們分開時我感覺如何？
4. 對方有沒有對我做過不可原諒的事？
5. 這段關係是虐待還是控制？
6. 我覺得這樣好嗎？
7. 我是否滿足於比我應得的更少？
8. 跟此人在一起，我能真實做自己嗎？
9. 我真的想要這段感情嗎？
10. 我應該留下嗎？
11. 我應該離開嗎？

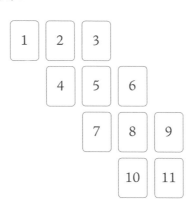

戴安娜王妃是三百多年來第一位嫁給英國王位繼承人的平民。

如果將逆位牌解釋為與傳統正位含義相反，這意謂著任何逆位的愛情牌都預示這段關係出現了問題。這時你應採取行動來反轉逆位狀態，比如跟對方溝通、接受諮商等等。無論如何都會遇到這個問題：這段關係是否值得挽救，或者，是否已經研究過其他所有可能性？

大笑可以降低壓力荷爾蒙並增強免疫系統。一定要多花點時間跟你喜歡而且可以讓你開心大笑的人相處喔！

在這一天

每年這個時候都會刮起一陣旋風，生活被派對、購物、家庭聚會塞得滿滿。雖然很好玩，但有時也會帶來極大壓力。

牌陣概述

假期讓你感到痛苦壓力嗎？這個牌陣可以幫助你控制情緒免於陷入低潮，讓你能夠享受這個節慶假期該有的神奇時光。

擺出陣型

輕輕地把牌擺上去。沒有任何事情會讓你失望，因為你身體裡面有閃亮的白光。

1. 這個季節我的第一要務是什麼？
2. 如何才能確保我做的事情不會超過負荷？
3. 如何不要太強迫自己？
4. 如何不要過度放縱自己？
5. 如何跟家人關係更和諧？
6. 什麼事情可以讓購買禮物變得有趣一點？
7. 我可以用什麼慰勞自己？
8. 如何保持專注和集中精神？
9. 我意想不到的假期驚喜是什麼？

節制牌代表需要平衡，尤其在時間寶貴的時候。讓天使提醒你做決定和設定界限的重要。這張牌還有一個含義：凡事適度可以帶來療癒和健康。

```
                    ┌───┐
                    │ 1 │
                    └───┘
                    ┌───┐
                    │ 2 │
                    └───┘
┌───┐ ┌───┐   ┌───┐ ┌───┐
│ 8 │ │ 7 │   │ 3 │ │ 4 │
└───┘ └───┘   └───┘ └───┘
                    ┌───┐
                    │ 5 │
                    └───┘
                    ┌───┐       ┌───┐
                    │ 6 │       │ 9 │
                    └───┘       └───┘
```

工作晉升牌陣
Career Advancement Spread

在這一天

由查理・辛主演的指標電影《華爾街》（Wall Street）於1987年的今天上映。查理・辛飾演一名在華爾街迅速往上爬的證券經紀人，但因聽從一位爛導師的話，最後付出了慘痛代價。

牌陣概述

準備要升職了嗎？電影《華爾街》講的是在工作上走捷徑和投機所要付出的代價。這個牌陣可以讓你檢視，如何利用你的資產和天賦在工作場上取得晉升機會。

擺出陣型

像撒出一大把現金那樣，把牌陣擺出來：

1. 工作上我最大的強項是什麼？
2. 我的目標是什麼？
3. 如何與我景仰的人建立有意義的關係？
4. 我應該要求更多工作嗎？
5. 我應該上些什麼課？
6. 我如何將自己的實力完全展現出來？
7. 我如何感謝我的上司？
8. 我最大的挑戰是什麼？
9. 我如何迎接這個挑戰？
10. 結果是什麼？

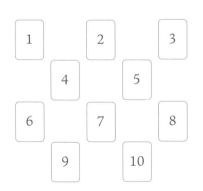

尋找導師是生涯發展中非常重要的過程。他們可以為你提供專業上的建議和指導，幫你看出障礙所在，讓你能夠迅速將它克服。請為自己找一個值得信賴和可靠的人。

教皇牌代表你跟導師的關係。他將智慧和知識傳遞給聆聽的人。這張牌跟教育、資訊和揭示更深層的意義相關連。教皇也等同團體和組織。

科學研究顯示,所有文化都有送禮和回禮的行為。它有助於加強和促進彼此之間的關係。沒有任何附加條件而送別人禮物,是一種最簡單的方法,讓對方知道你關心他們。

在這一天

離聖誕節還有十三天。這表示有很多人(當然你可能也不例外)正忙著為所愛的人尋找完美禮物。

牌陣概述

這個牌陣是使用塔羅牌來激發你的想像力,找到意想不到且令人興奮的禮物,讓你的朋友、家人和愛人感到又開心又驚喜。

擺出陣型

把牌擺成禮物包裹的形狀:

1. 我應該花多少錢買禮物?
2. 我應該把重點放在他們個性中的哪一方面?
3. 他們現在的生活環境如何?
4. 有什麼我沒注意到的特殊嗜好或興趣嗎?
5. 他們比較喜歡禮物還是體驗?
6. 他們比較感性取向的還是比較講求實際?
7. 我應該送幽默的禮物還是嚴肅的禮物?
8. 有什麼是我可以為他們做的嗎?

聖杯六是塔羅牌中的送禮牌。男孩遞給女孩一整束鮮花,代表靈魂的禮物,數字六剛好位於卡巴拉生命樹的正中央,圖中的樓梯代表愛的交換之後感情提升。

在這一天

改曆之前，今天的聖露西亞節（Feast of St. Lucy）原本是在冬至日舉行。在日耳曼國家，這一天夜晚會有許多屬靈活動。根據傳說，露西亞的父親為她安排了一樁親事，但露西亞不愛對方，因此堅持守真，她告訴男方可以將她的眼睛取走，男人便離開了。上帝憐憫露西亞，便將眼睛還給露西亞，並治好了她的視力。這就是為什麼聖露西亞被尊為失明者的守護神。

牌陣概述

受失明概念啟發，這個牌陣的重點在於一個人如何在黑暗中找到光明。

擺出陣型

將牌擺成像是陰暗的黑色池水中遇到一束陽光：

1. 我現在的處境是我希望發生的嗎？
2. 我有哪些其他選擇？
3. 我願意做什麼改變？
4. 如果我什麼都不做，會有什麼感受？
5. 我最害怕的是什麼？
6. 如果我不面對恐懼會怎麼樣？
7. 什麼樣的自我賦權思想是我該要納入的？
8. 為什麼我很重要？

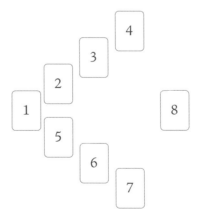

教會承認，聖露西亞的故事是來自神話和民間傳說。

太陽牌描繪了太陽的影響力，無論任何情況，它都會帶來光明和真相。當太陽牌出現在占卜牌陣中，它的角色是為鄰近的牌提供啟示和真相。

12月14日 諾查丹瑪斯的通靈能力牌陣
Nostradamus's Psychic Development Spread

諾查丹瑪斯還出版過一本關於化妝品、香水和果醬的書，名為《化妝與果醬論》（The Treatise on Make-Up and Jam）。

在這一天

著名法國先知諾查丹瑪斯出生於1503年的今天。他的職業生涯剛開始是一位藥劑師，因研製出可以保護人們免受瘟疫侵害的玫瑰藥丸而聞名，之後卻走向神祕學。最後，他出版了《預言集》（Les Prophecies），書中包含超過六千三百三十八個預言。

牌陣概述

這個牌陣是以諾查丹瑪斯為靈感，看看你是否能發現自己的通靈天賦。會先以問題來檢驗你是如何知道你所知道的事。發現自己有通靈天賦，你才能好好磨練自己的才能。

擺出陣型

千里眼（能看到事物的能力）

1. 我看過光環或能量場嗎？
2. 我看過鬼魂嗎？
3. 會有符號出現在我腦中嗎？
4. 電影或書籍中的場景會無緣無故出現在我腦中嗎？
5. 我容易看到異象嗎？

天耳通（能聽到事物的能力）

6. 我曾聽過某個聲音告訴我如何解決問題嗎？
7. 我能聽到音樂在我腦中播放嗎？
8. 我腦中會浮現鈴聲或嗡嗡聲嗎？
9. 沒人在的時候，我會聽到音樂聲、有人在竊竊私語或說話的聲音嗎？
10. 我的腦海裡會突然冒出一些字眼來幫助我解決問題嗎？

聖杯侍從是塔羅牌當中的少年通靈人。她相信乍現的直覺，杯子裡跳出來的魚就是靈光的象徵。

超感應力（情緒、身體或直覺）

11. 我對情緒的感受很深刻嗎？

12. 我的身體能感受到別人的情緒嗎？

13. 我需要獨處的時間來給自己充電嗎？

14. 我的身體會無緣無故感到刺痛嗎？

15. 我能夠憑感覺知道該走哪一條路嗎？

超認知力（直覺訊息突然出現在你腦中）

16. 我會突然出現不知道哪裡來的好點子嗎？

17. 我經常接收到啟示嗎？

18. 我是否經常做出微妙的假設，結果都證明是正確的？

19. 我擅長解決問題嗎？

20. 我能不被告知就知道事情嗎？

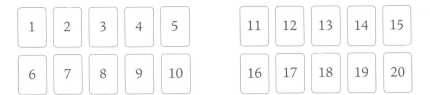

12月15日

為了塑造人人夢寐以求的郝思嘉這個角色，在最終選中費雯‧麗（Vivian Leigh）之前，進行過一千四百次面試和九十次試鏡。

土地家園是《亂世佳人》的重要主題。電影尾聲，郝思嘉失去了她真愛的一切，才終於了解「土地家園是唯一重要的東西」。與土地關連對應的是錢幣牌組。錢幣牌代表的就是有形和持久的東西。

在這一天

　　1939年今天，電影《亂世佳人》（Gone with the Wind）在喬治亞州亞特蘭大城的洛伊斯大劇院首映。在為期三天的慶祝活動中，市長宣布這是屬於整個城市的節日，全市勞工放假半天。

牌陣概述

　　《亂世佳人》是一部美國經典影片，講述南北戰爭期間，美國南方一個善於操控的女人和一個流氓壞蛋男人的動盪愛情故事。這個牌陣的問題就是受到片中人物和主題的啟發。

擺出陣型

　　為自己準備一杯薄荷酒，然後把牌陣擺出來：

1. 郝思嘉：我是頑強的人嗎？
2. 白瑞德：我是危險的人嗎？
3. 韓美蘭：什麼能幫助我找到仁慈？
4. 衛希禮：我是英勇的人嗎？
5. 生存：是什麼讓我生存下來？
6. 戰爭：什麼讓我心碎？
7. 土地：什麼東西能持久？

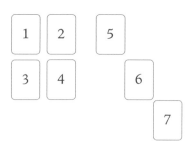

茶葉占卜牌陣
Tea Leaf Reading Spread

在這一天

1773年的今天，發生了史稱「波士頓茶葉黨事件」(Boston Tea Party)的午夜襲擊。一個殖民者團體偽裝成摩和克族印第安人，登上三艘英國船隻，將三百四十二箱茶葉倒進港口海中以示抗議。茶葉占卜的歷史早在此一著名抗議事件之前就開始了，而且在當今世界各地的客廳和廚房中持續著。

牌陣概述

茶葉占卜必須用原葉茶來進行。問卜者先把茶喝掉，然後搖晃一下杯子。接著看看杯底茶葉出現什麼圖案，通常是英文字母或數字，有時也會有動物形狀，占卜者會根據這些圖案，編出奇妙的故事。這個牌陣就是根據茶葉占卜使用的動物象徵含義來設計問題。

擺出陣型

沖一杯好喝的茶，然後把牌陣擺出來：

1. 蛇：性愛在我生活中扮演什麼角色？
2. 貓：魔法在我生活中扮演什麼角色？
3. 狗：我對我愛的人有多忠誠？
4. 鼠：有什麼因素在引發影響而我沒有察覺到？
5. 馬：下個月的工作重點是什麼？
6. 鳥：我必須學習的更高階課題是什麼？

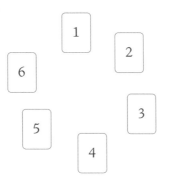

茶會吸收它周圍的氣味。若你手上有任何氣味，無論是大蒜或魚，只要將一些冷茶倒在手指上，即可將味道去除。

聖杯王牌會跟茶葉占卜相關連，是因為牌面上描繪的這只華麗聖杯。這張牌通常的解釋是靈感之源（即使是基督宗教裡的聖爵亦然），占卜解牌時出現這張王牌，代表不斷湧出的情感。如果你能看進去聖杯王牌的內部，你認為你會看到什麼？

贈送禮物，無論是惡作劇禮物或是兒童玩具，在農神節慶祝活動中皆扮演著重要角色，現在人們會在聖誕節交換禮物，很可能就是從這裡來的靈感。

權杖四是代表節日和慶祝的牌。這張牌提醒你，請放下你的工作。這個時候應該好好享受你之前努力的所有成果。城牆代表保護，戶外景象將這張牌與大自然連結起來。這張牌也暗示這是回家的時刻，鮮花代表美麗、歡樂以及成長。

在這一天

今天是羅馬農神節（Saturnalia），為了紀念古早黃金時代的統治者薩圖恩，人們會以豐盛食物、角色互換（譯注：傳統角色的轉換，比如主人變成奴隸，奴隸變成主人）、自由演說、送禮和狂歡飲酒來慶祝。這個節日的狂歡活動也反映了人們渴望回到那個如神話般的時代。

牌陣概述

感覺壓力山大嗎？農神節的核心主題就是放下和享受歡樂。一整年當中，所有的假期都是放鬆的季節。如果感覺壓力不斷增加，請試試這個牌陣，放下你肩上的重荷，為自己喚起一點羅馬式狂歡的心情。

擺出陣型

1. 我如何用正向思考代替負面想法？
2. 我在哪裡可以找到放鬆感？
3. 如何吸引到更多正向的人？
4. 我如何讓自己成為優先考量選項？
5. 什麼事情能讓我大笑？
6. 什麼能讓我敢於拒絕別人？
7. 如何與他人連結？
8. 如何讓自己更開心一些？

槲寄生之吻牌陣
Mistletoe Kiss Spread

在這一天

嘟起你的嘴巴！每年這個時節在槲寄生下接吻會帶來好運喔！雖然槲寄生是一種從樹幹中吸收養分的寄生植物，但它一直激發著跨文化跨世代的浪漫情懷。

牌陣概述

這個有點厚臉皮的牌陣，是以在槲寄生枝條下接吻的節日傳說為靈感，來深入了解究竟誰想親吻你、為什麼，以及你是否應該同意對方吻你的唇。

擺出陣型

在你可愛的嘴唇擦上潤唇膏，並按以下陣型擺牌：

1. 誰想要吻我？

2. 他們靠近我時，是什麼樣的身體動作？

3. 這個人對我好嗎？

4. 他們讓我感覺怎麼樣？

5. 他們對我的真實感受是什麼？

6. 這會是一段長期關係嗎？

7. 我應該回吻嗎？

8. 我應該踏出第一步嗎？

```
[1] [2] [3] [4] [5] [6]

   [7] [8]
```

將槲寄生掛在脖子上據說可以避邪。德魯伊人認為槲寄生是從天堂掉下來的禮物。最早記載有人在槲寄生下接吻，是在十六世紀的英國。

接吻和其他任何一種肉體之愛的行為都和戀人牌相關。好好做選擇，因為接吻會改變你的人生軌道。

賓夕法尼亞州的蓋茨堡被認為是全美國鬧鬼最嚴重的地方之一，那裡滴淌著內戰士兵的鮮血。紐奧良，這個浸淫在古老南方傳說的城市，在全美鬧鬼最嚴重、最鬼影幢幢、最令人不安的地點當中，也是不遑多讓。

萊德偉特版本的聖杯四，有一隻手像幽靈般伸向一個毫無戒心的人。他唯一需要做的就是抬頭，看看幽靈給他的東西。問題是，這隻鬼到底是好鬼還是惡鬼？

在這一天

1975年的今天，盧茲一家人搬進了海洋大道一一二號，又名「阿米蒂維爾恐怖陰宅」（Amityville Horror house）。接下來你就知道發生什麼事了。這部恐怖小說和電影嚇壞了許多人（譯注：台灣上映時電影片名為「鬼哭神嚎」）。

牌陣概述

晚上有東西碰來碰去的聲音嗎？塔羅牌也可以作為一種溝通工具，來探查疑似有幽靈糾纏的空間和環境，也可以提供如何淨化空間的建議。這個牌陣的靈感就是來自這類干擾，希望對你有幫助。

擺出陣型

把牌擺成經典的辟邪之物十字架的形狀：

1. 此地目前的能量狀況如何？
2. 是誰糾纏不去？
3. 為什麼他們還在這裡不肯離開？
4. 我必須知道什麼歷史？
5. 我如何向幽靈解釋他們必須往前走？
6. 我如何幫助他們走向光明？
7. 我如何保護自己？
8. 需要請專業人士幫忙嗎？

```
              [1]

[5] [6] [2] [7] [8]

              [3]

              [4]
```

鬼影人牌陣
Shadow People Spread

在這一天

這是一年當中夜晚最長的一天，冬至已倏然降臨。在這些漫長而漆黑的夜晚，正好適合想想你過去經歷過或聽說過的奇異現象。鬼影人（Shadow people），也有人稱為黑影人或影子人，是指在人周邊眼角餘光可見之處出現的黑影，有些只是影子一閃就消失，有些則是紅著眼睛，還有人說看見一個人戴著軟呢帽。

牌陣概述

黑影人牌陣邀請你來探究這種現象，看看你對這些奇怪的生物有什麼樣的了解。然後，下次當你從眼角餘光看到某樣東西時，你可能會比較清楚那是什麼東西。

擺出陣型

1. 他們為什麼要注視著我們？
2. 他們在做什麼？
3. 這是我的幻覺想像嗎？
4. 他們是其他空間來的訪客嗎？
5. 我應該嘗試跟他們溝通嗎？
6. 他們想要什麼？
7. 他們想告訴我什麼？

某些超自然現象調查者聲稱，有證據顯示鬼影人與外星人有關。

在聖杯七的圖案中，夢想漂浮在半空中，而那個觀看的人可能正處於意識的變異狀態。這張牌也代表幻想和虛假的現實，提醒我們需要仔細審視眼前的情況。

12月21日

耶魯節神聖四方牌陣
Yule Four Sacred Directions Spread

冬至木（Yule log）會在冬至前夕被點燃。過去人們燃燒原木來敬拜異教女神，後來才與生產和庇護法術結合在一起。燒過的灰燼和燒焦的木頭碎片會一直保存到來年。

在命運之輪和世界牌當中，我們可以看到四個主要方位，而且四個方位角落都畫了四種生物。

在這一天

　　耶魯節（Yule，或譯尤爾節）剛好在十二月二十和二十二日之間的冬至日，是現代的威卡安息日（Wiccan sabbat），這也是慶祝耶誕節的另一種方式，因為有人認為耶誕節來自異教傳統。這一天也是北歐異教節慶日（Nordic Pagan festival）。

牌陣概述

　　你可以藉由這個牌陣來度過這個特別的日子。寒冬黑夜，我們宜轉向自己內心，探尋女祭司的智慧。這個牌陣是利用四個神聖方位來設計問題。

擺出陣型

四個方位各擺兩張牌，以此來了解你所在的地方：

東方（風／寶劍）

1. 我的生活中有什麼新的、新鮮的、令人興奮的東西？
2. 什麼方向對我最有利？

南方（火／權杖）

3. 我應該慶賀什麼？
4. 我可以分享什麼？

西方（水／聖杯）

5. 我可以放下什麼？
6. 我如何放慢速度？

北方（土／錢幣）

7. 我的夢可以讓我學到什麼？
8. 我的長輩親人想讓我知道什麼？

在這一天

今天是摩羯座開始的第一天。

牌陣概述

這個牌陣是根據摩羯座的基本特質設計出來的，包括：務實、雄心勃勃、耐心、幽默、堅定、統御主導和強勢追求成功。

擺出陣型

把牌擺成 C 字形：

1. 我需要在什麼事情上更加務實一點？

2. 我應該對什麼事情有野心？

3. 我如何培養耐力？

4. 我在哪一方面需要讓自己輕鬆一點（不要太嚴肅）？

5. 我應該把我的決心放在哪裡？

6. 我在哪些方面比較強勢？

7. 我對成功的定義是什麼？

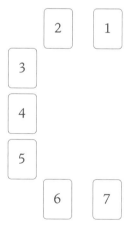

摩羯座的守護星是土星，主要顏色是深紅色，幸運日是星期六，最容易成功的地點是任何僻靜且能讓人專注的地方。摩羯座掌管黃道十二宮的第十宮，這個宮位與事業和社會地位有關。

對於惡魔牌最迂迴的文字描述，是把它跟摩羯座對有形物質、財富和成功的死命追求連結在一起，並利用這個特質來偷走人的靈魂和奴役貪婪之人。

12月23日

聖誕老人的馴鹿牌陣
Santa's Reindeer Spread

「Donner」這個名字在德語中是「雷聲」的意思，而「Blitzen」是德語的「閃電」之意。

在這一天

1823年的今天，〈聖誕節前夕〉（'Twas the Night Before Christmas）首次發表於紐約特洛伊的哨兵報（Sentinel newspaper）。現代許多跟聖誕老人和平安夜有關的概念，都是來自這首詩。

牌陣概述

這個歡樂節目的牌陣是以聖誕老人八隻馴鹿的名字為靈感。

擺出陣型

泡一杯熱巧克力，按以下圖形擺出牌陣：

1. 達舍／Dasher：什麼讓我感到興奮？
2. 丹瑟／Dancer：什麼讓我欣喜若狂？
3. 普蘭舍／Prancer：什麼讓我昂首挺胸充滿自信？
4. 維克星／Vixen：誰覺得我很性感？
5. 柯米特／Comet：我如何讓自己發光？
6. 朱比特／Cupid：誰愛我？
7. 唐納／Donner：什麼事情我必須大聲說出來讓全世界聽到？
8. 布利琛／Blitzen：什麼能鼓勵我展現才華？

聖誕老人的雪橇呼嘯駛過月光明亮的十二月夜晚，對應的是塔羅的戰車牌。前方兩隻獅身人像司芬克斯代替了馴鹿，代表我們在人生道路上做出選擇時的推力和拉力。

1	3	5	7
2	4	6	8

聖誕樹的智慧牌陣
Wisdom of a Holiday Tree Spread

在這一天

今晚，聖誕老人坐上他的雪橇，穿越清澈夜空，他和他的馴鹿為世界各地的孩子發送禮物，他身後留下一長串閃閃發光的霜雪痕跡。

牌陣概述

這是一個充滿了魔力、希望和信念的夜晚。在不受干擾的情況下，當所有人都離開你的房間後，請獨自一人專心看著這棵聖誕樹。觀察它的形狀、顏色和質地。它身上有多少種不同的綠色？葉尖是硬的還是軟的？當這棵樹還在野外生長時，誰住在樹裡面、樹頂端或是附近？這棵樹在到達你家之前，經歷過多少狂風暴雨和晴天？

擺出陣型

好好觀察你的聖誕樹，然後抽牌，看看這棵樹要對你表達什麼精神。像聖誕老人發禮物一樣，把牌擺出來：

1. 你為我家帶來了什麼魔法？
2. 新年即將到來，你想對我們說什麼？
3. 我能送給所愛之人最棒的禮物是什麼？
4. 新的一年你會為我帶來什麼？
5. 哪一張牌代表你的精神意念？
6. 我如何對你表達崇敬和感謝？

聖誕樹平均需要七到十年才能長成。一年四季保持長青長綠，聖誕樹是生命力和長壽的重要象徵，也有人認為它可以驅邪解厄。

錢幣王后是塔羅牌中的園丁。她能聆聽動物、植物和礦物的需要，並做出適切回應，萬物在她的觸摸之下蓬勃生長。

聖誕節十二天假期源於基督教傳統，為期十二天的宗教敬拜儀式在盛大宴會中來到最高潮。美國的十二天節慶活動大多已被遺忘，取而代之的是聖誕老人和廣受歡迎的除夕夜派對。

聖杯六是一張禮物牌，代表發自內心慷慨送給自己和別人禮物。這張牌還有另一種解釋：沿著記憶的小路往回走。這個解釋特別適合今天，因為聖誕節似乎比其他任何一天都更適合回憶童年。

在這一天

聖誕節快樂！好幾百萬人今天早早醒來，踮著腳尖走到裝飾華美的聖誕樹，急切地拆開閃亮的禮物，盡情享受玩具、禮物和美味佳餚帶來的歡樂。十二月二十五日其實是「聖誕節十二天假期」的第一天，有一首聖誕歌曲就是以這句「the twelve days of Christmas」為歌名喔！

牌陣概述

這個牌陣對你來說會是一份意想不到的禮物。趕快拆開包裝紙，看看這個節日為你的接下來一整年準備了什麼魔法。

擺出陣型

花一點時間感謝塔羅，並為自己今年所做的一切靈魂探索、追尋、辛勤工作和努力感謝自己。堅定告訴自己，今天你要好好放鬆、享受，並對生命中的美好事物表達感謝。

洗牌。然後把最上面五張牌拿起來放在一邊，先不要翻開來看。把剩下的牌堆放在你面前。然後用剛才取出的那五張牌來建造一間紙牌屋，把這堆牌包起來（意思就是把這堆牌當成聖誕節禮物，那五張牌就是包裝紙）。

準備就緒後，開始拆開禮物的「包裝紙」，一次只翻一張牌。每翻開一張牌，都請仔細沉思這張牌要告訴你的訊息。五張牌全部翻開之後（包裝紙全部拆開了），你面前就會出現原來的牌堆（禮物）。

最上面那張牌就是要送給你的大禮。把它翻過來，接受塔羅牌送給你的新年禮物。這是屬於你的特別牌，對你有特別的含義。

寬扎節牌陣
Kwanzaa Spread

12月26日

在這一天

今天是寬扎節的第一天，這是由毛拉納‧卡倫加（Maulana Karenga）專為非裔美國人創造的第一個節日。節日名稱 Kwanzaa 源自史瓦希利語（Swahili），意思是「初熟的果實」。

牌陣概述

用七天的寬扎節來讚揚七項原則。寬扎節牌陣就是根據這七個原則來設計的。

擺出陣型

把紙牌擺成寬扎節的七燭台形狀：

1. 團結：什麼將我與我的社群共同體連結在一起？
2. 自我決定：我如何定義自己？
3. 集體工作和責任：我能夠與別人共同合作嗎？
4. 合作經濟學：我如何在經濟上支持我的社群共同體？
5. 目的：我的目標是什麼？
6. 創造力：我可以讓生活中的哪些事情變得更好？
7. 信仰：我信仰什麼？

```
1   2   3   4   5   6   7
```

寬扎節不是宗教節日，而是一個任何人都可以過的文化節日，它通常會跟聖誕節或其他節日一起慶祝。

任何一種教義教條或學問，無論是否為宗教，都是對應塔羅的教皇牌。他代表共同的文化遺產以及遵循特定紀律。教皇提醒你，想想該把你的信仰放在哪裡，以及為什麼儀式和慶典對一個社會而言非常重要。

恐懼牌陣
Fear Spread

直到最近，不丹仍隱藏在喜馬拉雅山脈東部，與世隔絕。這樣的地理位置讓她保有深厚的佛教傳統。

在這一天

今天是佛教王國不丹的「九惡之日」（The Meeting of Nine Evils）。在這一天，所有人都要待在家裡，不應該冒險出門，而且今天所做的工作都會結出惡果。人們相信，如果你要展開什麼新的旅程或是新的事業，絕對不要在今天開始。這一天所做的任何惡行，都會得到加倍的惡報。

牌陣概述

什麼東西讓你害怕？這一天在不丹文化中占有重要地位，而且只有這一天。這裡沒有要談到任何更深層的恐懼或應該迴避的事情。這個牌陣是要探索，什麼讓你陷入恐懼，是什麼讓你停滯不前，無法自信往前走。

擺出陣型

在擺設牌陣之前，先在你心中找到一個可以集中心神的地方。進行這個牌陣，並遵循它所指示的方向，或許你的生活會變得更好。

1. 我最渴望的是什麼？
2. 我阻止自己不要做什麼事？
3. 為什麼我害怕我渴望的東西？
4. 為什麼我不認真看待自己的直覺？
5. 對我來說最難做到的事情是什麼？
6. 我該如何面對我的真實情況？
7. 承認我的力量是什麼意思？
8. 我最深的恐懼是什麼？
9. 我應該做什麼事？

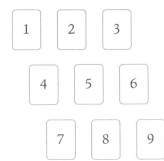

極受歡迎的凱爾特牌陣，在陣位 9 的位置上清楚表示代表恐懼／渴望。它提醒了我們，通常人害怕的，正是他們渴望的東西。

西敏寺牌陣
Westminster Abbey Spread

12月28日

在這一天

　　倫敦西敏寺於1065年的今天開放，這裡是超過十七位英國君主最後安息之地，舉辦過十六場皇室婚禮。如果每一位躺在西敏寺裡的人都同時起立，那將是世界上最盛大的雞尾酒會。這座教堂裡安放的名人骸骨包括喬叟、達爾文、牛頓、狄更斯、湯瑪士・哈代、伊麗莎白女王一世和蘇格蘭女王瑪麗等。

牌陣概述

　　教堂極其複雜的建築形式，包含著豐富的象徵與背後含義。這個牌陣是根據哥德式建築的布局和結構來設計的。

擺出陣型

　　感受儀式的力量，點上一柱香，然後擺出牌陣：

1. 中殿（物質世界）：我的世界是什麼模樣？
2. 唱詩班（心靈世界，靈魂之地）：我的心是什麼樣子？
3. 內殿（精神世界，光耀之地）：什麼在召喚我？
4. 祭壇（聖餐中的神）：我崇拜什麼？
5. 聖壇屏（意識的門檻）：我如何解釋這個世界？
6. 迴廊一（主動）：我在積極從事什麼？
7. 迴廊二（被動）：我對什麼採取被動？
8. 迴廊三（平衡）：什麼被平衡？
9. 知道這件事情後，我應該採取什麼行動？

據說西敏寺裡有兩個鬼魂：一位是僧侶，另一位是第一次世界大戰的士兵。

與大教堂、修道院、寺廟和所有宗教建築連結的是教皇牌（原名教宗 / Pope），因為這些都是教皇居住和傳授知識的地方。

潘蜜拉・柯爾曼・史密斯夫人曾經在倫敦蘭心劇院擔任布景繪師，蘭心劇院女演員愛蘭・黛麗（Ellen Terry）就是錢幣九那位女士的靈感來源，吸血鬼德古拉的作者柏蘭史・杜克當時是蘭心劇院的業務經理。

塔羅宮廷牌代表我們內在的人格特質和潛力。馬克白渴望真正的王位，但在試圖奪取王冠過程中遭遇了血腥結局。四個牌組的國王牌都代表權威、確定性以及果斷行動。

在這一天

1888年的今天，《馬克白》在倫敦蘭心劇院首演。莎士比亞在劇中寫到女巫角色，可能是為了取悅對女巫有強烈痴迷的詹姆士國王。詹姆士六世煽動了一場蘇格蘭的大規模獵巫行動，甚至還寫了一本關於這個主題的書，標題叫作《惡魔學》（Daemonologie）。

牌陣概述

女巫的預言讓馬克白的殘酷陰謀化為實際行動，並啟發了這個牌陣的題目。三位女巫各代表生命的一部分（過去、現在、未來）；她會在你耳邊悄悄說出一個祕密。請把這個祕密換成做你想做的事。

擺出陣型

一邊重複唸馬克白劇裡的女巫咒語「Double, Double, boil and bubble」，一邊洗牌。在月光下進行這個牌陣，並祈禱你不要重蹈馬克白的悲慘命運：

女巫一	女巫三
1. 你的過去。	9. 你的未來。
2. 你的挑戰。	10. 你的挑戰。
3. 你的功課。	11. 你學到的功課。
4. 她對你說的祕密。	12. 她對你說的祕密。

女巫二

5. 你的現在。

6. 你的挑戰。

7. 你學到的功課。

8. 她對你的祕密。

| 1 | 2 |
| 3 | 4 |

| 5 | 6 |
| 7 | 8 |

| 9 | 10 |
| 11 | 12 |

派對規畫牌陣
Party Planning Spread

在這一天

來點香檳和浪漫亮片吧——在除夕夜舉辦的派對比一年中任何時候都多。很有可能，明天晚上你就要自己舉辦派對或去參加別人的聚會，對吧？

牌陣概述

這個牌陣的設計是為了協助你策畫派對並跳出思維框架，辦出一場精采的聚會。任何場合都可以進行這個牌陣。

擺出陣型

把牌擺成笑臉的形狀，保證賓主盡歡：

1. 這場聚會的整體目標或主題是什麼？
2. 該上什麼樣的菜？
3. 我可以加上什麼獨特元素來讓它更特別？
4. 我如何確保自己在聚會中可以放鬆心情好好享受？
5. 我如何營造美好氣氛？
6. 我應該選擇什麼類型的音樂？
7. 我有沒有忘記邀請誰？

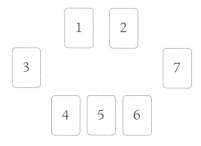

據說，除夕夜的喧鬧和煙火是來自遠古時代的習俗，因為當時的人相信，喧嘩聲和火光可以趕走惡鬼邪靈，招來好運。

如皇帝般穩如泰山，有助於聚會順利進行，因為一場出色的派對最終還是要看是否有良好的組織力。能做到這樣，主人就可以輕鬆以對，賓客也會玩得開心。

世界牌牌陣
World Card Spread

在較為古老的套牌中，世界牌邊角的四位人物代表四位福音傳道人。這四個邊角通常也被認為是代表物質世界的四個角落。

在這一天

今晚是除夕。在香檳和亮片的外表下，存在著更深層次的含義。日曆即將換新，這一天晚上，世界各地都會有人聚集在一起，告別過去、迎接嶄新一年的到來。

牌陣概述

在這一年的最高潮，正是進行世界牌牌陣的最佳時機。這個特別的牌陣也可以在年中任何一個晚上進行。但務必要給自己足夠時間，跟自己獨處。

擺出陣型

這個牌陣可以回答任何一種問題。你可以在擺設牌陣之前先列出問題，也可以單純根據抽到的牌來回答問題。先將世界牌從整副牌中取出，放在正中央，然後把抽到的牌擺在四周。

1. 舞者：我可以慶祝什麼？
2. 權杖：我召喚了什麼？
3. 花環：什麼會持續？
4. 雙性特徵：我如何找到平衡和表達方式？
5. 人頭（水瓶座）：我在思考什麼？
6. 獅子（獅子座）：我熱愛什麼？
7. 公牛（金牛座）：我在哪裡扎根？
8. 老鷹（天蠍座）：我改變了什麼？

世界牌描繪的就是當你將潛能發揮到極致時所展現的畫面。它代表一個終點同時也是一個起點、一種圓滿、顯化成真、成功以及狂喜感受。

大膽跳吧牌陣
Leap of Faith Spread

單張牌牌陣

　　沒錯，這本書還沒有結束喔！這是另一個牌陣。它存在於日曆時間之外，不分派給任何一天。如果真正付諸行動，這個牌陣就擁有改變生命的力量。

　　但有一事要注意：除非你已經決定要把你得到的答案努力付諸實踐，否則你不可以做這個牌陣。做得到嗎？我知道你可以。

　　準備好了嗎？
　　清空你的頭腦。
　　洗牌。

　　問一個簡單的問題：如果我知道我一定不會失敗，那我會怎麼做？把心思焦點集中在這張牌的訊息，不要移開視線，直到答案自然浮現。

　　如果你想讓我知道，你問了這個問題或任何其他問題後發生了什麼事，歡迎寫信到我的信箱：sashatarotdiva@gmail.com。我對你的塔羅旅程非常好奇，也願你一整年每一天都好運。

　　翻牌快樂！

你知不知道，最簡單而且有用的牌陣通常只用一張牌？在回答問題時，一張牌可以提供雷射光般精準的焦點。

愚人時時刻刻都準備放手一博。愚人無所畏懼向前邁進。每一次結果都很新鮮，永遠常新。請把他的教導牢記在心，每天都大膽往前跳下去，不計後果放手去愛，而且你知道，你自己就是這些紙牌背後的魔法。

牌陣索引

節日

家與家人

大自然

環保行動牌陣　1月23日

元素碰撞牌陣　2月9日

森林的祕密牌陣　3月3日

意外暴風雪牌陣　3月11日

夏日之花牌陣　3月12日

魔法樹牌陣　4月10日

報春花魔法牌陣　4月19日

地球之聲牌陣　4月22日

龍捲風牌陣　4月27日

神祕學與奧祕

聖殿騎士團牌陣　1月13日

聖燭節的蠟燭魔法牌陣　2月2日

生命樹牌陣　2月8日

西碧・里克的金星丘牌陣　2月22日

共濟會奧祕牌陣　2月23日

鬼屋牌陣　2月27日

莫伊娜的靈視牌陣　2月28日

艾德格・凱西的光環牌陣　3月18日

月亮的奧祕牌陣　3月31日

驅魔牌陣　5月13日

吸引力牌陣　5月23日

雷諾曼的手相占卜牌陣　5月27日

通靈術牌陣　6月15日

七種行星金屬牌陣　7月5日

約翰・迪伊的星座牌陣　7月13日

瑪莉・拉芙的巫毒牌陣　9月10日

保羅・福斯特・凱斯的神祕學校牌陣　10月3日

凱路的掌紋牌陣　10月8日

克勞利的輪迴轉世牌陣　10月12日

13號星期五祝你好運牌陣　11月13日

魔法寶石牌陣　12月4日

諾查丹瑪斯的通靈能力牌陣　12月14日

茶葉占卜牌陣　12月16日

驅鬼牌陣　12月19日

鬼影人牌陣　12月20日

外太空

水瓶座特質牌陣　1月20日

雙魚座特質牌陣　2月19日

月食牌陣　2月29日

天王星特質牌陣　3月13日

牡羊座特質牌陣　3月21日

水星的商業溝通牌陣　3月29日

月亮的奧祕牌陣　3月31日

金牛座特質牌陣　4月20日

水星特質牌陣　5月15日

雙子座特質牌陣　5月21日

金星特質牌陣　6月5日

巨蟹座特質牌陣　6月21日

滿月牌陣　6月30日

認識自我與個人成長

工作與生涯

"Translated from"
365 Tarot Spreads:
Revealing the Magic in Each Day
Copyright © 2014 Sasha Graham
Published by Llewellyn Publications
Woodbury, MN 55125 USA
www.llewellyn.com

365天的塔羅魔法牌陣

出　　　版／楓樹林出版事業有限公司
地　　　址／新北市板橋區信義路163巷3號10樓
郵 政 劃 撥／19907596　楓書坊文化出版社
網　　　址／www.maplebook.com.tw
電　　　話／02-2957-6096
傳　　　真／02-2957-6435
作　　　者／莎夏·葛蘭姆
譯　　　者／黃春華
企 劃 編 輯／陳依萱
校　　　對／周季瑩
港 澳 經 銷／泛華發行代理有限公司
定　　　價／680元
初 版 日 期／2023年7月

國家圖書館出版品預行編目資料

365天的塔羅魔法牌陣 / 莎夏·葛蘭姆作；黃春
華譯. -- 初版. -- 新北市：楓樹林出版事業有限公
司, 2023.07　面；公分
譯自：365 tarot spreads：
　　　revealing the magic in each day.
ISBN 978-626-7218-65-5（平裝）

1. 占卜

292.96　　　　　　　　　　112004807